마음의 고향

마음의 고향 제二권

지은이 | 淸華 큰스님
엮은이 | 정환담, 김영동
펴낸이 | 김원중
발행인 | 덧 風

편   집 | 백진이, 손지연
디 자 인 | 옥미향
마 케 팅 | 김재국
관   리 | 박선옥

초판인쇄 | 2008년 7월 1일
초판발행 | 2008년 7월 5일

출판등록 | 제301-1991-6호(1991.7.16)

펴 낸 곳 | (주)상상나무
          도서출판 상상예찬
주   소 | 서울시 마포구 상수동 324-11
전   화 | (02)325-5191 팩   스 | (02)325-5008
홈페이지 | http://smbooks.com

ISBN 978-89-86089-19-6 03220

값 13,000원

*잘못된 책은 바꾸어 드립니다.

마음의 고향

제二권

淸華 큰스님 법문집

修行者法門
수행자법문

상상예찬

❀ 발간사 ❀

　전문적인 참선(參禪) 명상수행자(瞑想修行者)뿐 아니라 여러 가지 병고(病苦)와 불안의식 속에서 현대를 살아가는 어느 누구에게나 청화(淸華) 큰스님의 법문은 언제나 감로(甘露)의 향기와 같이 최선의 행복(幸福)과 참다운 마음의 평화(平和)와 영원한 해탈의 자유(自由)를 가져다주었습니다.

　그동안 청화대선사(淸華大禪師)의 금구성언(金口聖言)을 금륜회(金輪會)에서 '마음의 고향' 소책자로 발간하여 법보시(法布施)로 널리 보급한 바 있습니다. 이제 인연이 되어 소책자 전체를 단행본 전집 시리즈로 발간하기로 사부대중의 의견을 모았습니다.

　淸華 큰스님의 법문집 시리즈의 시작으로서 큰스님 법문의 핵심이면서 참선의 중요한 내용이 포함된 '마음의 고향' 제1권, '순선안심법문(純禪安心法門)'을 발간하였습니다. 제2권 '수행자법문' 편은 불도(佛道)를 닦는 수행자(修行者)들이 지켜야할 10가지 무거운 계율과 48가지 가벼운 계율을 중심으로, 참선을 하는 불자(佛者)들이 가져야 할 참된 마음가짐과 자세에 대해 이야기하고 있습니다.

　큰스님께서는 참선 명상수행의 핵심을 20여년의 장구한 세월동안 '정통선(正統禪)의 향훈(香薰)에서 '원통불법(圓通佛法)의 요체(要諦)'로 이끌어주시면서 법이자연(法爾自然)으로 수행자(修行者) 스스로 선오후수(先悟後修)의 순선안심법문(純禪安心法門)인 염불선(念佛禪)에 접근할 수 있도록 팔만사천법문(八萬四千法門)뿐만 아니라 형이상하(形而上下)를 넘나들면서 인류의 최고도의 정신문화(精神文化)로 회통(會通)시켜 주셨습니다.

항상 진리(眞理)의 비로봉(毘盧峰) 실상(實相)자리에서 삼천대천세계를 심안(心眼)으로 조망(眺望)하시면서 심오(深奧)한 논리와 해박(該博)한 지혜(智慧)로 현대인들의 근기(根機)에 맞게 평이하게 설파하신 큰스님 법문은 종파(宗派)는 물론 종교(宗敎)까지도 초월해서 일반 참선(參禪) 명상수행자(瞑想修行者)들에게 필독 교과서(敎科書)가 될 것임을 확신합니다.

바르게 보면 이 자리가 바로 극락세계(極樂世界) 이상향(理想鄕) 마음의 고향(故鄕) 입니다. 현전(現前)의 일체존재(一切存在)가 본래시불(本來是佛)로 항상 염불삼매(念佛三昧) 속에서 순수생명(純粹生命)의 광명(光明)으로 찬란하게 장엄(莊嚴)하고 있습니다.

항상 나무아미타불! 염념상속(念念相續) 기원 드립니다.

2008년 7월

聖輪寺 住持 昊 曼 合掌

천우만다화(天雨曼陀華)요,
천고자연명(天鼓自然鳴)이라,

하늘에는 천상의 만다라화가 항상 이렇게 피어 있고,
하늘에 있는 북은 자연히 울리도다!

- 법화경(法華經) -

마음의 고향 제二권 차 례

수행자법문 修行者法門

一. 無上正遍智 무상정변지   12
二. 萬善同歸 만선동귀   22

三. 眞如佛性 진여불성   146
四. 參禪의 要諦 참선의 요체   169
五. 打成一片 타성일편   179
六. 佛性光明 불성광명   197

七. 참선의 바른 길   292
八. 光明金剛寶戒 광명금강보계   304
九. 一大事因緣 일대사인연   312
十. 歸依自性佛 귀의자성불   333

지금 현실생활(現實生活)이 제아무리 어렵다 하더라도 우리는 분명히 지향(志向)해 갈 우리의 고향(故鄕)이 있습니다. 불교(佛敎)를 모를 때는 고향(故鄕) 길을 모르는 나그네 같지만, 이제 우리는 고향(故鄕) 길을 압니다. 먼저 청정(淸淨)한 계율(戒律)을 지키고, 계행은 천지우주(天地宇宙)의 불성(佛性)에 따르는 행동(行動)이기 때문에 계행(戒行)을 지켜야만 불성(佛性)에 접근할 수 있습니다. 계행(戒行)을 지키면서 참선(參禪), 염불(念佛)을 하여 반드시 금생(今生)에 모든 번뇌(煩惱)를 녹이고 내 마음이 이 몸 이대로 하늘로 올라가라 하면 하늘로 올라가버릴 수 있는, 그렇게 행복하고 그렇게 참답게 깨닫는 성자가 되기를 간절히 바랍니다.

一. 無上正遍智 무상정변지

　　1988년 1월 26일, 석가모니 부처님의 성도절(成道節)을 맞이하고, 태안사(泰安寺) 삼년결사 및 금륜회(金輪會) 무진년 동안거(冬安居) 용맹정진(勇猛精進) 회향법회(回向法會)에서 설법하신 법어(法語)입니다.

二. 萬善同歸 만선동귀

　　1988년 3월 5일, 광주 금륜회(金輪會)에서 있었던 태안사(泰安寺) 삼년결사 해제기념 회향법회에서 설법하신 법어(法語)입니다.

一. 무상정변지(無上正遍智)

> 공부를 할 때 주문, 화두, 염불, 기타 어느 부처님 법에 입각한 법을 선택했으면 그 한계에 대해서도 잘 알아야 합니다. 그래야 우리의 공부가 머물지 않고 무상정변지(無上正遍智)를 성취할 수 있습니다.

납월팔일(臘月八日) 성도절(成道節)은 우리 인류사회(人類社會)에 있어서나 또는 삼천대천세계(三千大天世界), 시방세계(十方世界)에서 가장 의의(意義) 깊은 날입니다. 어째서 그런가 하면 인간의 무명(無明)을 헤치고서 참다운 무상정변지(無上正遍智), 위없는 깨달음, 가장 중정(中正)한 도리를 깨달은 날이 오늘이기 때문입니다.

석가모니(釋迦牟尼) 부처님이 하나의 육신(肉身)으로 태어난 날은 사월초파일(四月初八日)이지만 부처님의 참다운 법신(法身), 법왕(法

王)으로 태어나신 날은 바로 오늘 십이 월 팔 일, 즉 납월팔일입니다.

오늘이 아니었던들 인류사회는 무상정변지, 위 없는 그런 중정한 길을 알 수가 없었던 것입니다. 진리(眞理)를 어렴풋이는 알았다 하더라도 진리의 그런 구경각(究竟覺)까지 다 알 수 있는 무상정변지는 석가모니 부처님의 납월팔일로 해서, 즉 하나의 법왕으로 해서 대각(大覺)을 성취하신 이 날부터 비로소 비롯된 것입니다.

진리를 자기 신명(身命)을 내걸고 구해보지 않은 분들은 진리가 얼마나 소중한지를 모릅니다. 또 진리를 모르기 때문에 무명으로 헤매다가 그 무명 때문에 인간이 가지가지의 그런 죄업(罪業)을 지어서 심각한 인생고(人生苦)를 받는 것입니다. 그러나 처절한 인생고를 맛보지 않은 사람들은 진리가 얼마나 소중한지를 모릅니다.

진리를 모르기에 우리 마음이나 이 세계는 어두운 암흑(暗黑) 가운데 항시 쌓여 있는 것이고, 또는 그렇기 때문에 인간은 길을 몰라서 가지가지의 그런 삼업(三業), 많은 악업(惡業)을 행한단 말입니다. 악업을 행하면 그에 상응한 고(苦)를 우리가 받는 것입니다.

이러한 무명과 그 무명으로 인(因)해서 짓는 업(業)과 그 업(業)으로 인해서 받는 고(苦), 무명은 혹(惑) 그러는 것인데 그런 미혹(迷惑)된 무명과 미혹으로 해서 우리가 짓는 여러 가지의 번뇌(煩惱)와 또 번뇌로 인해서 행(行)하는 신구의(身口意) 삼업, 몸으로 짓는 행동(行

動), 입으로 짓는 망어(妄語), 우리 뜻으로 짓는 무명업(無明業), 이러한 것들이 모두가 쌓이고 쌓여서 인생에 가지가지의 고뇌(苦惱)를 초래합니다.

이러한 혹업고(惑業苦)는 전전(轉轉) 무변(無邊)해서 끝도 갓도 없이 영원히 인류를 윤회(輪廻)의 수레바퀴 가운데 몰아넣고 마는 것입니다. 이러한 혹업고, 삼업을 벗어나는 길이 비로소 부처님의 성도(成道)로부터 열렸습니다.

부처님께서 깨달으실 때는 안이(安易)하게 깨달으신 것이 아니라 육년고행이라 하는 심각한 고행을 거쳐서 깨달으신 것입니다. 또 육년고행만 있는 것이 아니라, 무수한 세월 동안 불교 말로 하면 이른바 삼아승지겁(三阿僧祇劫)이라 하는 과거에 무수무량생(無數無量生)을 거듭하면서 선행(善行)을 쌓고 자기 몸을 희생(犧牲)하곤 했던 것입니다.

어떤 때는 굶주린 범 새끼를 구제하기 위해서 자기 몸을 던지기도 했고, 어떤 때는 그 중생(衆生)의 고뇌를 구제하기 위해서, 중생의 빈곤(貧困)을 구제하기 위해서 바닷물을 품어서 바다 속에 들어 있는 용왕(龍王)이 간직한 마니보주(摩尼寶珠)를 찾기 위해서 끝도 갓도 없는 노력을 한 적도 있습니다. 하여튼 이루 헤아릴 수 없이 몇 천 번 자기 몸을 바치고, 어떤 때는 도(道)를 얻기 위해서 자기 눈을 바치고, 자기 사지(四肢)를 바치고, 이러한 희생적인 행동을 무수히 해왔던 것입니다.

　이러한 과거 무량세월의 자기희생적인 보살행(菩薩行)은 물론 금생에도 영화로운 왕자(王子)로 태어나서도 육년고행과 같은 심각한 고행을 거쳐 왔습니다.

　부처님께서 도를 구하실 때는 어느 한 가지에 치우침이 없었습니다. 어떤 때는 고행외도(苦行外道)한테 가서 무시무시한 고행을 다 했습니다. 부처님의 고행상(苦行象)을 보시면 알 수 있듯이 피골상접(皮骨相接)이라, 다만 앙상한 뼈만 남아 있을 정도로 고행을 많이 했습니다.

　잡수시는 것은 하루에 일마척맥(一麻隻麥)이라, 한 일(一), 피마자 마(麻), 조각 척(隻), 보리 맥(麥), 한 조각의 피마자와 한 조각의 보리알, 이러한 것만 하루에 잡수시고 공부했다 하는 그런 식적(食的)인 면에서, 음식이나 그런 면에서도 극도로 고행을 하셨던 것입니다.

　불교에서는 고행을 위한 고행은 지양(止揚)하고 또는 안일(安逸)을 지양합니다만 그래도 부처님께서 당초에 하신 것은 그야말로 고행을 위한 고행 정도로 심각한 고행을 하셨던 것입니다. 무상대도(無上大道)를 위해서 위없는 길을 위해서 자기 몸을 불사르시고 희생을 하셨던 것입니다.

그러나 고행외도(苦行外道)에게서 배우고 배웠으나 역시 고행외도가 올라가는 길은 기껏 해야 욕계(欲界)를 초월해서 범천(梵天)에 가는 그런 길밖에는 안 되었단 말입니다.

부처님께서 바라신 바는 삼계(三界)를 해탈(解脫)하고 오직 참다운 자유인(自由人)이 되고자 했던 것인데 고행외도라 하는 것은 고행은 많이 하지만 기껏해야 욕계를 초월하는 길에 지나지 않았던 것입니다. 욕계를 초월하는 길도 역시 허무한 길은 아닙니다. 그러나 욕계만을 초월해서는 안 되겠지요. 욕계를 초월하지 못하면 참다운 진리의 빛을 알 수가 없습니다.

그 다음에 부처님께서 방문한 외도(外道)는 아라라가란(阿羅邏迦蘭)이라는 육사외도(六師外道)인데 이 분한테 가서 길을 물었습니다. 그런데 이 분은 무소유처(無所有處), 무색계(無色界)의 두 번째, 아시는 분들은 다 아십니다만 우리 중생이 생사윤회(生死輪廻)하는 그러한 경계 세 가지가 있지 않습니까.

제일 밑에 욕계(欲界), 즉 음욕(淫慾), 식욕(食慾), 수면욕(睡眠慾) 등 이러한 욕심이 주로 있는 세계가 욕계, 그 다음에 참다운 미세정묘한 일체물질의 미묘한 그런 색(色)만 존재하는 색계(色界)가 있고, 그 위에 색은 없고 물질은 물론 그런 정묘한 색도 아무것도 없이 다만 심식(心識)만, 인간의 영식(靈識)만 존재하는 무색계(無色界)가 있습니다.

 이러한 욕계, 색계, 무색계를 우리 중생은 생사윤회합니다. 그런데 '아라라가란'이라는 사람은 욕계를 떠나고 또는 색계를 떠나서 무색계, 무색계에도 네 개의 천계가 있는데 공무변처(空無邊處), 식무변처(識無邊處), 무소유처(無所有處), 비상비비상처(非想非非想處), 이와 같이 네 가지 하늘을 의미하는 것인데, 그 가운데 세 번째 무소유처까지 올라가는 선법(禪法)을 공부한 분입니다.

 부처님은 '아라라가란'에게서 무소유처까지 올라가는 선법을 배웠습니다. 이것도 역시 사실은 쉬운 길이 아닙니다. 부처님께서는 이미 욕계를 초월하는 법을 배웠기 때문에, 과거 전생에 무수한 세월동안 선근(善根)을 심어서 거기에서 나온 선근공덕(善根功德)을 쌓았기 때문에 얼마 안가서 '아라라가란'이 올라간 선법인 무소유처까지 올라갔습니다.

 그러나 그것도 역시 해탈(解脫)의 길은 아니었습니다. 다만 무소유처라 하는 것은 하늘에 올라가는, 즉 천상(天上)에 올라가는 법뿐이었던 것입니다. 따라서 우리 마음이 어디에도 막힘이 없는 그러한 해탈의 길은 아니었습니다. 그래서 부처님은

 '나는 해탈의 길을 구하니 여기에 머물 수 없다.'

면서 아라라가란에게

"당신보다 더 깊은 도를 아는 분이 어디에 있습니까?"

라고 물었습니다. 그때 아라라가란이

"내 아들이지만 나보다 더 높이 올라간 분이 우다카다."

라면서 우다카한테 가보라고 했습니다. 그래서 우다카한테 가서 법을 물으니 우다카는 중생이 생사윤회하는 삼계(三界) 하늘 중 가장 높은 하늘인 비상비비상처(非想非非想處)에 있었습니다. 이 하늘이 삼계에서는 가장 높은 하늘입니다. 여기에 올라가는 선법을 공부했습니다. 벌써 무색계의 세 번째 하늘인 무소유처(無所有處)까지 석가모니(釋迦牟尼) 부처님께서는 올라가셨으니 거기서 한 발짝 위인 비상비비상처까지 올라가는 것은 문제가 아니었습니다. 삼매(三昧)에 드셔서 그냥 올라가셨단 말입니다. 이와 같이 삼계에서 가장 높은 하늘인 비상비비상처라 하는 그런 천상에 올라가는 법, 즉 삼계에서 가장 높은 하늘인 동시에 수명(壽命)이 팔만대겁(八萬大劫)인 천상입니다. 겁이라는 것은 무량세월 아닙니까. 그런 팔만대겁까지 살 수 있는 처(處)입니다.

그렇게 오래 산다 하더라도 역시 인연(因緣)이 다하면 그 천상에서도 미끄러져야 합니다. 다시 죽어야 하는 것입니다. 중생계의 그러한 테두리를 벗어나지 못하는 한에는 욕계에 있으나 색계에 있으나 무색계에 있으나 어느 하늘에 가나 또는 제 아무리 안락하고 모든 것이 다 풍족하지만 결국은 인연이 다하면 다시 죽어야 합니다.

그런데 석가모니 부처님께서 구하시는 길은 죽음이 없는 생사가 없는 영원한 해탈(解脫)의 길입니다. 죽음이 있다든지 기타 번뇌(煩惱)가 있으면 해탈의 길이 아닌 것입니다. 해탈의 길은 영생불멸(永生不滅)의 길입니다. 오직 영생불멸의 길만을 구하는 것이 석가모니 부처님의 하나의 구도심(求道心)인데, 이러한 무색계의 가장 높은 하늘, 중생계 가운데서는 가장 최상천인 비상비비상처(非想非非想處)까지 올라갔다 하더라도 만족할 수가 없었습니다.

비단 부처님뿐만 아니라 우리 중생도 역시 어느 중생이든 참다운 도를 구하는 분들은 어느 하늘에도 머물러 있을 수가 없습니다. 광명(光明)이 빛나는 그러한 색계에도 머물러 있을 수가 없는 것이고, 또는 모든 것을 거의 다 갖추고 있다시피 하는 안락한 팔만대겁이라, 오랫동안 장수(長壽)하는 그런 하늘에 머물러 있을 수도 없습니다. 특히 유위(有爲) 상대(相對)인 그런 데는 머물러 있을 수가 없습니다.

17

무위(無爲) 적적(寂寂)한 영생해탈(永生解脫)의 길이 아니고서는 머물러 있을 수가 없습니다. 그래서 부처님께서는 처음에

'비상비비상처, 삼계에서 가장 높은 하늘인 그런 찬란하고 아주 황홀한 그런 세계에서 내가 이만큼 공부했으니 이제는 거의 됐겠구나.'

라고 생각해서 자만심(自慢心)을 좀 품었습니다. 밀교(密敎)에서 보면 그런 때에 삼계제천(三界諸天)의 삼세제불(三世諸佛)이 은근히 다가와서

"싯다르타!",

부처님이 보살이었을 때, 수행할 때 이름은 싯다르타 아닙니까.

"그대가 가는 곳은 아직은 유위상대인 천상에 불과하니 다시 경각해서 다시 정신을 바짝 차려서 진정한 해탈을 구해야 하느니라."

이와 같이 경각을 했단 말입니다. 그런 경각심을 받고서 삼세제불한테서 오상성신(五相成身) 법문이라, 오상성신관(五相成身觀)이란 법

문을 얻어서 그 법문을 가지고 다시 깊은 삼매(三昧)에 들어 그때야 말로 비로소 참 최상안온(最上安穩)한 수능엄삼매(首楞嚴三昧)에 들어서 앞서 말씀드린 바와 같이 무상정변지(無上正遍智) 대도를 성취하셨습니다.

제가 뒤에 보탠 말은 밀교(密敎)에 있는 말이므로 참고로만 할 뿐이지만 아무튼 이와 같이 부처님께서는 무상대도(無上大道), 즉 아뇩다라삼먁삼보리(阿耨多羅三藐三菩提)를 성취하셨습니다. 완전무결한 중도실상(中道實相)의 무상대도(無上大道)를 성취하신 분은 석가모니(釋迦牟尼) 부처님 외에는 아직 없다고 생각합니다. 그 뒤에 정통(正統) 조사(祖師) 모두가 이와 같은 무상대도(無上大道)를 성취하신 분들입니다.

그런데 석가모니 부처님이 납월팔일 견명성오도(見明星悟道)라! 금성(金星)이 동쪽 하늘에서 빛나는 것을 보시고 깨달으셨는데 그때 깨달으실 때에 그런 감격스러운 정황은 이루 다 헤아릴 수가 없는 것입니다. 부처님께서 깨달은 그러한 장엄스러운 광경을 묘사한 법문들이 많이 있습니다만 우선 간단히 말하면 우화동지(雨華動地)라! 비 우(雨), 꽃 화(華), 움직일 동(動), 땅 지(地), 하늘에서는 헤아릴 수 없는 꽃비가 내리고 땅이 육종(六種)으로 진동하여, 즉 천지우주의 모든 존재들이 부처님의 성불을 찬탄했습니다.

어제 어느 신도님께서 '불경(佛經)을 보면 꽃비가 내리는 그런 말씀이 많이 있는데 이 말이 참말입니까? 상징에 불과합니까?' 이와 같이 물었습니다. 이것은 불경에 있는 말씀으로 조금도 흠축이 없는 사실인 것입니다.

이 때에 하늘에서는 만다라화(曼陀羅華), 마하만다라화(摩訶曼陀羅華), 만주사화(曼珠沙華), 마하만주사화(摩訶曼珠沙華), 네 가지 하늘 꽃이 무상대도(無上大道)를 성취할 때, 또는 무상대도까지 미처 못 간다 하더라도 부처님 법에 대해서 희귀한 일, 아주 귀한 일이 있을 때는 이와 같이 만다라화 또는 마하만다라화, '마하'라는 말은 위대한 큰 것을 가리킵니다.

만주사화! 만다라화보다도 더 찬란하고 더 영원에 가까운 그러한 천상화가 만주사화입니다. 마하만주사화! 마하만다라화보다 더 완전무결한 그런 하늘나라 꽃이 마하만주사화입니다.

이러한 천상의 꽃이 마치 비가 오듯이 꽃비가 내린단 말입니다. 이와 같이 꽃비가 내려서 -꽃비는 천상의 인간들이 무상대도를 성취하신 부처님을 찬탄하는 것입니다- 우화동지(雨華動地)라! 천상에서는 꽃비가 내리고 천지우주는 육종(六種)으로 진동해서 좌우전후(左右前後), 상하(上下) 어디도 흠축 없이 빼놓을 틈도 없이 천지가 진동해서, 우주의 모든 존재들은 부처님의 무상대도 성취하심을 찬탄했습니다.

　법화경(法華經)에도 보면 천우만다화(天雨曼陀華)요, 천고자연명(天鼓自然鳴)이라, '하늘에는 천상의 만다라화 꽃이 항상 이렇게 피어 있고, 하늘에 있는 북은 자연히 울리도다' 라는 말씀이 있습니다.

　보통 소승경전(小乘經典)에서는 그런 말이 없으나 대승경전(大乘經典)에서는 이러한 부처님께서 깨달으신 무상대도를 성취하실 때나 또는 기타 그런 대승법(大乘法)을 찬탄할 때는 하늘에서 꽃비가 내리고 또는 천지 우주가 육종으로 진동해서 부처님 법을 찬탄하고 있습니다.

　이와 같이 하실 때 부처님은 무상의 그런 희락(喜樂)을 느끼셨습니다. 우리 범부가 생각할 때는 인간의 재미라는 것은 오욕경계, 욕계에 있는 오욕(五慾)을 다 맛볼 때 비로소 있는 것이지 오욕을 떠나면 재미가 없지 않는가 하지만 사실은 오욕을 떠나면 떠날수록, 오욕에서 멀어져가면 멀어질수록 영원적인 참다운 법락(法樂)은 한도 끝도 없는 것입니다.

　우리 중생은 그러한 법락을 미처 맛을 못 보므로 그와 같이 인간의 재미는 욕계밖에는 없구나, 그저 맛있는 음식을 많이 먹고, 이성(異性)끼리 잘 사귀고, 물질이 풍족하고, 이러한 것에 행복이 있는 것이지, 이러한 것을 떠나서는 참다운 행복은 없다, 이와 같이 생각을 합니다만 방금 제가 말씀드린 바와 같이 사실은 욕계를 떠나면 떠날수록 인간의 참다운 영원한 법락은 더욱 더 증장되는 것입니다.

그러기에 아시는 바와 같이 보살이 깨달을 때는 맨 처음에 환희지(歡喜地) 아닙니까. 환희란 말입니다. 환희라는 것은 자기 몸도 마음도 한없이 기쁘다는 것입니다. 보살이 깨달아서 환희지에 이를 때는 그 안락하고 행복함을 어디에도 비교할 수가 없다는 것입니다.

그러기에 가끔 말씀을 합니다만 마하가섭(摩訶迦葉) 같은 분은 - 마하가섭은 부처님으로부터 무상대도의 법을 전수받으신 정법 조사(祖師)입니다- 평생 두타행(頭陀行)이라, 고행(苦行)을 취하고 누더기 하나와 바리때 하나로 평생을 지낸 분입니다만, 이 분같이 근엄한 분도 보살초지(菩薩初地)의 환희지(歡喜地)를 성취할 때는 그냥 너울너울 춤을 추었단 말입니다.

여기까지는 미처 이르지 못한다 하더라도 좌선중(坐禪中)에 몸도 마음도 가볍게 되고 이른바 경안지(輕安地)에 이르고, 경안이 좀 나아지면 희락이라, 기쁠 희(喜), 즐거울 락(樂), 희락지(喜樂地)에 이르면 그 기쁨을 어디에 감추지를 못하는 것입니다.

이러한 것을 좀 맛본 사람들은 '아! 정말로 인간세상의 그런 오욕, 그런 것과는 비교할 수가 없구나' 라면서 다시없는 희락을 느낍니다만 영원적인 그런 맛을 못 본 사람들, 다시 말하면 염불삼매(念佛三

昧)라든가 또는 기타 삼매를 통해서, 삼매(三昧)라는 것은 주문(呪文)을 외우나, 화두(話頭)를 참구(參究)하나, 또는 염불(念佛)을 하나, 경(經)을 외우나 삼매에 딱 들면 삼매경계(三昧境界)는 차이가 없는 것입니다. 어느 한 가지로만 깨닫는 것이 아니라, 우리 마음에 산란심(散亂心)이 제거되고, 우리 마음이 본래 마음자리에 들어만 가면 그때는 어떻게 들어가든지 간에 아까 말한 것처럼 욕계가 멀어감에 따라서 무한의 환희를 느낍니다.

무한의 환희를 느끼는 것은 그냥 몸과 마음만 즐거운 것이 아니라, 부처님께서 깨달으실 적에 맛보시던 만다라화, 마하만다라화, 만주사화, 마하만주사화, 이러한 사종 천상의 꽃이 비오듯 온단 말입니다. 이러한 것을 맛보면 어떻게 할 줄을 모르는 것입니다. 그러기에 마하가섭과 같은 근엄한 대도인(大道人)도 너울너울 춤을 춘단 말입니다. 이러한 것을 온전히는 맛을 못 본다 하더라도 조금쯤 맛을 봐야 인간세상의 그러한 오욕락에 대해서 집착을 않습니다.

오욕락은 그냥 순간에 불과하고, 이러한 참다운 영원적인 희락은 불멸하는 것입니다. 부처님께서는 이와 같이 희락 가운데서 위없는 그러한 환희 가운데서도 최상의 무상정변지(無上正遍智) 무상대도(無上大道)를 성취하셨습니다.

무상대도(無上大道)를 성취하시고 보니 자기 혼자만 성불(成佛)한

것이 아니란 말입니다. 자기가 앉아 있는 보리수(菩提樹)라든지, 보리수의 잎파리 하나하나, 보리수의 줄기 하나하나, 또 그 주변에 있는 그런 숲, 천지우주 모두 다 부처님의 성불과 동시에 같이 성불(成佛)해버렸단 말입니다.

우리는 이러한 부처님이 성불(成佛)했다는 사실과 더불어 산하대지(山河大地), 산천초목(山川草木), 일체중생(一切衆生)이 동시(同時)에 성불했다는 그 의의가 굉장히 중요한 것입니다. 어째서 그렇게 되는 것인가?

우리는 이렇게 산을 보고 땅을 보고 또는 여러 가지 만상(萬象)을 봅니다. 만상을 본다 하더라도 우리 중생은 자기 업장(業障)에 가려서 바로 못 봅니다. 업장이 녹으면 녹은 만큼 그때는 차근차근 바른 모습에 가까워집니다. 바른 모습에 가까워져서 업장이 온전히 녹아지고 참다운 자아(自我), 참다운 '참나'에 이르렀을 때에, 참다운 진정한 자기가 되었을 때에 비로소 우주(宇宙)의 참 모습을 봅니다. 우주의 참 모습을 볼 때는 이것은 우리가 지금 보고 있는 우주와는 굉장한 차이가 있는 것입니다.

비록 아무런 생명(生命)이 없어 보이는 이러한 산이나 또는 돌멩이 하나까지도 모두 생명뿐입니다. 그러기에 화엄경(華嚴經) 약찬게(略纂偈)에 보면 산도 살아 있고, 냇물도 살아 있고, 나무도 살아 있고, 일체 동물이 모두가 다 우리 인간과 차이 없이 생명을 갖추고 있는 살아있는 존재라고 했습니다.

따라서 산에는 산신(山神)이 있고, 물에는 용왕(龍王)이 있고, 또는 도량에는 도량신(道場神)이 있고 그런 것이 다 있습니다. 우리 인간도 역시 모양은 이와 같이 보이지만 모양이 없는 우리 마음이 있으니까 이제 인간존재란 말입니다. 만일 우리 몸에 마음이 없다고 생각해 보십시오. 그와 똑같이 산에도 역시 모양은 산이지만 그냥 산만 있는 것이 아니라 이른바 쉽게 말하면 산의 혼(魂), 산의 혼은 결국은 산신인 것입니다. 나무 하나가 있으면 나무라는 모양뿐만 아니라 나무에는 혼이 있는 것입니다. 이것이 내내야 이제 나무 목(木), 귀신 신(神), 목신(木神)입니다. 하나의 돌멩이가 있으면 그때는 돌 석(石), 귀신 신(神), 그때는 석신(石神)이란 말입니다. 그렇다고 불교는 신(神)만을 숭배하는 종교라고 오해(誤解)하지는 않으리라 믿습니다.

어떠한 것도 모두가 다 거기에는 혼(魂)이 있습니다. 즉 말하자면 순수한 생명(生命)이 거기에 갈마 있단 말입니다.

따라서 우리 중생의 제한된 안목(眼目)에서는 그것이 죽어 있다고

보지만 그런 무생물(無生物)이나 모두가 바른 안목, 바른 본래면목(本來面目)을 볼 수 있는 안목, 본질을 보는 안목에서는 모두 다 생동(生動)하고 있습니다. 따라서 천지우주의 모든 존재는 무엇이나 하나의 진리로 하나의 생명으로 뭉쳐져 있단 말입니다.

이런 것을 부처님께서는 보리수하에서 체험하시고서 기재기재(奇哉奇哉)라! 탄재탄재(歎哉歎哉)라! 기특하고 기특하도다. 감탄스럽고, 감탄스럽도다. 이와 같이 찬탄했습니다.

석가모니 부처님 덕분에 우리 중생은 생사윤회라 하는 그러한 인생고해를 떠나서 참다운 해탈로 가는 그런 행복을 맛보게 되었습니다. 그리고 무수한 도인들 역시 부처님 같이 온전히 다 깨닫지 못했다 하더라도 정통조사님들은 모두가 다 무상대도의 맛을 봤단 말입니다.

우리 인간이 어떤 때는 전쟁도 하고 어떤 때는 무시무시한 고뇌(苦惱)를 다 겪지만 그러한 무수한 성자(聖者)들의 가르침 때문에 희망을 잃지 않고서 참다운 영생(永生)의 행복(幸福)을 바라보고 우리가 희망이 있는 인생을 살 수가 있게 된 것입니다.

그런데 부처님의 깨달은 이것은 한계가 없이 그냥 좋고, 또는 마음이 개운하고 그런 정도가 아니라, 아주 심수 오묘(奧妙)한 가르침입니다. 그러한 가르침을, 깨달음을 구분하면 한도 끝도 없지만 우선 기신론(起信論), 마명대사(馬鳴大師)가 저술한 기신론에 의해서 깨달음의 한계 차서(次序)를 말하면 사각(四覺)이란 말입니다. 네 가지 차원으로 깨달음의 경계를 말할 수 있습니다.

우리는 무상대도(無上大道)라 한다 하더라도 그런 깨달음에 이르는 심천(深淺)의 관계, 깊고 얕은 관계를 잘 모르면, 우리가 자칫하면 암중모색(暗中摸索)을 합니다.

처음에 초범(初梵)만 가 가지고 다 됐다, 그럴 수도 있는 것이고 중간쯤 가서 다 되었구나, 이것이 무상대도구나, 이럴 수도 있는 것입니다. 그러나 그렇게 해서는 안 됩니다. 맨 처음까지 가기도 어렵지만은 부처님의 가르침 이것은 무상대도(無上大道)이기 때문에 조금도 흠이 없는 일체공덕을 갖춘 자리여야 합니다.

우리가 성불(成佛)에 대해서 보다 더 감격을 해야 한다, 보다 더 신심(信心)을 내야 한다, 이렇게 편달하는 법문도 많이 있습니다. 그러나 사실은 부처님 가운데 들어 있는 우리 인간 정신의 본래면목(本來面目)인 동시에 우주(宇宙)의 본성(本性)이 돼 있는 그런 불성(佛性), 그런 불성 가운데 들어 있는 무한한 공덕(功德)을 우리가 제대로 잘 모르면 그때는 바른 신심을 낼 수가 없습니다.

우선 우리 욕계(欲界)에서는 욕계 나름대로 재미가 있는 것인데, 먹는 것, 입는 것, 이성끼리 만나서 사는 것, 그래저래 재미가 있는 것인데, 부처님한테 가는 길, 부처님한테 갖추어 있는 그런 여러 가지 공덕이 비교가 되지 않을 만큼 그러한 위대한 것이 있으면 모르거니와 그런 것이 없을 때는 욕계를 버리고서 무상대도로 가기가 쉽지 않습니다.

우리 중생은 아직은 그런 부처님 경계에 들어 있는, 즉 불성(佛性) 가운데 들어 있는 무한한 공덕을 느낄 수가 없습니다. 고구정녕 부처님께서는 말씀했다 하더라도 체험을 못하면 잘 모르는 것입니다. 그러나 체험은 아직 못했다 하더라도 그 법신(法身) 부처인 우리 자성청정심(自性淸淨心), 여기에 깃들어 있는 무한한 공덕은 이루 다 헤아릴 수 없습니다.

불경(佛經)에 나와 있는 말씀만 가지고도 백사십불공법(百四十不共法)이라. 공덕이나 재미나 이런 행복 같은 것이 백마흔 가지가 들어 있습니다. 물론 이것도 간추려서 말씀한 것이지 사실은 몇 겁을 두고서 계산을 잘하는 도인들이 헤아린다 하더라도 헤아릴 수가 없습니다. 백사십불공법, 일반 보통 사람들이나 보통 낮은 성인들은 같이 더불어 할 수 없는 그런 부처님만이 갖추고 있는 무한한 공덕입니다.

또한 동시에 삼명육통(三明六通)이라. 삼명육통은 간단히 말하면 시간(時間)이나 공간(空間)이나 인과율(因果律)에 얽매이지 않는 것입니다. 도(道)라는 것이 시간에 얽매이고 공간에 얽매이고, 인과율에 얽매이면 이것은 도(道)라고 할 수가 없습니다. 참다운 성품(性

品), 이것은 인과율에 얽매이지 않고 시공을 초월한 것입니다.

우리 인간이 이러한 불성(佛性)과 온전히 하나가 못 될 때는 삼명육통을 할 수가 없는 것입니다만 온전히 하나가 되었을 때는 석가모니와 더불어 둘이 아니고 또는 어떤 성자와 더불어 둘이 아닌 그 자리 법성(法性)과 더불어 둘이 아닌 그 자리를 온전히 우리가 체험했다고 생각할 때는 마땅히 인과율을 초월하고 또는 공간과 시간을 초월하는 것입니다.

따라서 그때는 못하는 것이 없는 것입니다. 못하는 것이 없고, 모르는 것이 하나도 없습니다. 일체를 다 알고 할 수 있다는 것, 이것이 우리 법신(法身) 공덕(功德)입니다. 이것은 어떤 누구나 다 갖추고 있습니다.

이러한 우리 인간 가운데 원래 갖추고 있는 무한한 공덕, 무한의 환희심(歡喜心), 그런 무한의 공덕 때문에 부처님 이름을 다보여래(多寶如來)라! 많을 다(多), 보배 보(寶), 그 보배가 하도 많으므로 다보여래라 했습니다. 또는 부처님의 몸이 한도 끝도 없이 넓어서 우주를 다 포섭하니까 그때는 광박신여래(廣博身如來)라! 또한 부처님의 공덕이 하도 환희로와 어떻게 가눌 수가 없어 그때는 환희광불(歡喜光佛)이라! 또는 환희장마니보적불(歡喜藏摩尼寶積佛)이란 말입니다. 환희는 내내야 이것은 마음도 몸도 한없이 기쁜 것이 환희 아닙

니까. 환희장마니보적불(歡喜藏摩尼寶積佛)이라! 그 환희가 충만해 있단 말입니다. 우리 자성공덕(自性功德), 우리 불심(佛心)은 그와 같이 환희심(歡喜心) 쪽으로 보나 또는 공덕이 많은 보배로운 쪽으로 보나 무한합니다.

또는 행복(幸福)이 충만한 자리 또는 광명(光明)이 충만하니까 그때는 무량광불(無量光佛)이란 말입니다. 또는 청정하니까 그때는 청정광불(淸淨光佛)이라. 이와 같이 우리 자성, 우리 본래면목은 한이 없어 그 공덕이나 행복을 헤아릴 수가 없습니다.

우리는 지금 조금도 체험하지 못했다 하더라도 부처님의 경론(經論)을 따라서 이런 행복한 자성(自性)자리, 자기 본래면목(本來面目)자리를 우리가 상기하고 다시 되새겨야 하는 것입니다.

이렇게 우리 신명(身命)을 내걸고, 한 세상 어차피 살다가는, 세상을 다른 길로 안 떨어지고, 이런 환희심이 충만하고 또는 영생할 수 있고 무한한 공덕을 발휘할 수 있는 부처님자리, 이 자리에 안 갈 수가 없는 것입니다.

그러나 그렇게 행복스러운 자리라 하더라도 우리가 과거세(過去世)에 지은 나쁜 버릇 때문에, 또 금생(今生)에 지은 버릇 때문에 단박에 성불을 할 수 없습니다. 그래서 성불하는 과정을 이와 같이 네 가지 깨달은 경계로 구분했습니다.

본각(本覺)이라. 이것은 본래 우리가 불성을 다 갖추고 있단 말입니다. 공부를 조금만 안한다 하더라도 준준무지(蠢蠢無知)한 무식자(無識者)라 하더라도, 어떠한 존재나 모두가 다 본각을 갖추고 있습니다. 즉 말하자면 자성청정심(自性淸淨心)이라 또는 본원각성(本源覺性)이라. 어떤 존재나 본각(本覺)을 갖추고 있습니다. 따라서 본각적인 차원에서는 모두가 성불(成佛)해 있습니다.

그래서 부처님께서도 보리수하(菩提樹下) 성도(成道)하실 적에 '모든 존재가 다 본각, 모든 것이 다 부처구나', 이와 같이 바로 보셨단 말입니다. 불안청정(佛眼淸淨)한 안목으로 보셨으니까 그와 같이 바로 보시는 것입니다.

이와 같이 본각은 누구나 갖추고 있지만 우리 중생(衆生)은 볼 수 없는 것입니다. 본각은 있지만 닦지 않으면 우리 중생은 본각에 머물러 있는 것이지, 다시 말하면 부처님 불성이 잠재(潛在)만 돼 있지 우리가 부처의 공덕을 사용할 수 없습니다.

그러나 부처님 가르침 따라서 공부하면 그때는 상사각(相似覺)이라, 서로 상(相), 닮을 사(似), 깨달을 각(覺), 비록 본각과 똑같지는 않지만 본각에 거의 닮아 있단 말입니다. 이것을 시각(始覺)이라. 비로소 시(始), 깨달을 각(覺). 그때는 겨우 본각을 알기 시작한단 말입니다.

본각을 알기 시작할 때는 육근청정(六根淸淨)이라. 육근은 내내야 안이비설신의(眼耳鼻舌身意) 아닙니까. 우리 그런 안목이나 즉 우리 시각(視覺), 청각(聽覺), 후각(嗅覺), 미각(味覺), 촉각(觸覺) 또는 우리 의식(意識)이나 모두가 청정해야만 비로소 본각(本覺)을 어렴풋이 깨닫는 상사각(相似覺), 시각(始覺)이 되는 것입니다.
　우리 생리(生理)가 정화(淨化)되지 않으면 부처님의 깨달음을 체험(體驗)할 수 없습니다. 이치(理致)대로 한다면야 좀 재주가 있으면 해오(解悟)는 할 수 있지만 참다운 증오(證悟)라, 참다운 법성(法性)을 증(證)할 때는 역시 우리 생리가 정화돼야 하는 것입니다.
　생리가 정화가 되어야 하기 때문에 하나의 도덕률(道德律), 즉 말하자면 우리가 도덕적인 계율(戒律)을 지켜야 하는 것입니다. 계율을 안 지키면 우리 생리가 정화가 안 되는 것입니다. 우리 몸과 마음이 원래 둘이 아니기 때문에 몸이 정화가 되면 마음이 정화가 되고, 마음이 정화가 되면 몸이 정화가 되는 것입니다. 따라서 우리 계율이 앞서지 않으면 설사 바른 지견(知見)이 있다 하더라도 우리 생리가 정화가 안 되어 성불을 못하는 것입니다.
　이러한 육근청정이라. 안이비설신의(眼耳鼻舌身意)의 우리 시각, 청각, 후각, 미각, 촉각, 우리 의식이 그때는 청정하단 말입니다. 이렇게 청정해짐으로써 비로소 불심 가운데 들어있는 자성공덕인 본

깨달음을 맛봅니다.

그러나 이 이상을 더 모르는 사람들은 이만큼 되면 환희지(歡喜地)에 이르기 때문에 환희용약(歡喜踊躍)해서 재미나고 도취해서 몰입해 가지고 공부가 다 되었구나, 그리해서 여기에서 만족을 취해서 공부가 다 되었다고 하는 분도 많이 있는 것입니다.

부처님 뒤에도 그러한 분들이 많이 나왔습니다. 근세에도 안 나왔다고 할 수가 없는 것입니다. 그러나 이 같은 시각(始覺)으로 또는 거의 닮은 깨달음으로 해서 다 끝난 것이 아니란 말입니다.

이것으로 해서는 아직 육근청정이 완전히 못 되므로 시공을 초월하고 인과율을 초월하지 못하는 것입니다. 역시 인과(因果)에 묶여 있단 말입니다. 따라서 그때는 생사(生死)를 못 벗어납니다. 생사를 벗어나기 위해서는 시간, 공간, 인과율을 초월해야만 생사를 벗어납니다.

그러나 부처님 법을 온전히 알고서 아직 멀었구나, 하고 더욱 열심히 닦는단 말입니다. 더욱 닦아서 차근차근 수분각(隨分覺)이라, 자기 닦는 분수에 따라서 깨닫는 것입니다.

보살초지(菩薩初地)에서는 초지(初地)만큼, 이지(二地)에서는 이지만큼 차근차근 깨달아 올라갑니다. 올라갈수록 부처님 공덕을 우리가 더욱더 발휘합니다.

화엄경(華嚴經), 능엄경(楞嚴經) 기타 대승경전(大乘經典)에서는 깨달아서 올라가는 그런 한계를 소상히 말씀했습니다. 그런 경전을 잘 안 보고, 보았다 하더라도 부처님 경전 말씀은 모두가 다 문자(文字)다, 방편(方便)이다, 해서 이것을 의중(意中)에 두지 않고 아만심(我慢心)을 부리는 분도 있습니다.

그러나 부처님 말씀이나 그런 경전 말씀에는 어떤 때는 상징(象徵)과 비유(譬喩)가 있지만 모두가 이것은 참다운 금구설(金口說)이라, 참다운 진리(眞理)에 입각한 말씀입니다. 체험에서 우러나온 말씀이란 말입니다.

그렇기 때문에 우리는 꼭 믿어야 하는 것입니다. 다만 거기에 집착해서 본래 자성자리, 본래 자성에 갖추고 있는 무한한 공덕자리를 우리가 인정하지 않고서 그것을 무시하면 모르거니와 그렇지 않는 한에는 우리는 올라가는 과정을 분명히 느끼고서 믿어야 하는 것입니다.

이와 같이 해서 수분각(隨分覺)이라, 이것은 보살초지(菩薩初地)부터 십지(十地)까지 올라간단 말입니다. 거기에 올라가는 각 초지(初地), 이지, 삼지, 사지, 오지, 육지, 칠지, 팔지, 구지, 십지(十地), 이러한 것도 역시 각 경(經)에는 다 소상히 어디에 올라가면 얼마만큼 공덕이 있다, 이런 말씀이 다 있습니다.

비록 우리의 목적지가 정해져 있다 하더라도 목적지에 이르기 위한 방법체계(方法體系)의 방법차서(方法次序)가 없다고 하면 목적지에 다다를 수가 없습니다. 그래서 불경에는 성불의 목적지를 분명히 밝혔을 뿐 아니라 또 목적을 이루어 가는 방법체계도 이와 같이 뚜렷이, 소상히 밝히고 있단 말입니다. 그렇기 때문에 공부하기가 사실은 쉬운 것입니다.

따라서 우리가 공부할 때는 어느 한 법을 주문(呪文)이나 화두(話頭)나 염불(念佛)이나 기타 어느 부처님 법에 입각한 정당한 법을 하나 간택(簡擇)했으면 그 다음 문제는 이러한 한계를 좀 알아야 합니다. 그래야만 우리 공부가 어디에 머물지 않고서 차근차근 올라가는 이른바 무상정등정변지(無上正等正遍智), 무상대도(無上大道)를 성취할 수 있습니다.

이렇게 해서 우리의 깨달음이 완성돼서 원만무결(圓滿無缺)한 자리, 이것이 구경각(究竟覺)이라. 그때는 다시 갈 수 없는 가장 끄트머리의 깨달음입니다. 이른바 이것이 묘각(妙覺) 또는 대각(大覺)이라. 정각(正覺)이라고도 합니다. 구경각, 심심미묘(甚深微妙)하다고 해서 묘각(妙覺)이라고 합니다. 위없는 각이라고 해서 그때는 무상각(無上覺)이라고 합니다. 또는 가장 바른 깨달음이기 때문에 바를 정(正), 정각(正覺)입니다.

여기에 이르러야만 비로소 우리 중생은 인간으로 태어난 또는 우

리 중생이 본래 갈 수 있는 참다운 고향(故鄕)에 완전히 이른 것입니다. 여기에 미처 이르지 못하면 그때는 번뇌(煩惱) 때문에 비록 십지(十地)까지, 시각(始覺)을 떠나서 이런 수분각(隨分覺) 십지까지 올라왔다 하더라도 역시 인연(因緣)이 다하면 그때는 생사윤회(生死輪廻)를 다시 합니다. 다시 죽어서 윤회를 합니다. 그러나 이런 묘각(妙覺)에 이르러서 그때는 온전히 번뇌를 다 녹이고 자기 본래 성품인 불성과 우주의 본래 성품인 불성과 하나가 딱 되어버리면 그때는 다시 윤회가 없습니다. 이때 비로소 환고향(還故鄕)을 했다고 합니다.

비록 우리가 훌륭한 행법(行法)을 취해서 공부를 한다 하더라도 우리 도덕적인 계율(戒律)이 앞서지 않으면 공부를 성취하지 못하고 마는 것입니다. 그것 때문에 성취가 못 되고 마는 것입니다. 그러므로 우리는 계율적인 문제, 그 도덕적인 문제를 굉장히 중요하게 생각하지 않을 수 없는 것입니다.

더러 깨달음 문제만을 주로 하는 분들은 도덕적인 문제, 윤리 문제 그런 계율 문제를 소홀히 생각하는 분들이 있습니다만 부처님 법은 이러한 도덕성 문제를 소홀이 할 수가 없는 하나의 기본적인 걸로 해서 역설하여 강조하신 것입니다.

그러기에 계정혜(戒定慧) 삼학도(三學道)의 법문에도 인계생정(因戒生定)하고, 계율(戒律)로 말미암아 선정(禪定)이 생기고, 인정생혜

(因定生慧)라. 그런 삼매, 선정, -선정이나 삼매나 같은 말입니다- 삼매로 말미암아 그때는 참다운 반야지혜(般若智慧)가 생기는 것처럼 우리는 계율이 없으면 참다운 선정에 못 들어갑니다.

우리 경에도 이제 시라(sila) 청량(淸凉)이라, 시라(尸羅)는 계(戒)란 말입니다. 시라불청정(尸羅不淸淨), 계율이 청정하지 않으면, 삼매불현전(三昧不顯前)이라. 삼매가 나올 수가 없단 말입니다. 우리 출가인(出家人)들은 출가인 대로, 재가불자(在家佛子)들은 재가불자 대로 거기에 상응한 분수에 맞는 계행(戒行)을 지켜야만 비로소 삼매가 나오는 것입니다. 선정(禪定)을 할 수 있습니다.

사람 죽이고 선정에 들 수 없고, 도둑질하고 선정에 들 수 없습니다. 욕질하고 선정에 들 수가 없고, 욕심을 내고 선정에 들 수가 없습니다. 이와 같이 계율이 선행(先行)되지 않으면 선정에 못 드는 것입니다. 선정에 못 들면 구두선(口頭禪)이라, 말로는 부처님 법문을 해설한다 하더라도 참다운 체험을 할 수가 없습니다. 즉 말하자면 반야지혜(般若智慧), 공지혜(空智慧)를 우리가 맛볼 수 없습니다.

계율에 관해서는 여러 가지 해설이 많이 있습니다만 우선 현재 여러 가지로 해악(害惡)이 많기 때문에 해악이 되는 부분만 딱 집어서 제가 말씀드리겠습니다.

십중금계(十重禁戒)라. 여러분들은 보살계(菩薩戒)를 여러 번 받으신 분도 계실 것입니다. 보살계는 십중금계와 48경계가 있습니다. 열 가지 무거운 계와 48가지 가벼운 계가 있습니다. 부처님 당시나 지금도 여법(如法)하니 공부하신 분들은 한 달에 두 번씩 포살(布薩)을 해서, 한 달에 두 번씩 이와 같이 십중금계 사십팔경계를 법사(法師)가 외워서 그때그때 우리가 점검을 받고 비판을 받고 하는 것입니다.

그러나 여법히 잘 못할 때는 그와 같이 않습니다만 마땅히 앞으로도 여법한 도량(度量)이 된다고 할 때는 한 달에 두 번씩 부처님의 그러한 청정한 계율, 열 가지 무거운 계, 또는 마흔여덟 가지 가벼운 계를 대중 앞에서 외워서, 같이 스스로 마음을 더욱 더 편달(鞭撻)하고 또는 비판(批判)을 받고, 참회(懺悔)를 하곤 해야 합니다.

그렇게 청정한 계율을 지켜야만 삼매에 들어서 참다운 부처님의 법을 증명할 수 있습니다. 이것은 첫째, 살계(殺戒)라, 불살생(不殺生), 죽이지 말라. 둘째, 도계(盜戒)라, 훔치지 말라. 셋째는 음계(淫戒)라, 출가인들은 불음(不淫)이라, 일체 음란한 것은 피하지만 재가인들은 자기 배필 이외의 그런 삿된 음행을 말라. 넷째는 망어계(妄語戒)라, 거짓말, 욕설, 이간하는 말, 꾸며서 하는 말 등을 하지 말란 것입니다.

망언(妄言) 가운데에서도 가장 큰 망언이 무엇인가 하면 미증(迷證)을 증(證)으로 하는 것입니다. 도(道)를 못 증하고서 증했다고 하는 그런 거짓말 또는 도인(道人)이 아니면서 도인(道人)인 체하는 그런 거짓말이 가장 큰 망언입니다.

그래서 같은 거짓말도 보통 방편적인 거짓말, 그것은 큰 죄는 아니지만 도를 못 증하고 증했다, 또는 못 통하고서 통했다, 이런 망언은 우리 승려 같으면 승복(僧服)을 빼앗기고 축출당하는 짓입니다. 이것은 큰 거짓말 이른바 대망언(大妄言)입니다. 성자(聖者)를 사칭하는 것처럼 큰 거짓말이 없습니다.

다섯 번째는 고주계(酤酒戒)라, 술팔 고(酤), 술살 주(酒)입니다. 술을 팔고 사고 또 먹고 하는 것은 허물입니다. 그러나 우리 사바세계(娑婆世界)는 역시 술을 팔 수도 있고 먹을 수도 있습니다만 부득이 술을 팔 때는, 이 술이 본래 오염된 것이 아니므로 이른바 만약지왕(萬藥之王)이라, 잘 쓰면 만약의 왕인데 '내가 파는 이 술 잡수시고 모두가 다 보리심(菩提心)을 내서 무상대도를 성취하여지이다', 이와 같은 마음으로 기원하고 술을 팔면 됩니다.

사바세계 중생은 살기 위해서 직업적으로 어떤 때는 인연 따라서 그런 직업을 택하지 않을 수가 없습니다. 그 때는 앞서 말씀과 같이 오염된 술이 아닌, 본래는 우리 중생의 병고(病苦)를 다스리는 만약지왕 같은 사람이 먹고서 무상대도를 성취하겠다는 그러한 보리심(菩提心)을 내서 한사코 금생에 무상대도를 성취하여지이다, 이와 같

이 마음으로 기원하면서 술을 팔면 큰 죄가 안 됩니다.

여섯 번째는 설사중과계(說四衆過戒)라, 이것이 굉장히 중요합니다. 사중(四衆)은 내내야 부처님 제자인 사부대중(四部大衆) 아닙니까. 출가한 비구(比丘), 비구니(比丘尼), 널리 보면 신부(神父)나 수녀(修女)나 다 같이 여기에 포함됩니다. 우리가 좁은 의미에서는 꼭 불교라고 하지만 불교라는 것은 불교라는 테두리에 얽매어 있지 않습니다. 집을 떠나서 세속을 떠나서 진리를 공부하는 분들은 비구나 비구니나 신부나 수녀나 모두가 거기에 포함됩니다. 이러한 출가승들이나 또는 출가하지 않고 집안에서 공부하는 분들 불교인(佛敎人)이나 기독교인(基督敎人)이나 이슬람교인이나 도교인(道敎人)이나 간에 하여튼 진리를 지향하는 분들 이런 분들 가운데서 남자, 여자 이 분들을 불교말로 소위 청신사(淸信士), 청신녀(淸信女) 아닙니까. 우바새(優婆塞), 우바이(優婆夷)입니다.

이와 같이 출가한 비구, 비구니, 신부, 수녀 이런 분들이라든가 또는 재가(在家) 집안에 계셔서 진리를 구하는 그러한 청신사, 청신녀, 이 분들이 사부대중인데 사부대중의 허물을 말하지 말라, 제가 여기 열 가지 무거운 계(戒)를 쓴 의도(意圖)가 무엇인가 하면 주로 여섯 번째에 있는 설사중과계(說四衆過戒)를 말하기 위함입니다.

지금 이런 것을 범하는 분들이 하도 많으므로 그로 인해서 우리 승가(僧家)나 우리 진리를 구하는 분들이 너무나 중상(重傷)을 받습니다. 여기 계시는 분들은 앞서 말씀과 같이 몇 번씩이나 되풀이해서 보살계(菩薩戒)를 받으신 분들이 계십니다만 사실은 행동하는 것을 보면 잘 지키지 않는단 말입니다.

사중죄(四重罪)라. 출가한 비구, 비구니, 우바새, 우바이 이런 분들의 허물을 말하는 가운데도 가장 중요한 것은 출가한 사람들의 허물을 말하는 것이 가장 죄가 무겁다는 것입니다. 같이 불교를 믿는 분들이라 하더라도 역시 출가한 사람들, 좁은 의미에서 출가한 사람들은 벌써 삼보(三寶) 가운데 승보(僧寶) 아닙니까. 광범위한 의미에서는 불법을 탐구하는 모든 분들이 다 승보입니다만 좁은 의미에서는, 이적(理的) 의미에서는 그때는 모두가 다 승보이지만, 사적(事的)인 의미에서는 우리 출가한 사람들이 승보입니다.

삼보 가운데 하나입니다. 그런데 그런 승보라 하는 것이 목적은 비록 완전무결한 성불에 있다 하더라도 아직 수행 도중에는 완전무결할 수가 없습니다. 그렇기에 절집은 그야말로 용사(龍蛇)가 공집이라, 범성(凡聖)이 공주(共住)라. 범부와 성인이 아울러 있습니다. 성

자 같은 중도 있는 것이고 뱀같은, 독사같은, 스님도 있습니다.

지금 우리나라도 삼십 몇 본사(本寺)가 있습니다만 그 본사는 도인만 지키는 것이 아닙니다. 총무가 있고 재무가 있고 부목이 있고 또는 깡패 같은 중도 있고, 이와 같이 아울러 한 본사를 지키는 것입니다.

불교의 명맥(命脈)이 이조(李朝)의 그런 숭유배불(崇儒排佛)이라, 부처님 법을 그와 같이 배척할 때도 역시 불법의 명맥을 이어 왔습니다. 우리 출가한 분들은 팔천민(八賤民)이라, 일반 노예 같은 천민이어서 일반 농부나 누구나 '여보게, 대사!', 이와 같이 하소를 한단 말입니다. 그 정도로 그렇게 하시했던 것입니다. 우리 스님은 비록 도인이라 하더라도 서울 장안(長安)에 들어가지 못했습니다.

일본 사람들이 들어와서 힘으로 나라에 영향을 미쳐 비로소 우리 승려가 장안에 발을 딛었던 것입니다. 그런 핍박을 당할 때에도 역시 가까스로 불교의 명맥을 이어왔습니다. 누가 이어왔는가 말입니다. 물론 사부대중(四部大衆)이 같이 협력해서 이어왔지만 그래도 역시 수모를 당하고 핍박을 당하면서 그런 위대한 부처님 법을 닦고 경(經)도 출판하고 그렇게 간신히 이어왔단 말입니다. 이것은 역시 출가인(出家人)들입니다.

출가인들은 앞서 말씀과 같이 다 도인 같은 스님만 있는 것이 아닙니다. 그런데 우리 사부대중 가운데서는 출가인들이 조금 허물이 있으면 그걸 침소봉대(針小棒大)해서 퍼뜨려 비방을 합니다. 같은 도를 구하는 사람끼리 서로 비방하는 그런 죄가 무거운데, 그런 가운데도 출가인들이 범한 죄를 퍼뜨려서 비방하는 것처럼 무거운 죄가 없다는 것입니다.

그렇기에 보살계(菩薩戒)에서 보면, 여러분들이 나중에 보살계를 받으시면 알지만 어느 사람들이 짐짓 사부대중의 허물을 말하면 마치 그 허물을 딱 들을 때 이것은 천백(千百)의 그런 창(槍)으로 자기 가슴을 찌르는 것 같은 통증을 느끼라는 것입니다.

다 그렇게는 못할망정 하물며 우리가 입으로 해서, 삼보(三寶)를 믿는다는 불자(佛子)로 해서 어떻게 함부로 사부대중의 허물을 말할 수 있을 것인가, 이것은 범망경(梵網經)에 있는 말씀입니다.

이러한 사부대중, 진리를 구하는 분들의 허물이 있으면 개별적으로 은근히 그 사람을 만나서 간곡한 정성으로 바른 길로 나가기를 기원하면서 충고를 해야 할 것이고, 그렇지 않으면 책임자, 그 사람을 다스릴 수 있는 그런 큰스님들이나 위대한 그런 지도 인물이나 그런 분들한테 우리가 가만히 말씀을 해야 합니다. 이렇게 해서 온편히 그러한 것을 초월해야 합니다. 그렇지 않고 조금 잘못하여 그것을 퍼뜨려서 얘기하면 그 때는 차근차근 커집니다. 그리고 진리에 대해서 세인들은 더욱 더 불신하고 맙니다.

제가 출가인들을 변호하는 것은 아닙니다만 지금 사회가 얼마나 혼란한 사회입니까. 얼마나 지금 개방적인 사회입니까. 이러한 사회에서 지금 젊은 출가 수행자(修行者)가 어떤 때는 더 미끄러질 때가 있습니다. 옆길로 잘못 갈 수가 있습니다. 그러나 이와 같이 호사하고 살기가 풍족하고 개방적이고 이러한 때에 젊은 사람들이 고등학교, 대학 나오고 해서 평생 독신으로 산다는 그것 하나만 가지고도 굉장히 소중한 것입니다.

거의 한 평생을 산중에서 지낸 저 같은 사람은 느낍니다. 혼자 지낸다는 것이 얼마나 어려운 것인가를, 아직 도를 잘 모르는 경계에 있는 미숙한 범부지(凡夫地)에서의 독신 생활이 얼마나 어려운지를 모릅니다.

한 번 생각해 보십시오. 출가인들은 다른 재미가 없습니다. 오직 부처님한테로 지향하는, 진리로 지향하는 그 재미 하나밖에는 없습니다. 먹는 것이 재미가 있습니까, 사는 것이 재미가 있습니까? 단란한 가정도 없습니다. 이러한 사람들은 이렇게 혼란한 세상에서 더러는 미끄러질 수가 있는 것입니다.

따라서 더러 미끄러져서 조금 아니꼽게 보인다 하더라도 그래도 역시 그 출가했다는 자체만으로도 그만큼 위대한 것이므로, 또는 이러한 사람들 때문에 불교의 명맥을 이어 왔으므로, 마땅히 사부대중의 허물을 말하지 않고서 온편(穩便)하게 부처님 법에 입각해서 그 사람을 직접 만나서 충고한다던가 그렇지 않으면 승단(僧團)이나 교단의 우두머리를 만나서 말을 해서 잡아야 하는 것입니다.

　이렇게 해서 설사중과계(說四衆過戒)라, 사부 대중의 허물을 말하는 죄를 면해야 합니다. 그렇게 못하면 결국은 열 가지 무거운 죄를 우리가 범하는 것입니다.

　좋은 스님과 나쁜 스님, 계행을 청정하게 지키는 스님과 못 지키는 스님을 대비해서 말씀을 해도 안 됩니다. 자기 최선(最善)만 다할 것이지 이러한 스님네들의 허물을 말하는 것은 그만큼 자기 스스로의 선근(善根)을 감소시키는 것입니다. 우리는 도를 깨닫는 것만 가지고도 바쁩니다.

　앞으로 남은 생 동안에 부처님을 찬탄하고 진리를 찬탄만 해도 너무나 우리 생이 짧습니다. 우리가 환희충만한 환희지에 언제 갈 것인가? 우리 같은 출가인도 온전히 환희지 맛을 못보는 것인데 하물며 재가불자도 똑같이 성불이 목적입니다.

　어느 것이나 청정무비한 부처님 몸입니다. 선이고 악이고 하는 것은 중생사회적인 차원에서 말한 것이지 사실은 본래에서 보면 모두가 다 부처 아님이 없단 말입니다. 다만 계율을 못 지키면 그 자신이 성불을 못합니다.

부처님의 청정한 안목에서 볼 때는 설사 계율을 못지킨다 하더라도 당장에 살인범이 있다 하더라도 살인범도 역시 똑같이 흠축이 없는 부처입니다. 그러나 살인죄를 범하고 계율을 안 지키면 그 자신은 결국 성불을 못합니다. 그 사람 때문에 사회적인 해악을 끼치는 것입니다.

제칠(第七) 자찬훼타계(自讚毀他戒), 자신을 칭찬하고 남을 비방하는 죄. 제팔(第八) 간석가훼계(慳惜加毁戒), 내 것 아끼려고 남을 욕하는 죄. 제구(第九) 진심불수회계(嗔心不受悔戒), 잘못을 참회하는 이를 화내서 물리치는 죄입니다.

저는 지금으로부터 23년 전에 여기 태안사(泰安寺)에서 10여명의 학인들하고 같이 지냈습니다. 그때 제가 큰 허물을 범했습니다.

제가 그 때 아홉째인 진심불수회계(嗔心不受悔戒)를 범했습니다. 성내는 마음을 가지고 상대편이 참회할 때에 그 참회를 받지 않았습니다. 별 것도 아니면서 나만 청정(淸淨)하다, 그런 상(相)을 내서 학인(學人)들 가운데서 허물을 범해서 참회(懺悔)를 한 사람을 제가 못 받았습니다.

어느 수좌(首座) 하나가 그때에 담배를 피우고 또 그 우악스러워서 자기들끼리 이렇게 싸움이 났습니다. 싸움이 벌어져서 그 무시무시한 식칼을 들고서 상대편을 찌르려고 한단 말입니다. 그래서 말려서 못 찌르고 상처는 안 났지만 하여튼 속인(俗人)도 큰 허물인데 하물며 출가 수행자가 담배를 피우고 또 싸움판이 벌어져서 칼로 상대편을 찌르려고 했으니 얼마나 큰 허물입니까. 그래서 제가 나무라니까 이제 저한테도 반항을 한단 말입니다. 그러나 이윽고 시간이 경과하니까 잘못을 느꼈던가, 가사(袈裟)를 수하고서 참회(懺悔)하려고 왔습니다.

저는 그때 보살계를 안 받은 것은 아닙니다만 이러한 대목을 잘 생각하지 못했습니다. 그래서 저는 '너같은 녀석은 용서할 수가 없다. 너는 삼보(三寶) 가운데 있을 수가 없다' 라고 생각하여 그 참회를 받아들이지 않았습니다. 나중에 몇 시간 뒤에 다시 왔습니다. 그때도 안 받았습니다. 또 세 번째 왔습니다. 그때의 제 마음은 도저히 칼을 들고서 같은 스님들끼리 싸우려고 했던 그 사람을 받을 수가 없었습니다.

그래서 제가 안 받았습니다. 그래서 그 사람은 그 뒤에 승복을 벗고서 환속(還俗)을 해서 살고 있습니다만 저번에도 한번 와서 만났습니다. 하여튼 그 사람의 참회를 제가 그때 만일 받았더라면 공부해서 위대한 성자(聖者)가 됐을지도 모르는 것인데, 참회할 때는 그와 같이 죄무자성종심기(罪無自性從心起) 심약멸시죄역망(心若滅時罪亦亡)이라, 원래 마음에서 지은 씨앗을 씻어버리면 벌써 그 사람의 마

음에서는 죄가 사라지는 것입니다.

이런 부처님의 계율(戒律)의 항목을 잘 모르고 저는 그때 참회를 못 받은 것을 지금도 가끔 뉘우치게 됩니다. 따라서 우리는 어떠한 죄를 범했다 하더라도, 비록 세간 법은 그 사람의 허물을 용서하지 못한다 하더라도 우리 출세간 법으로 마땅히 용서를 해야 하는 것입니다. 참회하면 그때는 받아야 하는 것입니다.

그러나 사중금계(四重禁戒)라. 살생계(殺生戒), 남을 죽인다거나 투도계(偸盜戒), 출가인이 훔친다거나 사음계(邪淫戒), 음행을 범한다거나 또 망어계(妄語戒), 출가인으로 해서 대망어(大妄語), 즉 깨닫지 못하고서 깨달았다고 허위로 말하는 죄, 이러한 사중죄(四重罪)를 범한 출가인은 승가 내에서 머물게 할 수 없습니다.

제십(第十)에 가서 방삼보계(謗三寶戒)라, 불법승(佛法僧) 삼보를 비방한단 말입니다. 이것은 앞서 사중의 허물을 말하는 것이나 거의 비슷합니다만 우리 생명의 뿌리가 되어 있는 또는 일체존재의 가장 귀중한 그런 성보(聖寶)인 삼보를 비방할 수가 없습니다. 삼보를 비방하면 벌써 우리 선근을 멸종을 시키는 것입니다. 우리 선근을 없애는 것입니다. 착한 선근이 쌓이고 쌓여야 할 것인데 선근을 없애면 우리가 그때는 성불을 못하는 것입니다. 이와 같은 허물 때문에 성불도 못하고 승가를 더럽히고 일반 사회인들도 우리를 불신합니다.

특히 여섯 번째 있는 설사중과계(說四衆過戒)라. 비구, 비구니, 우바새, 우바이 이러한 사중의 허물을 말하지 말라. 열 번째에 있어서 방삼보계(謗三寶戒)라, 불법승 삼보를 비방하지 말라. 이러한 말씀을 우리 출가인도 명심을 해야 합니다만 특히 재가인들이 지금은 비판을 잘할 때인지라 자기 허물은 저만큼 두고서 남의 허물을 말하기 쉽게 하는 풍조가 있는 때인지라 곧장 우리 스님들도 지나친 비방을 많이 받습니다. 몇 십 년 애쓰고 공부했지만 조그마한 허물 하나 때문에 그 사람을 그냥 매장해버립니다.

여기에 거의 걸맞은 견서사자게(堅誓獅子偈)를 소개할까 합니다. 견서(堅誓)는 굳을 견(堅), 맹세할 서(誓)입니다. 그리고 사자(獅子), 노래 게(偈)입니다.

우리는 지금 우리가 살고 있는 이 세상이 전부라고 생각하기가 쉽습니다. 그러나 우리가 사는 세상 이 외의 세상이 더 많은 것입니다. 아시는 바와 같이 앞서도 말씀했습니다만 욕계, 색계, 무색계, 삼계(三界) 내에 있는 각각의 세상이 얼마나 많습니까.

청정(淸淨)한 도인(道人)만 있는 세계도 있는 것이고, 이것은 범중천(梵衆天)이라, 범중천은 욕계의 때가 묻지 않은, 욕계의 번뇌를 떠난 중생들이 사는 세계입니다. 또 무색계(無色界)는 몸도 무엇도 없이 마음만, 의식(意識)만 있어서 신묘한 선정(禪定)에 잠겨 있습니다.

행동도 않고 몸뚱이도 없고 그냥 마음만 신묘한 삼매에 잠겨 있는 그런 하늘도 있습니다.

이와 같이 그런 경계가 많이 있는 것인데, 또는 우리가 사는 이 사바세계(娑婆世界)도 역시 지금 같은 모양으로 항시 있었다고 볼 수 없습니다. 따라서 어느 때에는 어느 세계에서는 일반 축생(畜生)도 말을 했으리라고 볼 수 있는 것입니다. 모두 다 가능한 것입니다. 이제 무수겁(無數劫) 전에 사자(獅子)도 범도 말을 할 때가 있었습니다.

그때 사자 한 마리가 금모사자(金毛獅子)라. 털이 금색 찬란한 사자가 있었는데 이 사자는 털이 금색으로 잘 된 만큼 역시 그 사자의 식(識)도 높았습니다.

앞서도 말했습니다만 산의 식은 산신 아닙니까. 물의 식은 역시 용왕입니다. 나무의 신은 목신입니다. 도량의 식은 역시 도량신입니다. 우리 사람의 식 역시 우리 마음이듯 말입니다.

어떠한 것이나 작고 크고 간에 하나의 전자(電子)나 하나의 산소(酸素) 역시 이것도 식이 있습니다. 원자(原子)에 들어 있는 무수무량(無數無量)의 정보, 이것 역시 원자나 소립자의 식입니다.

우리 눈으로 볼 수 없는 하나의 미세한 소립자 가운데 들어 있는 정보, 그런 식이나 우리 인간의 식이나 석가모니 부처님이 무량대도를 성취하신 그런 식이나 똑같은 것입니다. 차이가 없습니다. 그러기에 일미진중함시방(一微塵中含十方)이라, 조그마한 미세한 가운데도 시방세계의 진리(眞理)가 다 들어 있다는 말입니다.

그런데 이와 같은 사자 가운데도, 사자는 동물이므로 마땅히 식이 있겠지요. 그런데 금모사자이므로 식이 보다 더 마땅히 빛나 있단 말입니다. 같은 사람 가운데도 얼굴이 더 잘 생긴 사람들은 분명히 식이 더 빛나 있는 것입니다. 얼굴이 못생긴 사람들은 그만큼 자기 업장 때문에 식이 덜 빛나 있는 것입니다. 그러기에 부처님 상호(相好)는 삼십이상(三十二相) 팔십종호(八十種好)입니다.

그러나 설사 못생겼다 하더라도 부처님 믿음으로 해서 그때는 모두 초월할 수 있습니다. 내내야 마음은 주인(主人)이고 우리 몸뚱이는 종(從)인지라 설사 추악한 몸이라도 역시 −중국(中國)의 도안(道安) 스님은 위대한 도인인데 굉장히 못생겼습니다. 그러나 부처님 믿음으로 해서 그냥 무상대도(無上大道)를 성취하셨습니다− 이와 같이 마음으로는 다 초월할 수가 있는 것입니다. 그런데 그런 금모사자가 있었는데, 그때 마침 벽지불(辟支佛)이라, 아라한도(阿羅漢道)를 성취하신 신선 도인이 산중 숲속에서 깊은 삼매에 잠겨 있었단 말입니다. 삼매에 들어서 어떤 동물이나 어떤 맹수가 오든지 간에 하여튼 설법을 하신단 말입니다.

따라서 금모사자도 이러한 벽지불의, 즉 말하자면 도를 통한 아라

한인 그 자리에 가끔 들어가서 법문을 들었습니다. 이때는 각 동물도 지금의 동물 같지 않고 식이 보다 발달된 동물이 있었던 그런 시기였겠지요.

그래서 맨 처음에는 무엇을 잘 몰랐지만 금모사자가 벽지불을 만나서 차근차근 법문을 들으니, 불법승(佛法僧) 삼보(三寶)가 얼마나 귀중한 것인지를 알았습니다.

부처님의 진신(眞身)이 소중하고, 부처님 법(法)이 소중하고, 부처님께서 깨달으신 법 내용이 소중하고, 법 따라서 행동하는 출가한 분들은 물론 재가인들의 그런 존재가 소중하고, 마침내 삼보의 소중함을 알았습니다.

그런데 벽지불 아라한이 설법하실 때는 항시 가사(袈裟)를 입고 이렇게 법의(法衣)를 수호하고 설법을 했습니다.

마침 그때에 포수가 사냥을 나와서 아주 찬란한 금모를 가지고 있는 사자가 벽지불한테 이렇게 공손히 무릎을 꿇고 앉아 설법을 듣는 모습을 보았습니다. 포수인지라 마땅히 그 금모사자의 금색 찬란한 가죽이 욕심이 났겠지요.

'내가 금색이 찬란한 사자를 잡아서 가죽을 벗겨서 왕자한테 드리면 왕자가 나한테 큰 상을 내리겠지?'

이와 같이 흑심(黑心)을 품었단 말입니다. 그래서 사자를 잡으려고 마음을 먹었습니다. 그러나 사자는 굉장히 몸집도 크고 또는 금모사자인지라 외형도 그렇게 훌륭하고 무시무시한 힘이 있어 보인단 말입니다. 보통 사자 역시 우리 인간들은 당해낼 수가 없는 것인데 하물며 금모사자와 같이 그런 괴력을 갖추고 무시무시한 그런 힘이 있는 사자를 포수인들 정상적인 방법으로는 어찌할 수가 없었습니다. 활로 쏘려고 마음만 먹으면 그야말로 금모사자(金毛獅子)인지라 영험(靈驗)도 있을 것이고 하기 때문에 그냥 알 수가 있겠지요.

그래서 꾀를 내서 저 사자(獅子)는 가사(袈裟)를 걸치고 있는 그런 아라한 밑에 그와 같이 고분고분 들어가 무릎을 꿇는 것을 보니까, 내가 머리를 깎고 가사를 입고 활과 독화살을 가사 속에 감추고 가면 사자가 그만큼 두려움도 품지 않고 내가 접근할 수가 있겠지, 이와 같이 마음을 먹었단 말입니다.

그래서 그 포수가 머리를 깎고 가사를 걸치고 활을 그 가사 속에 숨기고 갔습니다. 아닌 게 아니라 금모사자가 이제 환희심을 내서 자기 발 앞에 와서 무릎을 딱 꿇고서 이렇게 다소곳이 있단 말입니다. 이때를 놓칠세라 그 사냥꾼은 독 묻은 -한발만 맞아도 독이 몸에 번져서 죽을 수 있는- 독화살을 쏘아 댔습니다.

아무리 괴력이 있고 힘 있는 그런 사자라 하더라도 역시 무서운 독

이 있는 화살을 맞았으니 살 수 없단 말입니다.

　그러나 화살을 맞고서 그냥 죽을 수는 없었겠지요. 더구나 무시무시한 그런 힘을 가진 사자인지라 비록 독화살을 맞았지만 그 순간만은 더구나 그 원망과 사무치는 성내는 진심(嗔心) 때문에 그때 분출되는 힘이라는 것은 이루 헤아릴 수가 없을 것입니다.

　그래서 그 무시무시한 진심을 내서 포악스럽게 순간 그 사냥꾼을 덮쳐서 죽이려고 맘먹었습니다. 그러나 평소에 삼보가 얼마나 소중한가를 법문을 통해서 들었기 때문에 방삼보계(謗三寶戒)가 상기(想起)가 돼서 그때 읊은 슬픈 노래가 여기 있는 견서사자게(堅誓獅子偈)입니다.

원자상신명(願自喪身命)

종불기악심(終不起惡心)

향어괴색복(向於壞色服)

원자상신명(願自喪身命)

종불기악심(終不起惡心)

향어출가인(向於出家人)

　원자상신명(願自喪身命)하니, 원컨대 내 신명(身命)을 다 바친다 하더라도 종불기악심(終不起惡心)이라, 끝내 나쁜 마음을 일으키지 않겠나이다.

향어괴색복(向於壞色服)이라, 향할 향(向), 말미암을 어(於), 헐을 괴(壞), 괴색(壞色)은 우리 가사(袈裟)의 색입니다. 모든 색을 다 합하면 괴색이 됩니다. 청황적백흑(靑黃赤白黑)을 한데 모으면 그때는 괴색이 됩니다. 우리 법의를 가리켜서 괴색 그럽니다.

원컨대 내 신명을 다 잃어버린다 하더라도 끝내 남을 헤치고자 하는 그런 악심은 품지 않겠으며, 특히 괴색 가사를 입은, 법의를 입은 사람에게 악심을 내지 않겠나이다.

비록 독화살을 나한테 쏘았다 하더라도 그 가사를 입었다는 그것 때문에 -그 사냥꾼이 배신자요, 그 욕식밖에는 없는 사람이요, 또는 스님도 아닌, 그러나 머리를 깎고 가사를 입었다는 그것 때문에- 그것만 가지고도 역시 내 신명을 곧바로 바친다 하더라도 내가 악심을 품지 않겠나이다.

원자상신명(願自喪身命)하니, 원컨대 내 신명을 다 잃어버린다 하더라도, 종불기악심(終不起惡心)이라. 원컨대 내 신명을 다 바친다 하더라도 끝내 악심을 내지 않겠나이다. 향어출가인(向於出家人)이라, 출가인에 대해 악심을 내지 않겠나이다.

너무 출가인들을 돋보이게 말씀드려서 언짢게 생각하실는지 모르지만 생각해보면 사실은 소중한 것입니다. 재가인도 소중하고 다 소

55

중합니다만 특히 이렇게 혼란스러울 때, 이렇게 살기 좋은 때 집안을 떠나서 삼십대 이십대에 그 나이로 해서 평생 독신으로 지낸다 하는, 또 늙은 말년에 오십, 육십이 되어서 자손들한테 시봉(侍奉)받고 편히 지낼 수 있는 분들이 혼자 지낸다 하는 것이 얼마나 어려운 일이겠습니까? 가정의 단란함을 맛본 분들은 한 번 생각해 보십시오.

따라서 마땅히 우리 출가인들이 설사 허물이 있다 하더라도 괴색 승복을 입었다는 그 자체만으로도 그와 같이 소중한 것입니다. 하나의 미물에 불과한 사자 역시 그와 같이 스님도 아닌 엉뚱한 나쁜 사냥꾼이 입었지만 그 괴색 가사 때문에 악심(惡心)을 낼 수 없었습니다.

인과(因果)라는 것은 지극히 소중한 것입니다. 비록 나쁜 맘으로 해서 가사(袈裟)를 걸쳤다 하더라도 가사를 걸친 그것만으로 해서 그 사냥꾼은 나중에 성불할 수 있는 인연(因緣)을 만난 것입니다.

부처님 당시에 술에 취한 바라문(婆羅門) 외도(外道)가 부처님한테 계(戒)를 받으려 왔습니다. 술에 취한 것을 부처님의 그런 청정한 안목으로 해서 모르겠습니까. 부처님께서 선래비구(善來比丘)라, '아! 비구여, 잘 왔구나.' 그 한 마디로 머리를 깎아버리고 법의를 입혀버렸습니다. 부처님의 위신력(威神力)과 그 사람의 원력(願力)으로 해서 무슨 계를 받는다, 준다 하는 말없이 그냥 선래비구라, '비구여, 잘 왔구나', 그 말 한 마디에 그냥 머리가 떨어지고 법의가 입혀졌으니 계를 받아서 하룻밤을 잤단 말입니다.

그러나 술김에 계를 받았지만 술을 깨고 보니, 바라문이 술김에 와서 계를 받고서 그 이튿날 아침에 도망쳐버렸단 말입니다. 따라서 아난 존자나 그러한 분들이 이제 부처님을 책망하는 듯 말씀을 했습니다.

"세존께서는 다 아시면서 그와 같이 술 취한 사람에게 부처님의 청정한 계율을 주십니까?"

이와 같이 힐난조로 말을 했단 말입니다. 그때 부처님이

"우담바라화(優曇跋羅華)는 비록 시든다 하더라도 여느 꽃보다 더 향기로우니라!"

라고 말씀하셨습니다. 비록 파계(破戒)는 하고 나가 버렸지만 한번 가사를 걸친 그 공덕(功德) 때문에 계율(戒律)을 전혀 안 받은 사람보다는 더 귀하다는 것입니다.

그것은 한 번 부처님의 청정미묘(淸淨微妙)한 계를 받겠다는 그 마음을 냈기 때문에 그 마음이 자기 잠재의식(潛在意識)에 훈습(薰習)이 되어서 몇 생 후에는 그 인연(因緣)으로 성불(成佛)을 할 것이다.

그렇기 때문에 계를 안 받은 사람보다는, 마치 우담바라화 꽃이 비록 시들었다 하더라도 여느 일반 꽃보다도 더 향기롭듯 그 사람이 일반 사람보다는 더 존중한 선근(善根)을 심었다고 말씀했습니다.

우리는 비록 성불의 길이 중요하다 하더라도 비약적으로 바로 갈 수 없습니다. 우리 마음으로 해서는, 앞서 말씀과 같이 해오(解悟)로 해서는, 이치(理致)로 아는 것으로 해서는 체용성상(體用性相)을 다 말할 수 있지만, 역시 그런 도덕적인 윤리 행동이 앞서서 우리 생리(生理)가 정화(淨化)가 돼야 하는 것입니다. 생리가 정화되지 않으면 도를 증명하지 못합니다. 따라서 사실은 도를 증명(證明)하신 분들은 참다운 증오(證悟)를 하신 분들은 파계(破戒)를 하래야 할 수가 없는 것입니다.

욕계 번뇌가 끝나고 색계 번뇌가 끝나고 무색계 번뇌가 끝나서 삼계 번뇌가 끝나버리면 앞서 말씀과 같이 시공(時空)을 초월(超越)합니다. 시간, 공간을 초월하고 인과를 초월하는 그 분들이 어떻게 계율을 지킬 수가 없겠습니까. 인과에 얽매여 좋다, 궂다, 사랑스럽다, 밉다, 그런 마음, 유위(有爲) 공덕에 얽매여 죄를 범하는 것이지, 그런 인과에 얽매이지 않고 시공을 초월한 분들은 죄를 범할 수가 없는 것입니다.

따라서 도인은 그 사람 행동을 보면 알 수 있습니다. 행동이 자기

아(我)에 걸리고 또는 음욕에 걸리고 어떤 유위 상대적(相對的)인 것에 걸리면 도인이 아닌 것입니다.

우리는 그러므로 마땅히 출가인이나 재가인이나 부처님 법을 그냥 구두로 해서 알 뿐만 아니라 참답게 증명해서 참다운 영원한 희락(喜樂), 영원한 법락(法樂)을 맛보기 위해서는 꼭 계행(戒行)은 청정(清淨)해야 합니다.

그러기에 천태지의(天台智顗) 선사(禪師) 같은 분도 공부하는 방편문(方便門)으로 해서 첫째 지계청정(持戒清淨)이라, 지계청정하지 않으면 아는 것에 그치고 사실은 힘이, 법력이 없단 말입니다.

현대 같이 혼란스러울 때는 마땅히 선오후수(先悟後修)하는, 먼저 부처님의 대요를 알고, 실상묘해(實相妙解)라. 우주의 실상을 우리가 바로 느껴야 합니다. 비록 우리 범부지(凡夫地)에서 보는 것은 실상이 아니라 하더라도 성자가 보는 사실 그대로를 관(觀)해야 합니다.

부처님법을 증하기 위해서는 청정한 계율이 앞서야 합니다. 청정한 계율이 앞서지 않으면 우리가 다생겁(多生劫)을 지나오면서 지은 우리 누겁의 그런 습기(習氣)를 녹일 수가 없습니다.

우리 마음에 훈습(薰習)된 것은 그냥 단박에는 못 녹아집니다. 선근이 깊은 사람들은 빨리 갈 수 있으나, 선근이 희박한 사람들은 오랫동안 녹여야 하는 것입니다.

녹이기 위해서는 마땅히 부처님의 오계(五戒), 또는 십계(十戒), 또는 더 나아가서 부처님의 청정대계인 보살계(菩薩戒), 이러한 계율을 지켜야만 생리(生理)와 심(心)이 둘이 아니고, 몸과 우리의 불성이 둘이 아니기 때문에, 몸이 정화되면 그때는 마음이 정화되는 것이기 때문에 마땅히 도덕적인 그런 계율을 앞세우면서 실상지혜(實相智慧)를 놓치지 말아야 하는 것입니다.

　또 우리 만남이라는 것이, 항시 느낍니다만 '루터'나 '칸트' 같은 사람도 단상에 오르면 이 법문이 마지막 법문이구나, 이와 같이 느꼈다고 합니다. 저같은 사람은 나이도 많이 먹고 또는 그때그때 이와 같이 무상(無常)한 우리 현실을 생각할 때 이렇게 법상(法床)에 오르고 보면, 법상 이 자리가 부처님을 대신하는 자리인데, 부처님을 대신한다는 생각이 아니면 저 같은 사람이 올라올 수가 없습니다. 부처님을 대신하는 소중한 자리이기 때문에 그 부처님 말씀을 조금 더 해 드리고 싶습니다.

　여기 광촉(光觸)이란 말이 있습니다. 빛 광(光), 접촉할 촉(觸), 광촉이란 말을 꼭 기억해 두십시오. 공부가 돼가면 갈수록 광명(光明)에 우리가 접촉됩니다. 부처님의 광명에 접촉되면 우리 업장(業障)이 순식간, 또 업장이 무겁다 하더라도 굉장한 많은 업장을 녹일 수가 있는 것입니다.

부처님 당시에 파사닉(波斯匿) 왕의 공주(公主) 하나가 아주 못생겨서 추녀(醜女)란 말입니다. 얼마나 못났던지 아버지인 왕도 자기 딸이지만 너무 보기 싫어서 가두어 놓고서 밥만 넣어 주었습니다. 그러나 나이가 들어 과년이 돼서 시집을 보내야 했습니다. 그래서 정승(政丞)의 아들을 골라 시집을 보냈습니다.

　지금 같으면 그렇게 못난 공주를 맞이 하겠습니까만 그와 같이 전제 정권시대인지라 왕의 명령에 할 수 없이 대신(大臣)의 아들이 장가를 들었습니다. 대신의 젊은 아들은 공주가 맘에 들 리 만무합니다. 그래서 그도 그녀를 가두어 놓고 자물쇠를 채워 열쇠를 자기가 가지고 다른 사람들은 전혀 못 들어가게 한단 말입니다.

　그 당시 풍습에도 친구들과 같이 모여 피로연을 하는 것이 있었겠지요. 다른 대신들 아들들이 이제 새로 장가들었으니 우리 같이 모여서 잔치를 열자 그렇게 종용을 많이 한단 말입니다. 그럴 때마다 자기 아내가 예쁜 대신 아들들은 홀연히 수락을 했겠지만 그와 같이 추녀를 맞이한 대신 아들은 마음이 내킬 수 없단 말입니다.

　그러한 괴로움을 견딜 수가 없었습니다. 그래서 몸이 아프다는 등 여러 가지 핑계를 대고 나타나지 않았습니다.

다른 정승 아들들은 그때마다 더욱 의구심을 품고 이 사람이 자기 아내가 너무나 예쁘니까 남한테 보이기 싫어한다고 생각하여 시기심이 생겼습니다. 그래서 한 번은 그 공주와 결혼한 정승 아들을 불러다 놓고 친구들이 술을 많이 먹였습니다. 술에 취해서 쓰러지자 방 열쇠를 훔쳐서 추녀가 갇혀 있는 방문을 열었습니다.

열고 보니 아닌 게 아니라 인간 세상에서는 볼 수 없는 굉장한 미녀(美女)란 말입니다. 미녀가 찬란하게 보인단 말입니다. 그러나 그 미녀는 분명히 조금 전까지는 추녀였는데 어떻게 해서 미녀가 됐는가?

비록 얼굴은 못 생겼지만 자기 아버지 파사닉(波斯匿) 왕은 물론 황후나 왕자 역시 부처님을 높이 믿는지라 그 딸도 부처님 법을 독실히 신봉(信奉)했습니다. 그녀도 자기 얼굴을 보고 굉장히 한탄하며 자기 스스로를 증오했겠지요. 그래서 자기 온 정성을 다해서 그야말로 사무치게, 사무치게 부처님한테 기원(祈願)을 드렸단 말입니다.

> '부처님이시여. 저는 과거세(過去世)에 무슨 죄(罪)가 있기에 이렇게 못났습니까? 차라리 저를 이렇게 못난 채로 살게 할 바에는 차라리 제 목숨을 거두어 가십시오.'

라고 간절히 빌었습니다. 이렇게 어려서부터 빌고, 빌고 한 것이 부처님 마음에 감응(感應)이 되어, 부처님께서는 다 아시고 32상과 80종호를 갖추신 부처님의 모습을 간절히 빌고 있는 그 추녀의 앞에 나타내셨습니다.

앞에 나투시어 부처님의 청정미묘(淸淨微妙)한 광명(光明)이 그 추녀(醜女)를 감쌌습니다. 감싸고 어루만졌습니다. 그렇게 하자 순식간에 추녀가 미녀(美女)가 되었습니다. 이것은 하나의 기적(奇蹟)이 아닙니다.

지금은 인체에 있는 암균(癌菌)을 레이저 광선으로 쏘이면 그 균이 죽는다고 합니다. 다른 병도 역시 그 병 부위에 레이저 광선을 쏘이면 나을 수 있다고 합니다. 이와 같이 하나의 물리적인 광선도 우리 몸의 병소를 낫게 하는데, 하물며 모두를 다 할 수 있고, 모두를 다 알 수 있고, 이른바 무한의 가능성(可能性)을 갖고 있는 부처님의 광명은 이루 다 형언할 수 없습니다.

어떤 때는 무한의 능력을 갖추는 것입니다. 순식간에 벙어리가 말을 할 수 있는 것입니다. 순식간에 소경이 눈을 뜰 수 있는 것입니다. 어떠한 것이나 다 할 수 있는 무소불능(無所不能)한 부처님의 그런 불성광명(佛性光明)은 영원적인 능력을 다 갖추고 있는 것입니다.

다만 우리 정성(精誠)이 부족해서 믿음이 부족해서 사무친 마음이 부족해서 우리는 부처님의 광명(光明)을 접촉할 수가 없습니다.

부처님의 광명을 접촉하는 길은, 이것은 우리가 공부하는 삼매(三昧)에 의해서만이 비로소 우주(宇宙)에 충만(充滿)한 불성광명(佛性光明), 자비광명(慈悲光明)을 접촉하는 것입니다. 다시 말하면 우리 생명파장(生命波長)이 정화가 돼서 부처님의 파장하고 일치돼야 합니다.

처음에는 조그마한 별 같이 광명이 보이다가 다음에는 우리 마음이 정화가 되면 될수록 광명이 차근차근 확장이 되는 것입니다. 그래서 이른바 도인들의 임종게(臨終偈)를 보면, 심월고원(心月孤圓)하니, 마음 심(心), 달 월(月), 외로울 고(孤), 둥글 원(圓)입니다. 마음 달이 오직 홀로 둥글게 우주를 비추니, 광탄만상(光呑萬象)이라. 빛 광(光), 삼킬 탄(呑), 일만 만(萬), 형상 상(象), 부처님의 그런 청정미묘한 광명이 만상을, 일체만유(一切萬有)를 다 삼켜버린단 말입니다. 천지 우주가 모두가 다 그때는 광명뿐인 것입니다.

심월고원(心月孤圓)하니 광탄만상(光呑萬象)이라! 우리 마음이 정화가 돼서 청정미묘한 그런 마음 달이 마음의 광명이 오직 홀로 천지(天地)를 비추고서 둥그렇단 말입니다. 이러한 것이 광탄만상이라, 그 광명이 만상을 다 삼켜버린단 말입니다.

우리는 어두움 때문에, 어두움은 내내야 무명(無明) 아닙니까. 어두움 때문에 중생은 바로 못 보지만 어두움만 가시면 그냥 바로 천지

우주(天地宇宙)는 광명(光明) 하나로 빛나는 것입니다.

부처님은 청정미묘(淸淨微妙)한 무량광명(無量光明)뿐이기 때문에 대일여래(大日如來)라! 법신 부처님의 별명이 대일여래입니다. 대일여래는 광명변조(光明遍照)라. 광명이 우주에 두루 가득히 있습니다.

따라서 지금 여러분들 눈앞에는 광명이 안 보인다 하더라도 사실은 천지우주(天地宇宙)는 나도 너도 일체존재 모두가 다 부처님의 청정미묘한 광명, 일체를 가능한 광명, 일체를 나투고 할 수 있는 광명으로 충만해 있는 것입니다.

우주의 저변에는 시공을 초월해서 생명의 자비광명, 자성광명, 생명의 리듬이 충만해 영원히 흐르고 있습니다.

그렇기 때문에 어떤 공부를 하든지 간에 화두(話頭)를 드나 주문(呪文)을 외우나, 주문도 내내야 가장 기본적인 주문이 광명진언(光明眞言)입니다. 어떤 주문 가운데나 광명진언의 내용이 들어 있습니다.

염불(念佛)을 하든 어떻게 하든 광명의 이미지, 광명의 영상(映像) 두고서 공부하면 공부가 빠른 것입니다. 광명, 이것은 실상세계(實相世界)의 하나의 영상이기 때문에 광촉(光觸)이 되면 우리 업장(業障)이 바로 녹아내립니다.

우리 마음 가운데는 부처도 하느님도 다 들어 있습니다. 물도, 불도 다 들어 있습니다. 따라서 우리 마음이 부처를 생각하면 부처를 생각하는 즉시(卽時) 우리 마음은 부처입니다. 중생을 생각하면 중생이고, 물을 생각하면 물이 사무치면 그때는 우리 마음이 우리 몸이 물로 화(化)하는 것입니다.

어제 말씀과 같이 불을 생각하여 사무치면 우리 몸에서 불의 광명(光明)이 나오는 것입니다. 이와 같이 마음은 소중한 것입니다.

이런 저런 모든 생명의 근원이 이제 영원적인 청정광명(淸淨光明), 적광(寂光)이기 때문에 극락세계(極樂世界)는 적광토(寂光土)인 것입니다. 화장세계(華藏世界), 적광정토(寂光淨土), 밀엄국(密嚴國) 모두가 다 이와 같이 광명세계(光明世界)를 말씀한 것입니다. 마땅히 우리는 근본(根本) 실상 광명자리에 우리 마음을 안주(安住)시켜서 하는 그 공부가 이른바 선오후수(先悟後修)의 공부입니다.

이렇게 해서 하루빨리 성불(成佛)하시기를 간절히 바랍니다.

나무아미타불(南無阿彌陀佛)! 나무석가모니불(南無釋迦牟尼佛)!

二. 만선동귀(萬善同歸)

성자(聖者)는 인간의 분별시비(分別是非)하는 유한적인 의식을 벗어나서 모든 근본 성품을 다 아는 지혜를 갖춘 사람입니다.

사람의 버릇은 무서운 것입니다. 저 같은 사람은 이와 같이 앉는 버릇을 많이 들였습니다. 그래서 이렇게 앉아서 사흘이고 한 달이고 있으라고 하면 별로 어렵지 않습니다.

그러나 이렇게 높은 자리에 올라와서 무슨 말씀을 하라고 그러시면 하기가 쉽지 않습니다.

광대(廣大)도 자주 무대(舞臺)에 올라가야 신이 나듯 우리 승려(僧侶)도 자주 설법(說法)을 하면 무난할 것인데 저와 같이 자주 올라가지 않는 사람은 참 어둔합니다.

3년 동안 빚을 많이 지고 또는 중 생활을 40년 동안 했으니 40년 동안 사부대중한테 진 빚이 굉장히 막중합니다. 어떻게 갚아야 할 것인가? 벌써 아득해져 버려서 말문이 막힙니다. 그러나 무슨 말씀인가 해야 하겠지요.

3년 동안 빚을 지면서 과연 무엇을 얻었던가?

'그대가 3년 동안 공부한 것을 내놔봐라.'

그러면 저는 내놓을 것이 아무 것도 없단 말입니다. 이와 같이 초라한 몸뚱이 밖에는 지금 없습니다. 그러나 한 가지 얻은 것은 무엇인가 하면 부처님 법(法)은 참 쉽구나, 부처님 법은 참 쉽다는 사실을 얻었습니다.

우리가 생각할 때는 불교(佛敎)는 그야말로 한문(漢文)으로 되어 있고 법문(法門)도 8만4천 법문이라, 그와 같이 많은 법문이 있고, 또 계행(戒行)도 지키려면 굉장히 어렵지 않는가, 이와 같이 자주 난색을 표합니다만 여태까지 공부한 걸로 해서 경험을 말씀드리면 불법은 굉장히 쉽습니다.

어째서 쉬운가 하면 천지우주(天地宇宙)의 법칙(法則), -법이자연(法爾自然)이라!- 천지우주 자연(自然)의 법(法)에 따르는 길이기 때문입니다. 불법(佛法)이라 하는 것은 자연에 거슬러 가는 것이 아니라 천지우주의 법도(法道)에 따르는 길입니다.

인과(因果)에 따르는 길이고, 천지우주의 법규(法規)에 따르는 길입니다. 우리가 생활(生活)속에서 다 경험해 보신 분들은 아시지만 사실은 법도(法道)에 어긋나면 도리어 마음도 괴롭고, 마음도 몸도 둘이 아니므로 몸도 괴로운 것입니다.

우선 우리가 간단히 계율(戒律)을 두고 생각을 해봅시다. 계행(戒行)은 다 아시는 바와 같이 몸으로 바른 행동, 입으로 바른말하는 것이 바로 계행 아닙니까. 마음이 좋지 않을 때는 염불(念佛)도 하고 참선(參禪)도 하는, 닦는 법(法)이 있겠습니다만 우선 몸으로 바른 행동, 입으로 바른말, 이것이 계행인데 몸으로 바른 행동(行動)을 못 추스르면 그냥 죄(罪)를 받습니다. 우리가 흔히 과보(果報)를 받는단 말입니다.

살생(殺生)하지 말라는 그 말을 어기고서 우리가 함부로 죽여 보십시오. 인정(人情)이 많은 사람은 사실 파리 한 마리만 죽여도 마음이 덜컥합니다.

하물며 거기다가 닭을 죽여서 먹고, 소를 죽이고 개를 죽이고 해보십시오. 지금은 마음이 표독스러워서 닭도 죽이고 개도 죽이고 그렇게 한다 하더라도 정작 자신이 죽을 때는 닭 모가지, 소 모가지, 개

모가지가 와서 자기를 위협한다는 것입니다.

그 전에 장서라는 소를 잡는 도아(屠兒)가 있었습니다. 그는 소도 많이 잡고 여러 가지 짐승을 많이 잡았겠지요. 백정이니까 그렇게 어려워 않고, 무서움 없이 많이 죽였단 말입니다.

그가 죽는 순간 그 짐승들의 영혼이 무수히 와서 호령도 하고 눈을 부릅뜨고 한단 말입니다. 그러나 그런 무서운 가운데서도 죽음의 길에 이르는 찰나에도 역시 훌륭한 법사(法師)를 만나서 그런 사람도 제도(濟度)를 받았습니다. 선인(善人)만 제도를 받는 것이 아니라 도아로 평생 소도 죽이고 말도 죽이고 하는 사람이라도 마지막 순간(瞬間)에 일념(一念) 참회(懺悔)를 해서 바른 마음을 돌이키면 그냥 제도를 받습니다. 불법(佛法)이 오죽 쉬운 것입니까.

계행(戒行)을 지키면 그와 같이 지키는 것이 안 지키는 것보다 훨씬 쉬운 것입니다. 살생(殺生) 안 하는 것이 하기보다 쉽습니다.

훔치지 말라. 마음이 마비가 되어 버린 그런 저런 사람들은 훔치는 것을 쉽게 할는지 모르지만 정직(正直)한 사람은 자기 몸에 칼을 대도 훔칠 수가 없습니다. 따라서 훔치기보다 훔치지 않은 것이 더 쉽습니다.

음란(淫亂)한 짓을 말라. 정조(貞操)가 굳은 분들이 자기 배필(配匹) 이외에 음란한 짓을 하겠습니까. 할 수가 없단 말입니다. 옛날 같은 그런 봉건주의(封建主義) 사회가 아니더라도 역시 바른 분들은 자기 배필 이외에 음란한 짓을 할 수가 없습니다. 거짓말, 욕설, 이간질하는 말, 꾸며서 하는 말 그런 말도 우리가 할 수 없습니다.

이와 같이 계행(戒行)을 지키기는 굉장히 쉬운 것입니다. 계행은 억지로 지켜라, 이러는 것이 아니라 불법(佛法)을 공부하려면 앞서 말씀 같이 자연(自然)의 법도(法道)에 따르는 것이 불법인데, 우리 인간(人間)의 마음과 몸이 자연의 법도에 따르려면 응당 계행을 지켜야 하는 것입니다.

왜냐하면 살생(殺生)하지 말라. 부처님 법은 그냥 원리(原理)나 이치(理致)가 없이 '무엇 무엇을 하지 말라', 그런 법(法)은 없습니다. 다 원리가 있습니다. 즉 말하자면 근원적(根源的)으로 밑받침하는 도리(道理)가 있습니다.

어째서 죽여서는 안 되는가 하면 남을 죽이면 그 사람이 나한테 와서 나중에라도 혼신(魂神), 즉 영혼(靈魂)이 보복한다는 그런 정도의 문제가 아니라, 모든 생명(生命)은 뿌리가 하나라는 생명은 만법귀일(萬法歸一)이라! 모든 천차만별(千差萬別)의 현상계(現象界)가 있다 하더라도 근본(根本)은 하나이기 때문입니다.

우리가 보통은 '나는 불성(佛性)이 있다. 우리 마음의 근본(根本)은 불성(佛性)이다. 진여(眞如)다' 라고 말은 하지만 내 불성, 남의 불성

이 따로 있지 않습니다. 모양은 차이(差異)가 있다 하더라도 불성이라는 그 점, 부처의 성품(性品)이라는 그 점은 똑같습니다.

불성(佛性)은 사람한테 있으나, 개한테 있으나, 또는 하나의 먼지 속에 있으나 어떠한 가운데 있다 하더라도 불성은 똑같습니다. 불성은 변(變)하지도 않고 더하지도 않고 덜하지도 않습니다. 그러한 근본은 똑같은 생명입니다. 불성 이것은 하나의 생명인 것입니다.

그냥 바싹 마른 그런 무미건조(無味乾燥)한 이치(理致)가 아니라, 불성(佛性)은 일체만유(一切萬有)를 창조(創造)도 하고, 일체만유를 섭리(攝理)하고 있는 그런 참다운 근본생명(根本生命), 이것이 불성(佛性)입니다.

그와 같이 근본은 하나의 생명이기 때문에 죽이면 그만큼 같은 생명을, 내 생명을 죽인 셈입니다. 우리는 이것이 나다, 이런 모양의 김(金) 아무개, 박(朴) 아무개, 이것이 나다, 이렇게 말하지만 우리가 생각하는 나, 이것은 사실은 확실히 잘못 보는 것입니다.

'나' 라는 것을 이렇게 확장을 시키고, 깊이 파고 들어가면 나와 남과 일체만유가 그때는 하나가 되어버립니다.

'박' 이라는 사람도 그 뿌리는 하나, '김' 이라는 사람도 그 뿌리는 하나입니다. 동물(動物)도 식물(植物)도 무생물(無生物)도 모두가 근본 뿌리는 하나로 돌아갑니다.

우리는 모든 생명이 하나이기 때문에 어떻게 하든지 간에 모두가 하나로 다 들어갑니다. 그렇기 때문에 우리가 이제 만선동귀(萬善同歸)라! 일만 만(萬), 착할 선(善), 한 가지 동(同), 돌아올 귀(歸)입니다. 만(萬) 가지 선(善)을 행(行)한다 하더라도 역시 하나로 들어간단 말입니다.

하나란 무엇인가? 이것은 진여불성(眞如佛性)입니다. 법성(法性)이나 불성(佛性)이나 도(道)나 열반(涅槃)이나 극락(極樂)이나 또는 여래(如來)나 다 같은 뜻입니다.

우리 불교(佛敎)를 공부하신 분들은 이와 같이 다 모든 것이 표현(表現)은 다르다 하더라도 근본(根本)은 하나로 해서 통일(統一)을 시켜버리는 그런 슬기를 가져야 비로소 불교의 반야지혜(般若智慧), 참다운 불교의 지혜를 얻을 수 있습니다.

뿔뿔이 흩어지면 불교가 아닙니다. 지금 불교도 종파(宗派)가 있고 무엇이 있곤 합니다만 그것은 다만 사람의 근기(根機) 따라서 임시로 그런 것이지 내내야 길은 하나입니다.

만선동귀(萬善同歸)라. 그러면 불교(佛敎)와 기독교(基督敎)는 차이(差異)가 있는 것인가? 불교의 선(善)이나 기독교의 선(善)이나 같습니다. 남한테 보시(布施)하면 우리 불교인들은 보시해도 좋고, 기독교인들은 보시(布施)해도 나쁜 것이 아니라 같단 말입니다.

다 같이 남한테 베풀고 그런 좋은 일은 다 같이 진리(眞理)로 들어갑니다. 진리를 북돋우고 빛내고 합니다. 사람들은 자기 종교에서 하는 것은 좋고 남의 종교에서 선행(善行)하는 것은 그것이 아니다, 이와 같이 말하지만 그렇지 않습니다. 결국은 다 똑같이 모두가 진리로 들어가는 길이고 방편(方便)입니다.

그러나 거기에도 하나의 차이(差異)는 있습니다. 어떠한 차이냐면 부처님 가르침은 모든 것을 근본(根本) 뿌리에서 봅니다. 어려운 말로는 근본체(根本體)에서 본단 말입니다.

불교를 공부하신 분들은 근본 뿌리인 체(體)라 몸 체(體), 또는 현상적(現象的)인 것을 용(用)이라, 쓸 용(用), 체(體)와 용(用)이라. 또는 성(性)과 상(相)이라. 성품 성(性), 서로 상(相), 근본 체(體)는 성(性)이라 하는 것이고, 또 용(用)을 상(相)이라 하는 것입니다. 그렇기 때문에 성상체용(性相體用)이라!

어째서 그러냐면 불교는 눈에 보이는 것도 물론 중요하지만 눈에 보이지 않는 본질(本質)을 중요시합니다. 사실은 본질을 모르면 불교가 못 됩니다.

따라서 우리가 남한테 돈 얼마를 보시(布施)한다 하더라도 그냥 체(體)를 미처 못 보고서 형식(形式)으로 구차하므로 드린다, 이 정도는 단지 현상적(現象的)인 보통 윤리(倫理)의 범주(範疇)를 못 벗어납니다. 참다운 불교의 입장은 못 되는 것입니다.

저 사람과 나와 원래(原來) 둘이 아니고, 저 사람 생명(生命)과 나의 생명이 원래 둘이 아니고, 천지우주(天地宇宙)와 나와 둘이 아니다. 그러한즉 말하자면 동체의식(同體意識) 말입니다. 일체의식(一切意識)이 딱 되어버리고서 남한테 베풀어야 진정한 불교의 베풂입니다. 진정(眞正)한 보시(布施)입니다. 남이라는 상(相)이 있고, 금전 얼마를 전해주었다, 그런 상이 있으면 벌써 현상적인 것에 그치는 것이고 묶이는 것이지 참다운 불법에 입각한 보시는 못 되는 것입니다. 이런 데서 불교의 선행(善行)과 다른 종교와 또는 일반 윤리(倫理)와 차이가 있습니다.

계율(戒律)도 역시 우리가 철저히 지킬 때는, 살생(殺生) 안 하면 자기 마음도 개운하고 한다는 그런 정도가 아니라 눈에 안 보이는 무한한 공덕이 있습니다.

우리는 앞서 법회(法會) 서두(序頭)에서 삼귀의(三歸依)를 외웠습니다. 부처님한테 귀의(歸依)하고, 부처님 법(法)에 귀의하고, 부처님 법을 독실하게 지키는 우리 사부대중한테 귀의하고, 이와 같이 삼귀의를 했습니다. 삼귀의를 하면 어떠한 공덕(功德)이 있는가? 눈에 보이는 공덕도 많이 있지만 눈에 안 보이는 공덕이 더 많이 있습니다.

지금 제가 앞서 불성(佛性)이다, 또는 법성(法性)이다, 그런 말을

했습니다만 불성이나 법성 그런 것이 우리 형상(形象), 이런 상(相)이나 또는 용(用)을 떠나서 있는 것이 아닙니다.

다만 우리 중생(衆生)은 겉만 보고 그 체(體), 즉 말하자면 불성(佛性)을 못 본단 말입니다. 물론 우리를 떠나서 불성이 따로 있지는 않지만 우리 중생은 뿌리는 못 보고 겉만 본단 말입니다.

여기 있는 유리컵도 역시 이것은 유리컵인데 유리컵에서만 그치는 것이 아닙니다. 유리컵을 분석하고 분석하면 한 원소(元素)로 될 것입니다. 저 끝에 가서는 결국은 하나의 초소입자(超素粒子)가 되어서 무엇인지 알 수 없단 말입니다. 나중에 가서는 텅 비어서 하나의 장(場) 에너지(energy)뿐입니다.

물질(物質)도 뭣도 아닌 즉 말하자면 열량(熱量)도 질량(質量)도 없는 무엇인가 되어버린단 말입니다.

우주(宇宙)란 것은 즉 물리학자(物理學者)의 연구(研究) 결과에 따르면 무엇인가 모르는 하나의 생명(生命)이 가득 차 있다고 합니다. 우주는 이른바 장 에너지입니다. 전자기(電磁氣)의 그런 힘을 갖는 하나의 장 에너지가 우주에 가득히 있습니다. 이것이나 저것이나 모두가 다 분석하고 분석하면 내내야 근본은 그와 같이 되어버립니다.

우리는 그걸 못 보는 것입니다. 그와 같이 우리 불성(佛性)은 그런 장(場) 에너지나 또는 무엇보다도 어떤 것보다도 가장 근원적(根源

的)인 순수(純粹)한 생명(生命)입니다.

 하나의 소립자(素粒子)나 양성자(陽性子)나 중성자(中性子)나 어떠한 것이나 근본 바탕은 불성(佛性)이 아닌 것이 없습니다.

 불성(佛性) 바탕 위에서 불성이 어떻게 운동(運動)하는가, 어떻게 진동(振動)하는가, 그것에 따라서 무엇이 되고, 무엇이 되고 합니다. 모두가 다 불성으로 되었거니 우리의 일거수일투족(一擧手一投足) 불성(佛性) 아닌 것이 없습니다. 다만 우리 중생(衆生)은 업장(業障)에 가려져 보는 것이 투철(透徹)하지 못했기 때문에 그와 같이 본바탕, 앞서 말한 바와 같이 우리는 용(用)만 보고 상(相)만 볼 뿐, 체(體)나 근본성품(根本性品)은 못 봅니다.

 성자(聖者)와 범부(凡夫)의 차이는 어디에 있는가? 성자는 그러한 체(體)와 성(性)을 보는 것이고, 우리 중생(衆生)은 상(相)과 용(用)만, 현상(現象)만 보는 것입니다.

 그런데 그 계율(戒律)을 지키는 것은 천지우주(天地宇宙)의 그런 체(體)를 말하자면 성품(性品)에 따르는 인간적(人間的)인 행동(行動)이 계율(戒律)입니다. 불성이나 또는 법성이나 그런 우주의 성품에 따르는 인간적인 행위, 인간적이면서 사회적인 행위가 계율입니다.

 따라서 계율을 지키면 사람끼리 서로 사귀기가 좋고, 남한테 잘 보시(布施)도 하고 거짓말 않고 그러면 사이가 좋겠죠. 그런 것에 그치는

것이 아니라 본성품에 따르기 때문에 그때는 우리 마음이 차근차근 정화(淨化)가 되어 그때는 본성품, 즉 불성과 가까워지는 것입니다.

삼귀의(三歸依)는 어떠한 공덕(功德)이 있는가 하면, 앞서 말씀과 같이 부처님을 믿고, 부처님 법(法)을 따르고, 우리가 같이 사부대중을 숭상하고, 그러면 그때는 우리 눈에 보이는 복도 많지만 안 보이는 복도 많습니다.

불교에서 보면 삼보(三寶)에 귀의(歸依)함으로 인해서 36부 신장(神將)이라, 신장은 우리 눈에 안 보이므로 감(感)이 잡히지가 않습니다. 그러나 분명히 신장들이 있는 것입니다.

산(山)도 또는 냇물(河)도 모두가 다 부처님 불성(佛性)으로부터 이루어졌습니다. 불성은 하나의 생명(生命)이거니, 산(山)에도 생명이 담겨 있고, 물 가운데도 생명은 담겨 있는 것이고, 하나의 티끌 가운데도 어디에나 생명이 담겨 있습니다.

따라서 산(山)에 담겨있는 생명이 산신(山神) 아닙니까. 물에 담겨 있는 생명이 용왕(龍王)입니다. 나무에 담겨 있는 생명이 목신(木神)입니다. 이와 같은 몸뚱이에 담겨 있는 이것이 이제 나다, 너다, 하는 자기생명(自己生命), 즉 마음 아닙니까.

이와 같이 불성(佛性)이라 하는 것은 어디에 담겨 있다 하더라도 불성 자체는 조금도 변동이 없습니다. 수분(水分)이란 것은 구름이 되나 또는 물방울이 되나 또는 수증기가 되나 똑같이 수소 둘, 산소 하나입니다.

그와 같은 이치(理致)로 해서 불성 이것은 원자(原子) 가운데 있으나 티끌 가운데 있으나 사람 가운데 있으나 어디에 있으나 똑같습니다.

그것뿐만 아니라 산이 있으면 산신이 있는 것이고, 나무가 있으면 목신(木神)이 있는 것이고, 또 우리 인간(人間) 보다도 더 정도가 높은 그런 천상(天上)도 많이 있습니다, 그러나 중생은 못 봅니다. 못 보기 때문에 부인(否認)합니다.

불경(佛經)중에서 아함경(阿含經)이나 원시경전(原始經典)을 보면 28천(天) 혹은 33천(天)이나 천상세계(天上世界)를 말한 것이 비일비재(非一非再)하지만 지금 사람들은 그렇게 안 보이니까 부인을 합니다. 그것도 하나의 방편(方便)이겠지, 합니다.

우리는 우리 인간(人間)의 안목(眼目)이 얼마나 제한(制限)되어 있는가. 우리 제한된 안목을 알아야 하는 것입니다. 제아무리 많이 배웠다 하더라도 인간의 그런 심식(心識), 인간의 그런 분별의식(分別意識)을 못 떠나면 근본(根本)을 모르는 것입니다.

성자(聖者)는 어떠한 존재(存在)인가 하면 인간들이 분별시비(分別是非)하는 상대유한적(相對有限的)인 의식(意識)을 떠나서 모든 근본 성품(性品)을 다 아는 지혜(智慧)를 갖추어야 성자입니다. 따라서 우

리가 성자가 미처 못 되면 현상 밖에는 모르는 것입니다. 따라서 안 보이는 것은 부인합니다. 부인하지만 우리는 불교를 믿고 있기 때문에 안 보인다 하더라도 부처님 말씀을 따라서 믿어야 합니다.

그런데 36부 신장(神將)이라, 천지 우주에는 무수(無數)한 신장이 많이 있는 것입니다. 사람 수(數)보다 더 훨씬 헤아릴 수 없는 그런 신들이 많이 있습니다. 우리가 천지 우주의 근본 진리(眞理)인 부처님을 믿고, 부처님 법(法)을 믿고, 또는 부처님 법 따라서 여실히 행동하는 그런 분들은 숭앙(崇仰)하고 사귄다고 생각할 때는 36부 신장이 우리를 항상 지키고 있습니다.

인간이라는 것은 이 몸뚱이에 가려져 인간의식(人間意識) 이외는 못 봅니다. 닦아서 성자가 되면 모르거니와 성자가 못 되어 놓으면 이 몸 무명에 가려져 못 보는 것입니다.

그러나 죽어서 귀신(鬼神)이 되면 그때는 별로 고급신(高級神)이 아니라 하더라도 몸뚱이가 없으므로 약간은 더 보인단 말입니다. 따라서 의생신(意生身)이라. 뜻 의(意), 날 생(生), 몸 신(身)입니다. 자기의 뜻대로 자기 마음대로 태어나는 것이 의생신입니다.

우리 몸뚱이가 한번 성형(成形)되어 놓으면 마음대로 못 태어나지만, 귀신만 되어도 이런 몸이 없으므로 귀신이 업장(業障)에 가려져 일체를 몰라서 그렇지 내가 어디 가고 싶다, 그와 같이 가고 싶은 마음이 정말로 간절하면 거기에 금방 태어나옵니다.

귀신이 안 되고 참다운 보살(菩薩)이 되어서 보살지위(菩薩地位)에 오르면 그때는 이렇게 사람 몸이 있는 채로 수원수신(隨願受身)이라, 자기 원대로 태어나는 것입니다. 귀신도 역시 미처 법이 안 높고 또는 번뇌(煩惱)는 우리 인간과 같이 그렇게 아직은 다 못 벗었다 하더라도, 몸이 없어서 의생신(意生身)이라, 자기 뜻대로 태어납니다.

36부 신장이 삼보(三寶)만 지키면 우리들을 가호(加護)하고, 또는 다섯 가지 계(戒), 다 아시는 바와 같이 살생(殺生)하지 말라, 훔치지 말라, 또는 삿된 음란(淫亂)한 짓 하지 말라, 거짓말, 욕설(辱說), 이간질하는 말, 꾸며서 하는 말을 하지 말라, 술 먹지 말라, 이것이 오계(五戒) 아닙니까.

5계를 지키면 하나의 계마다, 살생이면 불살생계, 계(戒) 하나마다 5부신이 지켜서 5×5 = 25, 25 선신(善神)들이 우리를 지켜줍니다.

부처님 말씀은 방편(方便)으로 그냥 거짓말을 하는 말씀이 아닙니다. 인간은 우리가 눈에 안 보이는 것을 부인합니다만 안 보이는 세계가 훨씬 더 광대무변(廣大無邊)한 것입니다.

세계(世界)는 우리 지구(地球)만 있지 않단 말입니다. 다시 말해서 태양계(太陽系) 은하계(銀河系)와 같은 그런 천체(天體)도 한도 끝도 없이 많습니다. 이른바 무변무량(無邊無量)이란 말입니다. 무변무량 그런 세계에서는 인간 존재(存在) 이외에도 모든 생명적(生命的)인 존재가 많이 있는 것입니다.

이와 같이 삼보(三寶)에 귀의(歸依)하고, 오계(五戒)를 지키면 그걸로 해서 앞서 말씀과 같이 삼보로 해서 36부 신장, 5계로 해서 25선신이 이렇게 우리를 지키고 있습니다.

이렇게 지키고 있으니 계행을 지키기가 쉽고, 이와 같이 가피(加被)가 있으니 쉽습니다. 따라서 불법(佛法)을 닦기가 참 쉽단 말입니다.

우리는 참선(參禪), 염불(念佛)하면 다 된다, 이렇게 말합니다만 물론 안하는 것 보다야 낫습니다. 그것이 계행(戒行)을 지키는 바탕이 서야, 그래야 잘 됩니다.

앞서 말씀 드린 바와 같이 계율(戒律)은 모두 다 우리 법성(法性)에 따르는, 불성(佛性)에 따르는 하나의 행동이기 때문에 불성에 순종(順從)하는, 어려운 말로 하면 불성에 수순(隨順)하는 행동이기 때문에 계행을 지키면 그와 동시에 바로 우리 마음은 정화(淨化)되어옵니다. 분명히 마음과 몸은 둘이 아닙니다.

우리 중생(衆生)은 마음을 못 보니까 몸만 있다, 마음은 어디에 있는가, 라고 하지만 사실 몸이라는 것은 마음의 그런 생명(生命)의 체(體) 위에서 이루어지는, 마음을 핵(核)으로 하여 이루어지는 하나의 세포(細胞)에 불과한 것입니다.

따라서 우리는 우선 계행 지키기가 쉽다는 그런 관념(觀念)을 명확히 가져야 합니다. 그런 계행을 지키면 그냥 즉시에 그와 같이 무수한 신장이 우리를 돕고 동시에 우리 마음은 그만큼 불성(佛性)과 우리 본래성품(本來性品)에로 접근되어갑니다. 일거양득(一擧兩得)인 것입니다.

그러나 계행을 지키고, 남에게 얼마간 보시(布施)한다 하더라도 근본을 모르면 별로 공덕(功德)이 크지 않습니다.

이른바 불교(佛敎) 말로 하면 상(相)이 있는 상을 못 떠나는 그런 선행(善行)은 공덕이 적습니다. 참다운 것은 상을 떠나서 있는 것입니다. 즉 말하자면 내가 무엇을 했다, 하는 나와 남을 구분(區分)하는 상을 못 떠나면 참다운 선행이 못 되는 것입니다. 따라서 이런 것은 성불(成佛)하는 일도 못 되는 것이고, 또는 극락(極樂)에 가는 씨앗도 못 되는 것입니다.

그러나 선행(善行)은 선행이기 때문에 그만큼 복(福)이 되어서 죽어지면 다시 부자로 태어나고 또는 벼슬도 오르곤 합니다.

그러나 해탈(解脫)의 길! 영생(永生)으로 가는 길은 그렇게 상을 두면 도움을 별로 못 보는 것입니다. 그럼 어떻게 해야 근본을 보는 것인가? 근본을 보는 것은 참 쉬운 것입니다.

계행 지키기도 쉽고, 술을 먹기보다 안 먹기가 더 쉽고, 죽이기 보다도 안 죽이는 것이 더 쉽듯 우리가 근본을 안 보는 것보다 역시 근본을 보는 것이 훨씬 쉬운 것입니다. 근본을 봐 놓으면 삶의 길이 별로 막히지가 않습니다. 앞서 어느 처소(處所)에서 저한테

'우리 인생(人生)이 어디로 가는지 잘 모르고 삽니다. 인생의 가치(價値)가 무엇인지 모르고 삽니다.'

이와 같이 점잖은 분이 호소를 했단 말입니다. 내 생명(生命)의 뿌리는 대체로 무엇인가? 내가 지금 서 있는 자리는 어떠한 자리인가?

불교에서 부처님 말씀이나 도인(道人)들 말씀에 조고각하(照顧脚下)라! 비칠 조(照), 돌아볼 고(顧), 발 각(脚), 아래 하(下), 발 뿌리를 보라, 발 뿌리를 보란 말은 '내가 무엇인가 알라' 라는 말과 같겠지요. 사회적(社會的)으로 역사적(歷史的)으로 어떠한 존재인가? 지금 어떠한 입장인가? '나' 라는 존재(存在)가 어떤 존재냐는 말입니다.

너의 생명의 뿌리가 무엇이며 내 생명은 어디로 가는 것인가? 바쁘기도 하고 아무 이유 없이 소란스럽습니다만 이걸 모르면 근본을 모

르고 말겠지요.

　사회(社會)가 혼란스러운 것은 여러 가지 원인(原因)이 많이 있고, 가지가지 이유(理由)가 있겠지요. 정부(政府)가 잘못도 하고 누가 잘못도 하고 정치인(政治人)의 허물도 있고, 그러나 가장 근본적인 잘못은 무엇인가 하면 우리 중생들이 자기 발 뿌리를 잘 못 본단 말입니다. 즉 말하자면 자기근본(自己根本)을 모른단 말입니다.

　자기 근본이 내내야 불성(佛性), 도(道), 진여(眞如), 열반(涅槃), 극락(極樂), 여래(如來), 이렇게 표현되는 이것이 우리 근본 아니겠습니까.

　따라서 이것을 모르면 항시 헤매는 것이고 자기 개인(個人)도 불안하고 가정(家庭)도 불안하고 사회(社會)나 나라도 바로 갈 수 없습니다.

　그렇기 때문에 근본(根本)에 입각하면 가장 쉬운 것입니다. 별로 어렵지 않습니다. 그러면 어떻게 해서 근본을 볼 것인가? 근본을 보는 것도 어려우면 우리가 갈 수가 없겠지요? 우리가 전문적(專門的)인 스님들만 하고 일반 사람들이 못하면 그것도 별로 가치(價値)가 없습니다.

　그러나 근본을 보는 것도 굉장히 쉽단 말입니다. 참선(參禪) 염불(念佛)이 근본을 보는 길입니다. 참선하고 염불을 하는 것이 근본을 보는 것입니다.

　참선(參禪)을 어떻게 하는 것인가? 우리 마음이 좋다, 궂다, 밉다,

예쁘다, 이와 같이 흩어지면 우리 마음도 괴롭습니다.

　우리 마음이 복잡해 보십시오. 산란하면 결국은 마음이 괴롭고 동시에 몸도 아프단 말입니다. 마음이 가지런히 하나로 딱 모아지면 마치 잠자는 잔잔한 파도(波濤) 모양으로 됩니다.

　아! 그전에 보조국사(普照國師)가 원교대사에게 -원교대사는 국사의 법우(法友)인데- 한 말이 있단 말입니다.

"그대 마음을 산심(散心)에서 정심(定心)으로 돌이켜라! 그대 마음을 산심에서 정심으로 돌이켜서 마치 잔푸른 파도 모양으로 잔잔한 마음을 만들어라. 그러면 만상(萬象)의 진(眞) 모습, 참모습은 거기에 비춰올 것이다."

이와 같이 말씀했단 말입니다.

　그분뿐만 아니라, 어떤 누구나 도인(道人)들은 보통 그와 비슷한 말씀을 했습니다. 우리 마음이 산란하면 마음이 내내야 흩어져서 산심(散心) 아닙니까. 안정(安定)되고 고요한 그때는 이제 선정(禪定)에 들어간 정심(定心)입니다. 우리 마음 가운데는 산심, 정심 두 가지가 있습니다.

　우리가 분별시비(分別是非)하는 흩어진 마음이 산심인 것이고, 우리 마음이 그런 어지러운 마음을 거두어서 하나로 딱 모아지는 마음, 이 마음이 정심입니다.

우리 마음이 하나로 모아지면 그때는 눈도 밝아지고 머리도 시원합니다. 사실 굉장히 좋은 것입니다. 이런 마음이 익혀지고 익혀지면 결국은 부처님한테 한걸음, 한걸음 다가간단 말입니다. 그러면 그때는 우리 근본을 보는 것입니다.

불교를 믿든 안 믿든 간에 우리 인간이라는 것은 본래종자(本來種子)가 불성(佛性)입니다. 그리고 잘나나 못나나 사람이나 개나 돼지나 다 근본 종자는 불성입니다. 근본 종자는 불성이기 때문에 우리가 종당(終當)에 가는 길도 불성까지 가버려야 끝나는 것입니다.

그래야 우리 고향(故鄕)에 들어가는 것입니다. 고향은 내내야 불성인 것입니다. 따라서 불성까지 못 가면 결국은 몇 만 생(生)을 우리가 헤맨단 말입니다.

그래서 법화경(法華經)에 보면 우리 인간을 가리켜서 면전궁자(面前窮子)라, 마치 갈 길도 모르고 자기 집도 없이 그저 항시 빈손으로 헤매는 비렁뱅이와 같단 말입니다.

고대광실(高臺廣室) 높은 집이 있고 제아무리 지위(地位)가 높다 하더라도 근본을 모르는 사람은 앞서 비렁뱅이와 똑같습니다. 어디로 갈 곳을 모른단 말입니다. 그런 것을 모르고 결국 죽어지면 자기 업장(業障)에 구속(拘束)되어서 자기 지은 대로 자기 몸을 받고 만단 말입니다.

일어날 기(起), 일어날 세(世), 기세경(起世經)에 보면 이런 말씀이 있습니다. 사람이 죽으면 염라대왕(閻羅大王)이 아주 자비스러운 얼굴을 하고서 그 죽어서 온 영혼(靈魂)한테

"그대가 내가 보낸 세 사람의 천사(天使)를 보았는가?"

이렇게 묻는단 말입니다.

"못 보았습니다."

그때 염라대왕이

"내가 보낸 천사는 다름이 아니라 그대의 노병사(老病死), 그대의 늙음과 병과 죽음, 이와 같은 세 사람의 천사를 못 보았는가?"

우리 사람들이 한번 태어나면 병 안 들고, 늙지 않고, 죽지 않는 사람이 있습니까. 우리는 우리 연륜(年輪)을 그냥 먹는 것이 되서는 안

됩니다. 주름살이 하나 늘어나면 하나 만큼 성숙해야 합니다. 있는 것은 반드시 멸하는 것이고, 만나면 헤어지는 것이 인지상정입니다.

제행무상(諸行無常) 시생멸법(是生滅法)이라, 모두가 다 무상(無常)한 것인데 우리는 가히 늙어갈 때, 아파올 때, 우리가 반성(反省)해야 합니다. 우리에게 경각심(警覺心)을 일으키므로 그것이 결국은 우리의 귀중한 스승이란 말입니다. 우리의 천사(天使)입니다.

우리한테 인생을 바로 가라, 인생의 근본을 찾아라, 이와 같이 우리를 경각(警覺)시키는 천사가 이제 죽음이요, 이제 늙음이요, 병인데 그걸 못 본단 말입니다.

앞서 말씀과 같이 우리가 근본을 보는 것이 이것이 참선(參禪) 염불(念佛) 아닙니까. 참선을 어떻게 하는가 하면 산란심(散亂心), 산란한 마음을 거두어 고요한 마음으로 돌이킨단 말입니다.

그러나 이렇게 마음을 먹지만 산란심은 우리가 멈추려고 마음먹으면 더욱 일어납니다. 자기가 의식적으로 산란심을 멈추려고 애쓰면 더욱 일어나서 멈출 수가 없기 때문에 그 방편(方便)으로 이제 화두(話頭)를 들어라, 염불(念佛)을 하라, 또는 주문(呪文)을 외워라 합니다.

화두나 또는 염불이나 주문이나 모두가 다 그것대로 가치가 있습니다만 따지고 보면 결국은 우리 중생을 산란심(散亂心)으로부터 해탈(解脫)로 가는 하나의 안내인입니다.

저희들이 이렇게 참선을 해보면, 화두를 들고서 이제 가만히 공부해 보면 말입니다. 선방(禪房)에 가만 있으면 맨 처음은 자꾸만 생각이 한없이 많이 나옵니다.

금생(今生)에 지은 여러 가지 경험도 많이 있고 전생(前生)에도 많이 있고, 금생에 배우고 또는 보고 느끼고 생각하고, 이것이 모두 다 잠재의식(潛在意識)에 꽉 들어 있단 말입니다. 이것들이 가만히 좌선하고 있으면 자꾸 나옵니다.

우리가 행동하면 그때는 안 나오지만 가만히 있으면 더욱 더 발동(發動)해서 맘속에서 나온단 말입니다.

따라서 그런 것들을 우리가 싸워서 이기기 위해서 앞서 말씀과 같이 화두를 들고서 우리가 염불도 하고 또는 주문도 외웁니다. 그렇게 하다 보면 자기도 모르는 가운데 하루 하면 하루 한 만큼, 이틀 하면 이틀 한 만큼, 그때는 산란한 마음이 잠잠해집니다.

맨 처음에는 열이 올라와서 뜨겁고 하다가도 차근차근 그때는 정화가 되면 몸도 시원하고 가슴도 시원합니다. 나중에는 마치 하늘로 떠오르는 기분도 생깁니다.

극락세계(極樂世界)에 대해서 풀이한 법문을 보면, 극락세계 중생의 몸은 어떤 몸인가 하면 무극허무지신(無極虛無之身)이라! 없을 무(無), 다할 극(極), 빌 허(虛), 없을 무(無), 몸 신(身)입니다. 무슨 물질

(物質)이나 무슨 질료(質料)가 없이 텅 비어 있단 말입니다.

극락세계에 있는 중생은 그와 같이 어디에 물질적(物質的)인 그런 어떤 질료가 없이 텅 비어 있습니다. 그러면 극락(極樂)은 우리가 죽어서 저만큼 올라가야만 극락이 있는 것인가?

공부를 하다보면 그렇지 않다고 느껴지거든요. 어떻게 느껴지는가? 방금 제 말씀과 같이 참선이나 염불이나 주문이나 애쓰고 하다보면 차근차근 그때는 가슴도 맑아지고 눈도 맑아지고 머리도 시원합니다. 잠도 끊어지고 그야말로 무슨 음식(飮食)도 생각이 안 나고 말입니다.

그래서 끄트머리까지는 다 못 갔다 하더라도 이렇게 되면 결국 텅 비어졌겠구나, 도인(道人)들은 그야말로 참 텅 빈 분이 아닙니까. 마음이 텅 비어서 우주(宇宙)와 하나가 되어버립니다. 몸도 그때는 그야말로 자기 몸이란 생각이 없습니다. 이와 같이 몸과 마음이 텅 비어서 내 것이란 마음이 없습니다.

우주와 내가 둘이 아닌 것입니다. 그리고 보면 결국은 무극허무지신(無極虛無之身)이라, 극락(極樂)에 애쓰고 안 가도 이 자리가 바로 극락이 되어버리는 것입니다.

깨닫고 못 깨닫고, 우리 마음이나 몸이 정화가 되고 안 되고, 그 차이뿐인 것이지 멀고 가까이 있는 그런 차이가 아닙니다. 이럴 때의 행복(幸福)이나 그런 기분(氣分)은 무엇으로 비교하겠습니까.

오죽 하면 부처님을 환희광불(歡喜光佛)이라! 환희는 기쁨 아닙니까. 부처님은 환희광불이라, 기쁨과 행복으로 충만(充滿)해 있습니다. 부처님이라는 것은 기쁨과 행복으로 충만해 있는 것입니다.

다만 중생(衆生)이 잘못 가서 천지(天地) 우주(宇宙)의 진리(眞理)에 어긋난 짓을 하기 때문에 자기 스스로가 고생을 받는 것이지 결국 도리(道理)만 맞추어서 계행(戒行) 지키고, 참선(參禪)하고, 염불(念佛)하면 차근차근 가벼워옵니다.

가벼워서 그때는 살아 있는 이대로 이 자리에 선 채로 텅 비어서 우주와 나와 하나가 되어서 무극허무지신 또는 극락세계(極樂世界)가 정말 되어버립니다.

우리 중생은 정유리무(情有理無)라! 뜻 정(情), 있을 유(有), 다스릴 리(理), 없을 무(無)입니다. 우리 범부(凡夫)의 뜻에는 있지만 이무(理無)라, 근본적인 불성 원리(原理)에는 없습니다.

가령 불성(佛性)이나 진여(眞如)나 여래(如來)나 그런 것은 우리 중생을 떠나서 있는 것은 아니지만 우리 중생은 그 근본을 모른단 말입니다. 즉 다시 말하면 정유리무라, 우리 중생이 아는 것은 우리가 보는 이것 밖에는 모르는 것이고 근본 이(理)를 모릅니다.

우리는 그와 같이 우리가 아는 것에 대해서 금생(今生) 동안에 많이 배우기도 하고 경험(經驗)도 하고 그런 아주 그야말로 훌륭한 경륜(經綸)을 쌓고 높은 지위(地位)에 있다 하더라도 우리의 망념(妄念)된 의식(意識), 범부식(凡夫識)이 딱 끊어져서 본래 불성심(佛性心)이 계발(啓發)이 못 되면 아는 것이 그때는 정유리무(情有理無)입니다.

우리 범부의 망정(妄情)으로 아는 것뿐이지 결국은 원리(原理)를 모릅니다. 원리에 가서는 하나가 되기 때문에 원리를 모를 때는 내 것, 네 것 또는 내 당(黨), 네 당, 내 의견(意見), 네 의견, 그때는 우리가 안착(安着)할 수가 없습니다.

이런 것이 우리 불가(佛家) 뿐만 아니라 어떠한 사회(社會)에나 많이 있습니다. 그렇기 때문에 지금 여러 가지 무슨 운동(運動)도 있고 별스러운 캠페인도 있곤 합니다만 결국은 근원적(根源的)인 해결은 역시 우리 중생(衆生)이 −근본적인 원리(原理)가 내내야 진여불성(眞如佛性) 아닙니까− 진여불성 여기까지 가려고 애쓰고, 여기까지 가 버려야 해결되는 것이지 그렇기 전에는 인류사회(人類社會)의 해악(害惡)은 영원히 면할 수가 없습니다.

우리 중생이 보는 견해는 모두가 다 고·공·무상·무아(苦·空·

無常・無我)라! 모두가 다 허무하고 또는 텅 빈 것입니다. 예쁘다, 밉다, 좋다 궂다, 내 얼굴이다, 네 얼굴이다, 하지만 결국은 우리 중생이 보아서 나다, 너다, 예쁘다, 밉다, 하는 것이지 근본 이(理)에서 보면 그런 것이 없습니다.

일체만유(一切萬有)가 원소(元素)로 되었거니 원소 차원(次元)에서 보면 그때는 원소뿐입니다. 일체만유가 그보다 더 미세한 소립자(素粒子)로 되었으므로 소립자에서 보면 그때는 모두가 다 천지우주(天地宇宙)가 소립자뿐입니다.

즉 공무변처(空無邊處)라! 공무변처에 있는 그런 중생이 본다면 천지우주는 텅텅 비워져 있는 것입니다. 부처님이 보실 때는 천지우주가 모두가 불성(佛性)뿐인 것입니다. 부처님이 보는 견해가 모든 번뇌(煩惱)를 다 떼어버리고서 참다운 실상(實相)의 모습을 보는 것입니다.

우리 중생은 가상(假相) 밖에는 못 보는 것입니다. 즉 말하자면 앞서 말씀 드린 바와 같이 정유리무(情有理無)라, 우리 중생의 망정에서 나다, 너다, 밉다, 곱다, 하는 것이지 우리 중생은 바로 못 봅니다.

우리 불교 신앙(信仰)은 어떤 것인가? 내가 지금 보는 것은 허망(虛妄)한 것이고 부처님이 보는 견해가 옳다. 이렇게 믿어야 불교의 옳은 신앙입니다. 그래서 부처님의 견해에서 본다고 생각할 때는 현상계

(現象界)는 모두 무상(無常)합니다. 항상(恒常)이 없습니다.

우리가 무상(無常), 그러면 슬프다 하고서 염세적(厭世的)인 그런 말씀들을 많이 합니다만 무상 이것은 염세적인 그런 무상이 아니라, 우주(宇宙)의 실상(實相)이 바로 무상(無常)이란 말입니다.

어떠한 생명이 있는 것은 다만 한시도 1초의 몇 백만 분의 1에도 머물지가 않습니다. 있는 모든 것은 과정(過程)에 불과합니다. 시시각각으로 변동(變動)만이 있는 것입니다.

무상(無常)은 불교 언어로 하면, 불교 의미로 하면 일기무상(一期無常)이라! 사람 같이 이렇게 한평생 앉아 있다가 살다가 가는 것이 일기무상이라, 또는 찰나무상(刹那無常)이라, 찰나도 우리 생명(生命)은 머물지 않습니다.

찰나에 우리가 변화(變化)하는 것인데 다만 변(變)하는 그것이 계속(繼續)되기 때문에 내가 있다, 네가 있다, 그럽니다.

영사막(映寫幕)에 비친 하나의 모습을 보십시오. 필름(film)이 이렇게 계속해서 운동하므로 이렇게 이어지는 것이지 필름이 가만히 정지해 있으면 그때는 아무것도 안됩니다.

인간(人間) 역시 하나의 세포(細胞)가 끊임없이 움직이고 있기 때문에 '나'라는 모양이 느껴지는 것이지 움직이는 그것만 생각할 때는 하나의 과정(過程) 뿐인 것이지 실체(實體)가 아니란 말입니다. 가상

(假相)이요, 과정에 불과한 것인데 우리 중생은 이렇게 계속하는 이것만 보고 그 본질(本質)은 못 보므로 내가 있고, 네가 있고, 내 몸이라고 해서 좋다고 생각을 합니다.

그러나 원소 차원에서 본다고 생각할 때는 아무리 미인(美人)도 뻥뻥 구멍 뚫린 하나의 곰보로 보인단 말입니다. 얼망 같이 보이는 이것이 하나의 우리 몸뚱이 세포(細胞)인 것입니다.

그렇기에 우리 몸 가운데도 털구멍이 8만 4천이라, 아마 현미경(顯微鏡)으로 본다고 생각할 때는 털구멍도 그야말로 굉장히 크게 보일 것입니다. 그런 굉장히 크게 보이는 구멍이 얼굴에 있다고 생각해 보십시오. 미인(美人)인가, 아닌가 말입니다.

우리가 보는 것도 인간(人間)이라고 하는 제한(制限)된 안목(眼目)으로 보는 것이므로 밉다, 곱다, 사람이다, 하는 것입니다. 찰나, 순간순간 우리 생명(生命)은 차근차근 죽어지고 다시 태어나오곤 합니다. 세포(細胞)가 말입니다. 다만 계속해서 운동(運動)하기 때문에 이것이 일정한 것이 있다는 것인데, 일정한 한동안도 역시 생명이 50년, 몇 십 년, 살 때뿐인 것이지 죽으면 무엇이 남습니까?

따라서 무상(無常)이다, 일기무상(一期無常)이다, 한 평생 이것도 역시 무상이고, 한 평생이 아니라 순간순간, 찰나도 무상입니다.

이것을 깊이 생각할 때는 '나' 라고 고집(固執)할 것이 아무것도 없습니다. 다만 겉만 보고 과정(過程)을 못 보므로 우리가 모르는 것이지 이런 과정이 찰나에 변(變)하는 것을 본다고 생각할 때는 '나' 라고 고집할 것이 아무 것도 없습니다.

무상(無常)이요 또는 공(空)이요, 찰나에 변(變)하기 때문에 그 존재(存在)는 어떠한 순간(瞬間)도, 어느 공간(空間)에도 일정한 모습이 없습니다.

과거(過去)는 벌써 변(變)해버려서 과거에 있던 내 몸은 지금 벌써 모양도 없고, 현재(現在)는 순간순간 찰나찰나 무상하기 때문에 변화, 그것뿐이고 미래(未來) 역시 아직 오지도 않았습니다.

과거는 변해버려서 사멸(死滅)되어서 죽어서 없어져버렸고, 현재는 순간도 변함없이 그때는 움직이고 있고, 미래는 아직 안 오고, 어디 가서 어떤 물건이 공간성(空間性)을 띨 수 있습니까.

사람뿐만 아니라 어떤 것이나 모두 다 원소로 구성되어 있어서 어떤 것도 원소 활동에서 본다고 생각할 때는 순간순간 변하고 있습니다. 변하는 이것은 어떠한 순간도 일정한 모습으로 해서 공간성(空間性)을 띨 수가 없습니다. 그렇기에 바로 보면 모든 것은 결국은 무상(無常)인 동시에 공(空)인 것입니다.

불교(佛敎)의 무상(無常), 공(空)은 다만 허무(虛無)한 가운데서 나온 것은 아닙니다.

물리학적(物理學的)인 객관적(客觀的)으로 엄격히 볼 때에 사실은 모두는 순간적으로 무상인 것이고 모두는 텅 빈 것입니다. 그렇기에 무상(無常)하며 텅 빈 것이기에 '나' 라고 고집(固執)할 것이 없습니다.

고공무상무아(苦空無常無我)라! 이와 같이 다 무상하고 '나' 라고 고집(固執)할 것이 없고 텅 빈 것이기 때문에 결국은 고통(苦痛)뿐입니다.

우리 중생은 이것을 모르기에 고집한데서 고통이 옵니다. 이와 같이 우리 중생이 무상하고 또는 텅 비고, '나' 라는 것을 잡을 수가 없고, 이렇게 허상(虛像)이기 때문에 이런 것을 이제 잡으려고 들면 결국 고통이 온단 말입니다. 잡았다 해도 허상이기 때문에 잡히지 않는 것이나 마찬가지입니다.

안 늙을 수가 없고, 안 죽을 수가 없고, 헤어지지 않을 수 없기 때문에 그래서 고생뿐입니다. 그러나 만일 우리 인간이 고생뿐이고 허망하고 또는 무상하고 그렇다면 결국 사람은 살 필요가 없습니다. 죽어버리고 말 것입니다.

부처님 당시에도 무상관(無常觀)이라, 허망(虛妄)하다 또는 허무(虛無)하다, 이런 공부만 한 사람들은 몇 십 명이 집단적으로 죽어버리는 경우도 있었습니다.

그러나 이와 같이 텅 비고 무상(無常)하고 다 무아(無我)고 내가 없고 하는 것은 이것은 다만 하나의 소승적(小乘的)인, 차원(次元)이 낮은 공부입니다.

참다운 불법(佛法)의 대요는 이러한 무상하고 또는 텅 비고 또는 내가 없고, 이런 걸 떠나서 영생적(永生的)인 그런 생명(生命)이 있단 말입니다. 모양이야 몇 천 번 바꾸거나 말거나 영생(永生)의 생명(生命)이 있습니다. 이것을 보고 항상 상(常), 상(常), 그럽니다. 항시 존재(存在)합니다.

어려운 말로 하면 상주부동(常住不動)이라, 이와 같이 항시 존재하고, 또는 낙(樂)이라 즐거울 락(樂), 영원(永遠)한 행복(幸福)이 거기에 항시 있습니다.

앞서 제가 말씀드린 환희장불(歡喜藏佛)이라! 환희심(歡喜心)이 충만(充滿)한 행복(幸福)이 항시 있습니다. 변함도 없고 또는 대아(大我)라, 그러나 우리 같이 하나의 제한(制限)된 '나'가 아니라 천지우주(天地宇宙)를 집으로 하는 '참나'가 있습니다.

천지우주를 집으로 하는 '참나'를 잡아놓고 생각할 때는 너도 역시 내 안에 들어 있고, 모두 그때는 내 안에 있는 것입니다. 그러기에 마조(馬祖)스님한테 어느 분이 가서

"어떠한 것이 부처의 참다운 도리(道理)입니까?"

물으니

"일구흡진서강수(一口吸盡西江水)하라!"

라고 대답하셨습니다. 즉 '한 입으로 양자강(揚子江) 물을 다 들어 마셔라, 한 입으로 양자강 물을 다 들이키면 그때 말을 해주리라.' 라는 말입니다.

"양자강이 얼마나 큽니까? 양자강 물을 한 입에 들이킬 수가 있습니까?"

그 말은 무슨 말인가 하면 그 사람의 포부가 나나 내 가족(家族)이나 재산(財産)이나 그런 사사로운 문제가 아니라 천지우주를 몽땅 삼킨다는 말입니다.

우주(宇宙)를 집으로 할 만한, 우주를 나로 할 만한 그런 기개(氣慨)를 가져야만 비로소 참다운 도리(道理)를 안다는 것입니다.

비록 우리는 이와 같이 왜소(矮小)하다 하더라도 닦아보면 우리 마음은 갑(甲)한테 있는 마음, 너한테 있는 마음, 석가모니한테 있는 마음, 예수한테 있는 마음, 똑같은 마음입니다.

석가모니나 예수나 공자나 그 분들은 마음을 확장시켜서 바로 우주(宇宙)가 되어버렸단 말입니다.

어떠한 마음이나 본바탕은 다 우주와 하나가 된 것인데 우리 중생이 다만 그걸 못 느낍니다. 느끼게 하는 것이 앞서 말씀과 같이 참선(參禪), 염불(念佛)입니다.

염불(念佛)도 하다보면 결국은 마음이 차근차근 그때는 넓어집니다. 몸도 가벼워오고 마음이 넓어지면 몸과 마음이 둘이 아닌지라 따라서 몸도 가벼워집니다.

두순(杜順)스님은 저 중국 순(舜)나라 때 분인데, 그분은 화엄종(華嚴宗) 초조 법사입니다. 그분은 염력(念力)과 법력(法力)이 얼마나 강(强)한지, 그 부처님 도리(道理)에 아주 알맞은 그런 무상법문(無上法門)을 하시니까 무상법문을 듣고 동시(同時)에 그 스님 염력(念力) 기운(氣運)에 따라서 아픈 사람이 절로 나아버린단 말입니다.

물론 인연(因緣) 따라서 한계(限界)가 있겠습니다만 우리 마음이 핵(核)이고 몸은 거기에 덮여있는 세포(細胞)에 불과하기 때문에 마음 핵심(核心)만 딱 본질(本質)로 나가면 그때는 그냥 웬만한 몸의 갈등은 잡히는 것입니다.

저 같은 사람이 무슨 장담한 말도 아닙니다만 —저는 지금 부처님 경지(境地)를 가려면 천리만리(千里萬里)라 한도 끝도 없습니다— 그래도 역시 내가 몇 년 동안 아프지 않아야 하겠구나, 제가 묵언(默言)을 3년 지키기로 맹세했습니다. 역시 말대로 하면 그 3년 동안 제가 감기도 다 안 들었습니다.

이번 3년 결사(結社) 동안 사부대중의 힘으로 제가 낫기는 나았습니다만 제 스스로도 역시 '이 동안 아프지 않아야 하겠구나, 내가 아프면 3년 결사가 깨지겠구나' 라고 생각하여

'부처님이시여, 부사의한 가피를 드리우셔서 제가 3년 동안 아프지 않고 대중을 뒷바라지하게 해주십시오!'

라고 간절히 소원했습니다. 대체 아프지 않았습니다.

앞으로는 모르겠습니다만 이와 같이 마음과 몸은 둘이 아닙니다. 저같이 이렇게 추하고 못난 사람이 말입니다. 제가 그런 소원(訴願)을 안 했더라면 결국은 몇 번이나 감기에 콜록콜록했을 것입니다.

마음은 이렇게 무서운 것입니다. 즉 앞서 제 말씀과 같이 대아(大我)라는 아(我)가 들어 있고, 또는 청정(淸淨)하고 조금도 번뇌가 없는 정(淨)이 들어 있고, 우리 불성(佛性)에 들어 있는 참다운 성(性) 공덕(功德)은 상(常)이라 하는 영생(永生)하는 것이고, 또 낙(樂)이라 하는 영원히 안락(安樂)하고 행복한 것이고, 또는 대아(大我)라 하는

일체공덕을 다 할 수가 있는 것입니다.

　우리는 절대로 이와 같이 못난 것이 아닙니다. 겉만 못난 것이지 겉에야 어디 병신이든 아니든 마음은 내내야 석가모니와 똑같은 것입니다. 불교(佛敎)는 이것을 믿는 것입니다.

　불교(佛敎)는 이걸 믿고 그와 같이 광대무변(廣大無邊)한 불성공덕(佛性功德)을 자아내서 우리 스스로 그와 같이 영원한 행복(幸福)을 누리는 것입니다.

　과학적(科學的)으로 본다고 생각할 때에도 앞서 말씀과 같이 무상(無常)하고 공(空)입니다. 또는 '나'라고 할 것이 없습니다. 엄밀하게 과학으로 보는 것입니다. 모두가 다 세포로 구성되어 있는데 이것이 무슨 '나' 입니까. 시시각각으로 다만 몇 초 동안이라도 머물지 않는 것이 어떻게 '나' 입니까.

　내 세포는 다만 일순간도 머물지 않습니다. 다만 우리 중생이 어두워서 변하는 과정을 모른단 말입니다. 이런 것은 참다운 '나'가 못 되는 것입니다.

　그러나 나한테 들어 있는 내 생명의 핵심인 마음은 죽지 않습니다. 다만 그때그때 행동을 잘못해서 오염(汚染)만 됐을 뿐이지 죽지 않습니다. 따라서 우리 주인공(主人公)은 마음입니다.

　마음을 잘못 써서 사회가 혼란하고 나라도 어둡고 자기 개인도 항

시 골골하고 항시 마음이 어두운 것입니다.

우리 지금 불교도 18종파나 있고 불교 아니더라도 그냥 거리에 나가면 그야말로 십자가 숲입니다. 우리가 어떻게 살아야 될 것인가? 나라는 대체 어디로 가야 될 것인가?

우리 불교인(佛敎人)도 마땅히 필경 돌아갈 수밖에 없는 것입니다. 더디 가나 늦게 가나 우리는 부처가 되어야 하는 것입니다. 부처가 못 되어서 몇 만 생 헤매더라도 역시 부처가 되어야 하는 것입니다.

천지우주가 다 불에 타 버릴 때는 그때까지는 역시 미처 못 가고 있으면 그 불에 타서 우리가 죽는 것입니다.

기왕이면 빨리 가야만 영생의 행복에 이르는 것입니다. 영생의 행복은 극락에 가서만이 아니고 이 몸 이대로 때만 빠지면 탐욕심 부리는 그 마음, 성내는 마음, 미워하는 마음 또는 천지우주가 나와 남이 둘이 있다. 모두는 다 각각이다. 이런 마음만 털어버리면 가볍단 말입니다. 고통은 무엇인가? 그 몸뚱이 때문에 갔다 왔다 하는 몸뚱이 때문에 고통이 있습니다.

그렇다고 해서 자기 몸을 생각을 말고 자기 가정을, 가족을 생각하지 말라는 그런 말씀은 아닙니다. 생각을 애쓰고 한다 하더라도 근본 본질에 비추어 해야 하는 것입니다.

천지 우주가 오직 하나인지라, 아들도 역시 나하고 원래는 하나다,

미워도 역시 원래는 하나다, 그러면 그때는 벌써 미운 마음이 그만큼 사라집니다. 미운 마음이 다는 없어지지 않는다 하더라도 상당히 제감(除減)됩니다.

화두(話頭)만 좋아하는 분들, 화두는 내내야 우리가 큰스님에게 성불(成佛)하는 법(法)으로 해서 받는 그런 문제(問題)가 화두 아닙니까. 어느 분들은 화두만 꼭 해야만 참선(參禪)이다, 염불(念佛)은 큰 공부가 아니다, 이와 같이 말씀한 분도 있습니다.

불상(佛像)을 집에 모신 어떤 보살(菩薩)님은 얌전히 이렇게 모습이 되신 분이고, 관세음보살(觀世音菩薩)님을 애쓰고 하루에 만 번, 이만 번 해서 이십 년간 하신 분이 있습니다.

그런데 어느 스님의 법문을 듣고서 염불(念佛)은 방편법문(方便法門)인 것이고 화두(話頭)를 해야만 참 성불(成佛)을 하는 것이므로 화두를 해야 한다고 합니다. 그래서 그분도 기왕이면 성불하는 데 화두를 하고 싶어서 말입니다.

여태까지 행습(行習)이 되어서 염불을 하면 개운하고 몸도 그냥 날아갈 것 같고 그와 같이 쾌적하단 말입니다. 그런데 억지로 화두를 했습니다. 결국 아파버렸습니다.

또한 그 반대로 염불 좋아하는 사람들은, 화두해서 몸도 개운하고 벌써 공부가 상당히 됐는데 화두는 괜히 망상(妄想)만 생기고 안 된

105

다, 염불을 해야 한다, 지지리 자기 생리(生理)에도 배이고 심리(心理)에도 배인 화두를 그만두고 염불을 하려고 합니다. 그러면 결국은 무리가 생겨서 그때도 역시 병나고 만단 말입니다.

어느 분들은 역시 관세음보살(觀世音菩薩)을 애쓰고 하신 분에게 기왕이면 아미타불(阿彌陀佛)로 하십시오. 몇 년이나 '관세음보살' 하신 분이 '아미타불' 하기가 쉽겠습니까. 그렇게 서툴게 생각하고 그렇게 원리(原理)를 모른단 말입니다.

그러나 아까 제 말씀과 같이 관세음보살을 하나 아미타불을 하나 또는 하나님을 부르나 무엇을 부르든 간에 내내야 근본 불성(佛性)은 똑같습니다. 근본 불성은 어디에 있으나 하나의 불성입니다.

나한테 있으나 너한테 있으나 또는 다시 바꿔서 말하면 천지우주는 불성 위에서 인연법칙(因緣法則) 따라서 이렇게 되고 저렇게 되고 했을 뿐입니다.

천지우주(天地宇宙)는 불성(佛性)으로 꽉 차 있습니다. '관음보살' 하면 불성이 더 줄어지고 '아미타불' 하면 더 늘어나고 하는 것도 아닙니다.

다만 불성 공덕(功德)이 한없이 많아서 불성공덕은 단 하나의 개념(槪念)으로 어떻게 표현할 수가 없습니다.

자비심(慈悲心)이 많은 면으로 봐서는 그때는 관세음보살, 지혜(智

慧) 많은 걸로 봐서는 문수보살(文殊菩薩), 대세지보살(大勢至菩薩), 그와 같이 그때그때 공덕 따라서, 무량공덕(無量功德)인지라 한 마디로 표현을 못하므로 공덕 따라서 이름이 붙여진 것이지 결국 둘이 아닙니다.

하나님을 설사 부른다 하더라도 우리 마음이 불성에 입각하면 좋습니다. 따라서 기독교인들에게 '이제 하나님을 부르지 말고 부처님을 부르십시오'라고 말할 필요가 없습니다. 몇 십 년 동안 '오, 주여!' 하는 사람들이 그렇게 할 수가 있겠습니까. 그렇게 말을 고칠 필요가 없습니다.

다만 내용만 부처님은 나한테도 있고 또는 우주(宇宙) 어디에도 있고, 이른바 무소부재(無所不在)라! 어디에나 항시 계신다, 이와 같이 마음 내용만, 개념 내용만 바뀌면 됩니다. 그러면 '하나님'이라고 불러도 됩니다.

이렇게 한다고 생각할 때에 화두(話頭)를 좋아한 사람은 화두를 하시는 것이고, 염불(念佛)을 좋아하는 사람은 염불하시는 것이고, 어떻게 하든지 간에 그대는 내내야 자기 생리나 자기 심리에 맞게시리, 우리 마음에 걸음걸음 불성에 접근되면 좋은 것입니다.

부처님을 인격(人格)으로 구하고 싶은 사람들에게는 부처님 이름이 좋겠고, 부처님을 하나의 회의적(懷疑的)인 방법으로 구하는 사람에

107

게는 화두가 좋습니다.

그런 부처님의 생명(生命) 그대로, 생명의 리듬(rhythm) 그대로, 즉 '옴마니 반메훔'은 부처님 생명을 그대로 표현하는 한 가지 리듬인 것입니다. 한번 하면 한번 한 만큼 우리 업장(業障)이 녹아지고 불심(佛心)이 깊어집니다.

'옴마니 반메훔'을 우리말로 풀이하면 그 뜻이 하도 심심미묘(甚深微妙)해서 어떻게 할 수가 없으나 '금색광명(金色光明)이 찬란한 연화대(蓮華臺) 위에 있는 마니보주(磨尼寶珠)라.' 이렇게 표현도 하고, 또는 간추리면 '아미타불(阿彌陀佛)'로도 표현하는 것입니다.

또 다만 음률(音律)로 표현하면 그때는 '옴~마니 반메훔~'하는 것이고, 또는 어의(語意)로 표현하면 그때는 '나무아미타불(南無阿彌陀佛)' 또는 '관세음보살(觀世音菩薩)'입니다. 그러기에 '옴마니 반메훔'을 '관세음보살님의 본심(本心) 미묘진언(微妙眞言)'이라 합니다.

다시 말씀드리면 리듬으로 해서 생명 자체를 표현할 때는 '옴마니 반메훔'이고, 어의(語意)로는 '나무아미타불', '관세음보살'입니다.

불교(佛敎)는 결국은 모두가 다 원통불교(圓通佛敎)입니다. 화엄경(華嚴經)이나 무슨 경(經)이나 그와 같이 진리(眞理)가 따로 있는 것이 아닙니다.

'나무호랭개교'를 부른다 하더라도 그것은 허물이 아닙니다. 다만 그 사람의 마음이 불심에만 입각하면 됩니다. 애쓰고 부른 사람들은 고치려고 하면 고칠 수가 없습니다. 괜히 갈등만 조성하고 맙니다.

다 회통(回通)하고 있는 모두 체(體)로 해서 만선동귀(萬善同歸)라! 염불(念佛)을 하나 주문(呪文)을 하나 화두(話頭)를 외우나 하나님을 부르나, 결국은 모두가 다 만선(萬善)이 동귀(同歸)라, 그런 만선이 하나의 길로 하나의 법성(法性)의 길로 귀일(歸一)하고 마는 것입니다.

천지우주(天地宇宙)는 바로 부처님이기 때문에 부처님은 모든 중생(衆生)이 다 성불(成佛)되기를 바라는 것입니다. 부처님은 '모든 중생이 본래 부처이기 때문에 부처가 결국 되는 것이다' 하시고서 우리를 기다리고 있는 것입니다. 아미타불(阿彌陀佛)은 저 극락세계(極樂世界)에서 우리를 부르고 있는 것입니다.

인력(引力) 기운(氣運)으로 해서, 일반 물질(物質)도 인력으로 해서 다 중심(中心)으로 이끌어가는 것입니다. 우리 중생이 부처님이라 하는, 우리가 필경 돌아가야 할 구심점(求心点)이 없으면 결국은 우리가 안심입명(安心立命)을 취할 수 없습니다.

불교(佛敎)를 믿든 안 믿든 간에, 불성(佛性)이나 법성(法性)이나 진여(眞如)나 그런 말로 표현하든 않든 간에, 모두 내내야 하나의 진리(眞理)로 다 들어가고 있는 것입니다. 못 들어가면 결국 고생하고, 우주(宇宙)의 도리(道理)에 안 맞으면 거기서 우리가 벌(罰)을 받는 것입니다.

 계행(戒行)을 지키고 참선(參禪)과 염불(念佛)을 하고, 할 때는 우리가 몸도 편하고 마음도 편합니다. 정말로 계행을 지키고 참선을 하나, 화두를 드나 또는 염불을 하나 이것은 원래 둘이 아닙니다. 잘 모르는 사람들은 근본(根本)을 못 보고 형식(形式)만 보고서 둘이다, 셋이다, 넷이다, 구분한단 말입니다. 그러면 결국 싸우고 말지요.

 원통불교(圓通佛敎), 회통불교(會通佛敎), 이것은 부처님의 본뜻인 것입니다.

 불교가 천파만파로 구분했다 하더라도 결국은 본체(本體)는 하나입니다. 하나로 뭉치기 위해서는 우선 공부하는 분들이 공부하는 자기 취향 따라서 어떻게 하든지 간에 '관세음보살', '아미타불', '옴마니반메훔'을 부르든지 간에 우리 근본 본체자리, 근본 성품자리, 이 자리에 마음을 둬야 합니다.

 그리하면 이 자리에 마음을 두기 쉬운 것이고, '부처님'을 외우는 것이 제일 쉽습니다. 부처님 법문은 난행문(亂行門), 이행문(易行門)이라! 어려운 문과 쉬운 문이 있습니다만 가장 쉽고도 공덕이 많은 문은 해보면 역시 부처님을 −어떤 사람의 이름을 부르면 그 사람 이미지(image)가 떠오르듯− 부처님도 부처님 이름을 부르면, 부처님은 체(體)구나, 근본(根本)이구나, 이와 같이 그런 영상(映像)이 떠오른단 말입니다.

따라서 어려운 것은 어려운 대로 해서 또 개성이 맞는 분이 한다 하더라도 쉬우면서 공덕(功德)이 많은 쉬울 이(易), 행할 행(行), 문 문(門), 이행문(易行門). 어려울 난(難), 난행문(難行門)이라.

난행문은 한가하고 특수한 사람들이 하지만 한가하지 않는 우리 재가(在家) 불자님들은 쉬우면서 공덕이 많은 문, 즉 다시 말하면 이행문으로 공부할 때 역시 부처님 이름을 외우는 염불(念佛)이 제일 쉽습니다.

우리 마음이 불성(佛性)만 안 여의면 그때는 바로 염불(念佛)이, 참선(參禪)이 됩니다. 참선은 부처님 마음이요, 교(敎)는 부처님의 말씀입니다.

선시불심(禪是佛心)이요, 교시불어(敎是佛語)라! 참선(參禪)은 부처님의 마음이요, 교(敎)는 부처님의 말이요, 계행(戒行)은 부처님의 행동(行動)이기 때문에 부처님의 행(行)이 계행(戒行)이고, 부처님의 말이 부처님의 경전(經典)인 것입니다.

부처님의 마음이 참선이기 때문에, 마음이 불심(佛心)만 안 여의면 우리가 염불(念佛)을 하나 주문(呪文)을 하나 화두(話頭)를 하나 모두가 참선(參禪)인 것입니다.

그렇게 해야만 비로소 원통불교(圓通佛敎)라 하는, 나아가서는 그

야말로 참 원통종교(圓通宗敎)라 하는, 우리 대(代)에는 못 본다 하더라도 우리 인간(人間)은 그런 역사적(歷史的) 필연(必然)으로 해서 꼭 하나의 종교(宗敎)가 되고 마는 것입니다. 내내야 다 불성(佛性)이기 때문입니다.

우리가 뿌리치고 돌아온 고향(故鄕)도 역시 불성(佛性)인 것이고 돌아갈 고향(故鄕)도 역시 불성(佛性)입니다.

아미타불(阿彌陀佛)이나 무수한 보살(菩薩)들은 우리가 성불(成佛)하기를 지금 고대하고 기다리고 있고 우리가 성불하기를 강요하고 있습니다.

우리의 각 성인(聖人)들은 물론 기독교(基督敎)의 목사(牧師), 천주교(天主敎)의 신부(神父) 또는 불교(佛敎)의 비구(比丘) 비구니(比丘尼), 또는 마호메트의 여러 성직자(聖職者), 이들 모든 성직자는 모두 다 각도는 좀 다르다 하더라도 내내야 모두가 성불의 길로 우리를 인도하고 있습니다.

이렇게 해서 하루바삐 조금도 치우침 없이 천지우주(天地宇宙)가 오직 불성(佛性)임을, 불성 이것은 청정광명(淸淨光明)이라, 우리 중생(衆生)에는 안 보인다 하더라도 도인은 분명히 보는 청정광명인 것입니다. 청정광명인 그런 생명(生命)이 불성(佛性)인 것입니다. 어떠한 원소(元素)에나 어디에나 다 있는 그런 청정광명(淸淨光明)한 생명(生

命)이 불성(佛性)인 것입니다. 불성(佛性)은 영생(永生)합니다.

따라서 염불(念佛)을 하고 또는 참선(參禪)을 하고 화두(話頭)를 외우고 한다 하더라도, 이름만 외워도 좋습니다만 기왕이면 그와 같이 모든 생명(生命)의 뿌리는 다 불성(佛性)이구나, 이와 같이 믿고 불성의 그런 '생명(生命)의 광명(光明)'을 우리가 상상(想像)하면서 하면 훨씬 더 공덕이 많습니다.

그렇게 하다보면 자기도 모르는 가운데 업장(業障)이 정화(淨化)됨에 따라서 불성광명(佛性光明)이 자기한테 한걸음, 한걸음 접근하는 것입니다.

아사세왕이 자기 아버지인 부왕(父王)을 죽이고, 자기 어머니를 유해하고 나라를 빼앗아서 그만 온몸에 부스럼이 생겨서 별별스런 좋은 약으로 치료를 했지만 낫지 않았습니다.

그러나 부처님을 흠모, 추구하고 자기가 조금 정화(淨化)되어 부처님의 그런 광명(光明)을 딱 봤단 말입니다. 부처님의 무량광명(無量光明)을 보는 순간 자기의 그런 몸에 있는 불치(不治)의 부스럼이 나아버렸단 말입니다.

기도(祈禱)를 모신 분들은 그러한 영험담(靈驗談)을, 그런 영험한 경험을 많이 맛보는 것입니다.

우리한테 있는 불성기운(佛性氣運)은 한도 끝도 없는 것입니다. 아는(知) 것도 한도 끝도 없고, 지혜(智慧)도 한도 끝도 없습니다. 제가 항시 말씀 드린 바와 같이 무수한 정보(情報), 무수한 가능성(可能性)이 다 포함되어 있습니다.

비록 지금 부자(富者)라 하더라도, 권력(權力)이 많다 하더라도 그런 것은 부처님의 지혜로 볼 때는 모두가 다 하나의 갈 길을 몰라서 헤매는 비렁뱅이나 같은 것입니다.

오직 부처님 길을 가는 것만이, 그 길만이 인간(人間)의 허무(虛無)한 무상(無常)을 초월(超越)하고 영생(永生)의 행복(幸福)을 무한의 가능(可能)을 계발(啓發)하는 길이 되는 것입니다.

지금 우리의 현실생활(現實生活)이 제아무리 어렵다 하더라도 우리는 분명히 지향(志向)해 갈 우리가 돌아갈 고향(故鄉)을 우리는 압니다. 불교(佛敎)를 모를 때는 고향(故鄉) 길을 모르는 나그네 같지만, 이제 우리는 고향(故鄉) 길을 압니다.

어떻게 가야 할 것인가? 먼저 청정(淸淨)한 계율(戒律)을 지키고, 철저한 계행(戒行)을 지켜야만, 계행은 천지우주(天地宇宙)의 불성(佛性)에 따르는 행동(行動)이기 때문에 계행(戒行)을 지켜야만 불성(佛性)에 접근이 됩니다.

계행(戒行)을 지키면서 참선(參禪), 염불(念佛)을 해서 꼭 금생(今生)에 모든 번뇌(煩惱)를 녹이고 금생에 훨훨 벗어버리는 무극허무지신(無極虛無之身)이라! 몸이 있더라도 우리 몸뚱이가 하늘에 있는가? 어디에 있는가? 내 마음이 한번 이 몸 이대로 하늘로 올라가라 하면 하늘로 올라가버릴 수 있는 그렇게 행복하고 그렇게 참답게 깨닫는 분이 되기를 간절히 바랍니다.

나무아미타불! 나무관세음보살!

참선(參禪)은 가장 쉬운 공부입니다. 그래서 불교(佛敎) 용어로 안락한 법문, 즉 안락법문(安樂法門)이라고 합니다. 왜냐하면 참선(參禪)은 우리가 본래(本來) 갖추고 있는, 본래 자기의 생명(生命) 자체인 마음을 깨닫는 것이기 때문입니다. 과거(過去)에 도인(道人)들은 자기 마음 찾는 공부를 비유(譬喩)해서 기우멱우(騎牛覓牛)라고 했습니다. 소를 타고 소를 찾는단 말입니다. 우리 중생(衆生)들은 소가 어디에 있는지 안 보이므로 소를 타고 있으면서도 소를 찾는 격이란 말입니다. 중생(衆生)과 깨달은 도인(道人)과의 차이가 여기에 있습니다. 깨달은 분들은 모든 현상(現象)의 본성품(本性品)을 봅니다. 그러나 중생들은 본성품을 못보고 겉의 현상(現象)만 봅니다. 그런데 참선(參禪)이 쉽다는 것은 어차피 세상의 현상적(現象的)인 모든 것이 본성품으로 돌아가기 때문입니다.

三. 眞如佛性 진여불성

1991년 11월 20일, 태안사(泰安寺) 결제법회(結制法會)에서 설법하신 법어(法語)입니다.

四. 參禪의 要諦 참선의 요체

1991년 11월 22일, 태안사(泰安寺)에서 설법하신 소참법문(小參法門)입니다.

五. 打成一片 타성일편

1991년 12월 6일, 태안사(泰安寺)에서 설법하신 소참법문(小參法門)입니다.

六. 佛性光明 불성광명

1992년 2월 18일 태안사(泰安寺) 해제법회(解制法會)에서 설법하신 법어(法語)입니다.

三. 진여불성(眞如佛性)

참다운 실상(實相)은 중생(衆生)이 보는 것 같이 있는 것만도 아니고 반야사상에서 말하는 비어 있는 것만도 아닙니다. 참말로 있는 것은 진여불성(眞如佛性)이 충만(充滿)해 있습니다.

조사어록(祖師語錄)에 산시산(山是山)이요, 수시수(水是水)라, 산은 바로 산이요, 물은 바로 물이라는 그런 법어(法語)가 있습니다. 이것을 잘 모르는 사람들은 우리 중생(衆生)이 보는 산은 그대로 산이요, 물은 그대로 물이라고 생각합니다. 그러나 우리 중생들은 삼독심에 가려져 실제적(實際的)인 실상(實相)을 못 보고 자기 본래면목(本來面目)도 미처 못 보며, 또한 일체(一切)의 존재(存在)의 본성품(本性品)도 못 보는 것입니다.

따라서 산은 바로 산이요, 물은 바로 물이라는 조사어록의 법어는 우리 중생이 보는 산 그대로 산이요, 우리 중생이 보는 물 그대로 물이라는 그런 의미(意味)가 아닙니다.

부처님 법문(法門)에는 많은 갈래가 있습니다. 부처님의 말씀을 듣고 고마문령(藁馬聞鈴)처럼 따라가면서 그대로 공부하는 성문승(聲聞乘)이 있고, 또는 스스로 명상(瞑想)을 하여 인연(因緣) 따라서 깨닫는 연각승(緣覺乘)도 있으며, 부처님께서 말씀하신 실상(實相) 그대로를 믿고 닦아나가는 보살승(菩薩乘)의 법도 있습니다.

그러한 여러 가지 법 가운데서 참선(參禪)하는 법이 가장 최상승(最上乘)의 법이며 바로 불도(佛道)의 정문(頂門)입니다. 그래서 불경(佛經)에도 최학도(最學道)라고 했듯이 우리 불자(佛子)가 배우는 공부 가운데서도 가장 높은 배움의 길인 것입니다.

우리는 오늘 신미(辛未)년 삼동(三冬) 결제(結制)를 즈음해서 최학도(最學道)를 공부하고자 많은 스님들이 모였고, 또 사부대중(四部大衆)이 최학도인 선(禪)에 대한 간절한 서원(誓願)으로 이 자리에 모이셨습니다.

비단 우리 불교(佛敎) 문중(門中)뿐만 아니라, 고도로 문명(文明)이 발달된 오늘날의 세상에는 불교 외에도 많은 종교(宗敎)가 있고 또 종교 외에도 갖가지 수련법(修練法)이 있습니다. 그래서 각 수련법에서는 자기 나름대로 체계(體系)를 세워 놓고 각기 자기 수련법이 제일 수승(秀勝)하다고 주장합니다. 이런 때에 이 참선법(參禪法)이 어째서 가장 수승한가, 분명히 알지 못하고 우리 공부에 대한 바른 체계가 없으면 그냥 그 쪽으로 따라가고 맙니다.

짧은 시간이나마 추운 날씨에 이렇게 참여하신 여러분들을 위하여, 부처님의 참선법이 가장 수승한 성불(成佛)의 지름길이고, 이른바 최학도(最學道)이며, 성불(成佛)의 정문(頂門)인 것을 아실 수 있도록, 아니면 어렴풋이 짐작이라도 하시도록 말씀드리겠습니다.

부처님의 일대시교(一代時敎)라! 부처님께서 우리 중생들에게 49년 동안 설법(說法)을 하셨습니다. 45년 설도 있으나 49년 설을 더 많이 주장합니다. 그런 설법 가운데서 그때그때 중생의 그릇 따라서 하는 법문(法門)이기 때문에 방편설(方便說)이 많이 있습니다. 그래서 연도(年度)로 따지면 부처님께서 성도(成道)하신 후 12년 동안에는 우리 중생 차원(次元)에서 상식적으로 보고 느끼는 있다, 없다, 그런 차원에서 하신 법문(法門)이 초기(初期) 법문, 즉 초기 근본불교(根本佛敎)의 법문입니다.

그러나 부처님은 일체종지(一切種智), 만중생(萬衆生)의 본성품(本

性品)과 현상(現象)을 다 아시는 분이기 때문에 그런 방편(方便) 법문(法門)을 하신다 하더라도 부처님 법문(法門)은 그 속에 모든 심심미묘(甚深微妙)한 뜻이 다 깃들어 있습니다.

그렇지만 일반 중생들은 그냥 문자(文字)나 말만 집착(執着)해서 부처님의 초기 경전을 '있다, 없다'에 관해 말하고 또 일반 세간적(世間的)인 윤리(倫理), 도덕(道德)의 차원을 말하기 때문에 별로 깊지 않다고 생각할 수도 있습니다.

아무튼 초기 법문은 우리 중생의 그릇을 따라서 하신 법문입니다. 그러나 사실 그런 정도의 법문은 기독교(基督敎)나 유교(儒敎)나 다른 종교에도 있습니다. 즉 악(惡)을 피하고 선(善)을 행하라든가, 행복을 위해서 노력한다든가 명상(瞑想)을 조금 한다든가 하는 정도의 그런 법문은 있단 말입니다.

그러나 중생(衆生)의 그릇이 조금 익어진 때는 부처님이 금생(今生)에 나오신 뜻이 그냥 세간적(世間的)인 범주(範疇), 일반(一般) 윤리(倫理) 도덕적(道德的)인 범주에 멈추는 것이 아니므로 부처님께서 사실 그대로를 말씀하셔야 됩니다.

그래서 제법공(諸法空)의 공도리(空道理)를 말씀하셨습니다. 22년 반야설(般若設), 즉 49년 설법(說法) 가운데서 22년 동안이나 공도리를 말씀하셨습니다.

왜 그랬을 것인가? 우리는 그 심심미묘(甚深微妙)한 뜻을 깊이 알아야 합니다.

우리는 지금 부처님 가르침을 믿고 있습니다만 이 소중한 내 몸이 원래(原來) 공(空)이다, 국민학교부터 대학(大學)까지 공부한 소중한 내 관념(觀念)도 공(空)이라고 생각할 때는 굉장히 허무(虛無)함을 느낍니다.

그러나 실상지혜(實相智慧)에서 볼 때에는 공(空)인 것입니다.

영가현각(永嘉玄覺) 대사(大師)가 도(道)를 깨닫고 법희선열(法喜禪悅)에 넘쳐서 지은 노래인 증도가 가운데서 몽리명명유육취(夢裏明明有六趣)하고 각후공공무대천(覺後空空無大千)이라. 꿈속에서 본다고 생각할 때는 지옥(地獄)이나 아귀(餓鬼)나 축생(畜生)이나 그런 것이 분명히 실재(實在)하는 것처럼 보이지만 깨달은 뒤에는 이 대천세계(大千世界), 지옥, 아귀, 축생의 세계뿐만 아니라 천지우주(天地宇宙) 모든 세계가 텅텅 비어서 보인다는 그런 뜻입니다. 이런 뜻을 우리 중생들이 쉽사리 알 수 있겠습니까?

만약 이런 뜻을 모르면 우리 불자님들은 그저 있다, 없다, 나다, 너다 내 것이다, 네 것이다, 하는 차원(次元)에서 머물다가 맙니다. 따라서 번뇌(煩惱) 해탈(解脫)을 못 하고 맙니다.

부처님 가르침은 욕계(欲界), 색계(色界), 무색계(無色界)를 다 해탈

(解脫)하고 모든 번뇌(煩惱)를 다 멸진(滅盡)시키는 가르침입니다. 즉 삼계(三界)를 해탈하는 가르침입니다. 번뇌에서 해탈해야만 참다운 자유(自由)가 있고, 참다운 행복(幸福)이 있습니다.

부처님 가르침은 바로 인간론(人間論)이고 또한 바로 행복론(幸福論)입니다.

본래적인 인간(人間)의 참다운 자기(自己)를 아는 것이고, 또한 동시에 가장 최상(最上)의 영생(永生)의 행복(幸福)을 맛보게 하는 가르침입니다. 그런데 번뇌(煩惱)에 구속(拘束)되어서 해탈(解脫)을 못하면 참다운 자유(自由)와 참다운 행복(幸福)은 없습니다.

내가 있고 네가 있으면, 나를 위해서 나 좋은 쪽으로 생각할 수밖에 없습니다. 좋은 것은 자기한테, 자기한테 싫은 것은 남한테 떠넘기는 것이 중생(衆生)의 본(本) 근성(根性)입니다.

따라서 모든 것이 다 공(空)이라는 그런 공도리(空道理)를 모르면 우리 중생심의 차원(次元)에서 약간 좋은 짓을 한다고 해도 사실은 위선(僞善)을 면치 못합니다. 내가 분명히 있으니 기왕이면 좋은 음식은 자기가 먹고 싶고, 좋은 옷은 자기가 입고 싶고, 좋은 집에서 자기가 살고 싶을 것입니다.

따라서 억지로 도덕(道德)을 부린다 하더라도 이런 제법공(諸法空)의 도리(道理)를 모르는 차원에서 위선(僞善)은 절대로 면치 못합니다. 그렇기 때문에 사실은 성자(聖者) 외에는 위선가(僞善家)의 범주(範疇)를 못 벗어납니다.

성자(聖者)는 우주(宇宙)의 참다운 실상(實相)을 깨달은 분입니다. 내 마음의 본체(本體)가 무엇인가. 우주의 참다운 본 모습이 무엇인가. 참다운 실체(實體)가 무엇인가. 이와 같은 것을 깨달은 분이 성자입니다.

우리가 남의 글을 본다 하더라도 깨달은 상태에서 쓰인 글은 조금도 막힘이 없습니다. 그러나 깨닫지 못한 분들은 여기에 부딪히고 저기에 부딪히면서 이것이 옳다, 저것이 옳다, 시비(是非)에서 미처 못 떠납니다.

이와 같이 22년 동안이나 우리 중생이 보는 이것은 다 비어 있다고 반야사상(般若思想)을 말씀했던 것인데, 그냥 비었다고 하면 우리 중생은 잘 납득(納得)을 못 합니다. 어째서 비어있는 것인가? 모든 것은 인연생(因緣生)입니다. 인연(因緣) 따라서 잠시간 결합(結合)되어 있는 것이 순간(瞬間), 찰나(刹那)도 머물지 않고 변화(變化)해 마지 않습니다.

인연생(因緣生)이고 연기법(緣起法)이기 때문에 다 비어 있단 말입니다.

시간적(時間的)으로 보면 항상(恒常)이 없으니까 무상(無常)이요,

공간적(空間的)으로 보면 '나'라고 할 것이 없으니까 공(空)이요, 무아(無我)입니다. 이것은 다행히도 현대물리학(現代物理學)이 다 증명하였습니다. 물리학이라 하는 것은 물질(物質)의 도리(道理)를 체계(體系) 있게 공부해서 밝힌 것으로 바로 과학(科學)입니다. 그런 물리학이 모든 것은 본바탕에서 본다고 생각할 때에 비어 있다는 도리를 증명(證明)했습니다. 즉 말하자면 모든 것은 제로(zero)로, 공(空)으로 돌아간다는 것을 다 증명했습니다.

그렇기 때문에 부처님같이 철저히는 못했다 하더라도 적어도 제법(諸法)이 공(空)이다, 모든 것이 다 허망(虛妄) 무상(無常)하다는 반야사상(般若思想)의 도리를 과학자(科學者)도 다 증명을 하고 있습니다.

그러나 부처님의 가르침은 거기에서 그치지 않습니다.

만약 이것도 저것도 다 비어 있다고 생각할 때는 우리가 공부할 필요가 무엇이 있겠으며, 그야말로 허무주의(虛無主義)에 빠지지 않을 수 없습니다. 다 비어 있는데 무슨 행복(幸福)이 있으며 선악(善惡)은 또 어디에 있을 것인가?

부처님 가르침은 그 공(空)에 그치지 않고, 모두는 다 중도실상(中道實相)이며, 인연(因緣) 따라 모아져도 한순간도 머무르지 않고 변화무쌍(變化無雙)하기 때문에 바로 무상(無常)이요, 따라서 공간적(空間的)으로 있을 수가 없기 때문에 공(空)이요, 이런 것에 대해서

'나' 라고 할 수 없기 때문에 무아(無我)입니다.

그러나 그 참다운 실상(實相)은 우리 중생(衆生)이 보는 것 같이 있는 것만도 아니고, 또는 반야사상에서 말하는 그런 비어 있는 것만도 아닙니다. 우리 중생이 잘못 본 것이 비어 있는 것이지, 참말로 있는 것은 진여불성(眞如佛性)이 충만(充滿)해 있습니다.

따라서 초기(初期) 불교(佛敎)에서 있다, 없다, 좋다, 궂다와 같은 차원만 공부한 사람들은 부처님 가르침의 전부(全部)를 모릅니다.

이런 사람들은 아까 제가 서두에 말씀드린 산은 저런 푸른 산이고, 물은 저런 영롱(玲瓏)한 물이라고만 생각합니다. 근래(近來)에 와서 산은 산이요, 물은 물이요, 하는 그런 도리를 그렇게만 생각하는 분들도 없지 않습니다.

그러나 그런 것은 우리 중생의 삼독심(三毒心)에 가려있는 범부심(凡夫心)에서 보는 것이지 청정(淸淨)한 불안(佛眼)이나 혜안(慧眼)으로 보는 안목(眼目)이 아닙니다.

독심(毒心)을 다 떠나버리고 번뇌(煩惱)를 다 여의어버린 부처님 눈, 성자(聖者)의 눈으로 보는 것만이 사실(事實)을 사실대로 봅니다.

따라서 사실을 사실대로 보시는 그런 안목에서는 산은 그냥 산이 아니고, 법성(法性)의 산 법계성품(法界性品) 그대로 산이란 말입니다. 물도 그냥 물이 아니고 법성(法性) 수(水)입니다. 법성(法性) 산

(山)이요, 법성(法性) 수(水)요, 실상(實相) 산(山)이요, 실상(實相) 수(水)란 말입니다.

현대(現代)의 병(病)은 무엇인가?

지금 사회 화합 차원에서 사회 윤리 운동이다, 생명 운동이다, 가지가지의 운동을 많이 하고 있습니다만 우리 중생병은 그런 피상적인 것에 원인이 있지 않습니다. 본질적인 병을 앓고 있습니다. 그것이 바로 유물주의(唯物主義) 병입니다. 내 몸도 물질이고, 다이아몬드도 물질이고, 산(山)도 물질이고, 다 물질이라고 합니다. 따라서 물질이 우리 중생이 보는 그대로 있다고 생각합니다.

그런데서 연원(淵源)되기 때문에 공산주의(共産主義) 등이 생기는 것입니다. 유물주의적인 제도(制度)는 설사 인간의 간혜지(幹慧智)로 이모저모 변용시킨다 하더라도 오래 못갑니다. 우주(宇宙)의 도리(道理)에 어긋나 있기 때문입니다.

가을이 간 뒤에 봄이 바로 오겠습니까?

응당 겨울이 와야 합니다. 부처님 가르침은 천지 우주의 법(法)의 도리 그대로입니다. 법이자연(法爾自然)이라! 조금도 무리가 없습니다. 우리 중생들은 시각(視覺)이 짧아서 본래면목(本來面目)을 바로 보지 못합니다. 사실을 바로 못 봅니다.

우리가 근원적으로 먼저 해야 할 것은 자기가 느끼고 아는 것이 무지(無知)라는 것입니다.

우리 중생들은 자기가 영감(靈感)이 있다든가 무얼 좀 배워놓으면 자기가 아는 것이 절대(絕對)라고 생각합니다. 우리가 아는 것이 대체로 무엇을 아는 것입니까?

제법(諸法)이 허망(虛妄)한 것인데 공도리를 모릅니다. 연기법(緣起法)을 안다고 생각할 때는 공도리(空道理)를 분명히 아는 것입니다. 부처님의 사상(思想)은 법계연기(法界緣起)입니다. 우주의 실상(實相), 우주에 충만해 있는 끝도 갓도 없는 진여불성(眞如佛性)이 인연 따라서 이렇게 되고, 저렇게 되고, 하는 것입니다. 그것을 보고 진여연기(眞如緣起), 법계연기(法界緣起)라 합니다.

잘나나 못나나 어떤 동물(動物)이나 모두가 다 진여불성자리에서 이렇게 저렇게 인연 따라서 이루어집니다.

바다에서 바람 따라 이루어진 파도(波濤)가 똑같은 물이듯 법성에서 이루어진 일체존재(一切存在) 모두가 그대로 진여불성(眞如佛性)입니다.

동물(動物)이나 식물(植物)이나 무생물(無生物)이나 모두 다 진여불성 도리입니다. 돌이요, 나무요, 사람이요, 다 다르지만 성품(性品)에서 본다고 생각할 때는 모두가 다 하나의 부처님 성품입니다.

그런데 우리 중생(衆生)은 상(相)밖에는 못 봅니다. 현상(現象)밖에는 못 봅니다. 현상은 실재(實在)하는 것이 아니라 무상(無常)이요, 무아(無我)요, 공(空)이란 말입니다.

참선(參禪)은 어떠한 것인가?

부처님공부는 부처님께서 설사 유루적(有漏的)인 간단하고 쉬운 말씀을 하셨다 하더라도 가상(假相)을 떠나고, 가짜 이름(假名)을 떠나서 실상을 증명(證明)하는 것입니다.

이른바 명상(名相)을 떠나서 본래면목(本來面目)을 깨닫는 것입니다.

참선공부는 그와 같이 유루적인 있다, 없다, 하는 유물주의적(唯物主義的)인 사고(思考) 방식(方式)을 떠나야 합니다. 인연 따라서 이루어진 그런 것은 모두가 다 허망한 것이고 원래 실상(實相)에는 있지 않습니다. 다만 가상(假相)에만 있는 것입니다.

또한 공(空)도 그냥 공(空)이 아닙니다. 허무한 공(空)이라 하면 인연(因緣) 따라서 일어날 필요가 없겠지요.

진여불성(眞如佛性), 우주의 본성(本性)은 바로 내 마음의 본성(本性)입니다. 내 마음이라는 것은 물질이 아닌 하나의 정신(精神) 아니겠습니까. 생명(生命)입니다. 우주는 어떻게 형체(形體)가 되어 있든지 간에 하나의 생명체(生命體)입니다. 생명은 물질이 아니기 때문에 여기에 있고, 저기에 있고, 하지 않습니다.

공간성(空間性)이 있는 물질이라면 여기에 있고, 저기에 있고, 대소(大小), 장단(長短)이 있겠습니다만 물질이 아닌, 공간성(空間性), 시간성(時間性)이 없는, 그러한 순수생명(純粹生命)자리는 여기에 있고, 저기에 있고 또는 생겨나고, 소멸되고, 하지 않습니다.

그러기에 반야심경(般若心經)에서 분명히 말씀하신 낳지도 않고, 죽지도 않고 또는 더하지도 않고, 덜하지도 않는 도리가 그냥 방편설(方便設)로 우리한테 하신 것이 아닙니다. 우주(宇宙)의 실상(實相) 그대로 말씀하신 것입니다.

참선공부는 이래저래 방편설을 다 제해버리고서 심즉시불(心卽是佛), 이 마음이 바로 부처입니다. 나무, 그러면 나무 당체(當體) 그대로 부처이고 꽃, 그러면 꽃 그대로 부처입니다. 우주의 실상 그 자리, 불성 그 자리입니다.

우리가 지금 어두워서 못 볼 뿐 밝은 눈으로 본다고 생각할 때는 모든 것이 바로 그대로 부처란 말입니다.

바다에서 일어나는 천파만파(千波萬波)의 파도(波濤)라든가, 수십억 개 되는 거품 모두가 다 그대로 물이듯, 이 현상계(現象界)에 이루어진 삼라만상(森羅萬象), 하늘에 있는 모든 성수라든가 일체 존재(存在)가 그대로 바로 부처입니다.

이렇게 믿고 하는 공부가 참선(參禪)공부입니다. 이렇게 아는 것이 바로 돈오(頓悟)입니다. 이것이 중국(中國)을 통해서 들어온 이른바 조사선(祖師禪) 도리(道理)입니다.

참선공부라 하는 것은 마음 열고 하는 공부입니다. 마음을 닫아 놓고서 내가 있고, 네가 있고 저것이 있고, 이것이 있고 이렇게 걸림이 있는 공부는 참선공부가 아닙니다.

석가모니(釋迦牟尼)와 내가 둘이 아닙니다. 또는 하나의 곤충과 내가 둘이 아닙니다.

인류사회(人類社會)는 20세기의 문명사회(文明社會)까지 이르렀습니다만 현대와 같은 고도 산업사회는 그저 물질(物質)을 많이 만들고 자기가 많이 소유하고 소비하면서 모두가 물질이 제일이라고 생각합니다.

그러나 물질이라는 것은 한계(限界)가 있기 마련이어서 내가 많이 소유(所有)하려면 저 사람은 적게 소유해야 되므로 결국은 싸우고 맙니다.

따라서 유물주의(唯物主義) 사상에 입각한 자본주의(資本主義) 또는 공산주의(共産主義), 기타 그런 주의들은 결국 우주의 진리에 따르지 않았으므로 해악(害惡)과 더불어서 붕괴(崩壞)되고 맙니다. 인류 역사가 증명을 하고 있습니다. 공산주의도 한두 번 시행한 것이 아니지 않습니까. 공산주의가 무너졌으니까 앞으로는 자본주의 사회가 옳다고 생각해서 정말로 자유 경쟁을 하고 소유(所有) 관념(觀念)을 끝

도 갓도 없이 확대해간다면 그것 역시 허물어지고 마는 것입니다.

　우리 부처님주의, 생명주의(生命主義), 즉 우주의 도리에 따라야 성공도 하고 마음도 편하고, 드디어는 해탈(解脫)을 하게 됩니다.

　살생(殺生)하지 말라, 훔치지 말라, 음란(淫亂)한 짓 하지 말라 등의 부처님 계율(戒律)도 그냥 부처님께서 도덕적(道德的)인 차원을 위해서 덕목(德目)으로 시설(施設)하신 것이 아닙니다.

　우주의 도리로 보아 우주는 하나의 생명이니까 진여불성(眞如佛性) 도리에 따르는 것이 계율입니다. 그러나 지금 사람들은 함부로 해버립니다.

　앞서 말씀드린 바와 같이 이것저것 가지, 이파리, 다 제(除)해 버리고 근본(根本) 줄기와 뿌리만 가지고 하는 공부, 이것이 참선(參禪)공부입니다.

　따라서 중국(中國)을 거쳐 온 조사선(祖師禪) 도리는 부처님 법문(法門) 가운데서 꼭 거쳐야 하고, 가장 발전된 형태가 되는 것입니다.

　육조혜능(六祖慧能) 스님께서도 '내 법문(法門)은 본체(本體)를 안 여읜다' 고 하셨습니다. 상(相)에 걸리지 않고 본체를 여의지 않는단 말입니다. 본체를 여의지 않아야 참선입니다. '이 뭣꼬'를 하고, '무(無)'를 하고, 어떠한 화두(話頭)를 든다 하더라도 본체를 떠나버리고 그냥 의심만 해서는 참선이 될 수 없습니다.

선시불심(禪是佛心)이요, 교시불어(敎是佛語)라. 참선(參禪)은 바로 부처의 마음이요, 교(敎)는 바로 부처님의 말씀입니다. 우주만물(宇宙萬物)은 오로지 불심(佛心)뿐입니다.

중세(中世) 데카르트나 다른 철인(哲人)들이 물질(物質) 따로 마음 따로, 이른바 물질과 정신(精神)의 이원론(二元論)을 주장했습니다.

사실 서구(西歐) 문명(文明)은 대체로 물질과 정신 양원론(兩元論) 또는 창조주(創造主) 하나님한테서 우리가 섭리(攝理)를 받는다는 두 가지 사상(思想)이 지배(支配)했습니다. 이것은 우리가 다 알고 있는 것입니다.

저는 예수님이 '창조주(創造主) 하나님이 우주(宇宙)를 지배(支配)한다'는 식의 서투른 말은 하지 않았다고 생각합니다. 그리고 사실 기독교 성경을 우리가 허심탄회(虛心坦懷)하게 본다고 생각할 때는 그렇게 안 되어 있단 말입니다. 다만 유태교(猶太敎)나 또는 구교(舊敎)의 사상(思想)을 주로 확대시켜서 말했기 때문에 그런 것이지, 만약 하느님이 우리 사람 떠나서 대상적(對象的)으로 하늘 어디인가 따로 있다고 생각할 때는 기독교(基督敎)는 그야말로 형편없는 가르침이 될 것입니다.

　무소부재(無所不在)하고 무소불능(無所不能)이라! 아니 계신 데가 없고, 또 능(能)하지 않음이 없다는 이른바 범신론적(汎神論的)으로 되어버려야 기독교의 가르침이 참다운 진리(眞理)가 됩니다.

　아무튼 하나님이 우리 밖의 저 하늘에 계시다가 우리가 잘못 하면 벌(罰)을 주고, 종말론이 있어서 천구백 어느 해에 천지우주가 다 파괴(破壞)가 되어 기독교(基督敎) 믿는 사람만이 휴거라는 제도를 받고서 하늘로 올라간다고 되어 있단 말입니다. 그런 식의 가르침이 20세기 이렇게 문명시대(文明時代)에 나와 있습니다.

　우리가 부처님 가르침을 믿는 것은 정말로 백천만겁난조우(百千萬劫難遭遇)입니다. 어쩌다가 금생(今生)에 다행히 부처님 법(法)을 만났습니다. 부처님 법(法)은 무가정(無假定)의 원리(原理)입니다. 이것저것 다 들어 있습니다. 과학(科學)도 가장 참 과학이요, 철학(哲學)도 가장 참 철학이요, 종교(宗敎)도 가장 참 종교입니다.

　따라서 참선(參禪)공부를 할 때는 먼저 신(信)이 앞서야 합니다. 지금 어떤 사람들은 화두(話頭)를 의심(疑心)하면 참선이고, 화두를 의심하지 않으면 참선이 아니라고 합니다. 본체(本體)를 본, 법성(法性)자리를 아는 사람의 말이 아닙니다. 본체가 여기에 있고, 저기에 있고 하겠습니까?

진여불성(眞如佛性)이 여기에 있고, 저기에 있다고 생각할 때는 진여불성이 아닙니다. 우주는 진여불성, 불교는 진여불성 일원론(一元論)입니다. 우주(宇宙)는 불심(佛心)뿐입니다. 불심 이외에 다른 것이 있지 않습니다.

진여불성(眞如佛性)이 연기법(緣起法)에 따라서, 법계연기(法界緣起)에 따라서 우주가 이루어지고 사람이 생겨나고 다른 것이 이루어지곤 합니다.

따라서 물질이 아닌 우주의 정기(精氣)인 진여불성이 우주가 되고 무엇이 되고 했기 때문에 설사 상(相)으로 해서 사람 같은 상을 나투든, 산(山) 같은 모양으로 있든, 그런 것은 물질이 아니라 산 그대로 바로 불성이고 사람 바로 그대로 불성입니다.

그러기에 심즉시불(心卽是佛)이요, 또는 본래성불(本來成佛)이요, 보조국사(普照國師) 어록(語錄)의 돈오법문(頓悟法門)에서도 본래시불(本來是佛)이라고 하였습니다.

본래 바로 부처라는 것은 사람만이 바로 부처란 말이 아닙니다. 어떠한 것 당체(當體), 책상(冊床)이면 책상 모두가 다 그대로 부처입니다. 다만 중생(衆生)이 못 볼 뿐입니다. 중생이 못 본다 하더라도 석가모니(釋迦牟尼)를 위시한 무수한 성자(聖者)들이 다 사실대로 하신 말씀입니다.

그 말을 먼저 믿어야 됩니다. 그러기에 참선도 먼저 신(信)이 앞서야 된다는 것입니다. 우리의 흐리멍텅한 눈으로 해서 안 보인다 하더라도 분명히 우리는 부처님 말씀을 믿어야 합니다.

 부처님 말씀 따르면 우주 이대로 진여불성이요, 이대로 비로자나불(毘盧遮那佛)이요, 이대로 광명(光明)이 충만한 광명의 세계요, 이대로 극락세계(極樂世界)입니다. 더러는 경(經)에 극락세계가 저 수만 리 국토 밖에 있다고 하나 이것은 우리 중생이 하도 잘 모르니까, 미개(未開)한 시대에 그렇게 말씀하셔야 중생이 알아들을 수 있었기 때문입니다. 오늘날 같이 모든 물질이 다 비어 있고 물질의 근본이 에너지(Energy)뿐이라는 대명천지(大明天地) 과학문명(科學文明) 시대에 와서는 그런 법문(法門)이 통할 수 없습니다.

 어디 저 공간(空間)세계에 극락세계가 있고, 무엇이 있겠습니까? 우리 마음의 식(識)이 맑은 정도에 따라서 맑은 식이 사는 색계(色界)도 있고, 무색계(無色界)도 있습니다. 가장 맑아서 천지우주의 본래적인 진여불성과 같은, 맑은 식이 사는 세계가 극락세계입니다.

 따라서 지금 우리 마음이 참말로 맑아서 한 점도 티가 없다고 생각할 때는 이 자리에서 바로 극락의 행복을 수용하는 것입니다.

 몸이 저 공간(空間) 속에 몇 만 리 성층권(成層圈)에 있으나, 자기권(磁氣圈)에 있으나 또는 전리권(電離圈)에 있으나, 공중 높이에 있으나, 지금 이 자리에 있으나, 어디에가 있는 것이 문제가 아닙니다. 우리 마음이, 우리 식이 얼마만큼 맑은가에 따라 인간 정도 같이 맑으면 이 대기권(大氣圈) 속에서 고생만 하는 것이고, 더 맑으면 그 때는 저 공거천(空居天)이라는 높은 차원의 세계에서 살 수 있단 말입니다.

보조국사 어록에서 아까 말씀드린 바와 같이 본래시불(本來是佛), 즉 본래 부처이니 무루지성(無漏智性) 본자구족(本自具足), 즉 때묻지 않은 청정무비(淸淨無比)한 지성(智性)을 원래 갖추고 있으니까 심즉시불(心卽是佛), 즉 마음이 바로 부처요, 심작시불(心作是佛), 즉 마음으로 부처를 이룬단 말입니다.

상(相)으로 본다고 생각할 때는 이것은 허망(虛妄)한 것이지만 본성품(本性品)으로 본다고 생각할 때는 이대로 석가모니의 지혜(智慧)요, 예수의 지혜요, 공자의 지혜요, 무량(無量)의 지혜를 우리가 갖추고 있습니다. 참선공부를 하는 신앙(信仰)은 이런 신앙이 되어야 합니다. 내가 본래(本來)는 어느 것과도, 진여불성(眞如佛性)과 비교해서 조금도 차이가 없는 불성(佛性)입니다.

불성 차원(次元)에서는 나나, 너나 여기 지금 우리에게 다 불성이 있습니다. 이 공간(空間)이 불성 아니겠습니까. 공간은 산소나 수소 등으로 채워져 있는 공간인데, 산소나 수소나 어떤 것이나 모두가 다 본래 성품은 진여불성(眞如佛性)이란 말입니다. 그렇기 때문에 진여불성 차원에서 본다고 생각할 때 나를 위해서만 함부로 할 수 없는 것이고, 나를 위해서 남을 구박(驅迫)할 수 없단 말입니다.

이렇게 마음 열어버려서 자타(自他)가 없고, 천지우주에 참말로 있는 것은 공간성(空間性)도 시간성(時間性)도 인과율(因果律)도 초월(超越)한 진여불성(眞如佛性)뿐이라고 생각해야 비로소 참선(參禪)하는 마음의 준비라 할 수 있습니다.

이렇게 확실히 믿어야만 마음을 열었다고 하는 것입니다. 마음 열고 하는 공부가 참선공부입니다.

염불(念佛)을 하든 주문(呪文)을 하든 그런 것은 상관이 없습니다. 염불이나 주문이나 명상(瞑想)이나 모두가 부처님공부는 다 마음 열고 하는 공부입니다.

중생(衆生)이 모르기 때문에 그때그때 대기설법(對機說法)으로 이래저래 말씀하신 것이지, 부처님의 참뜻은 시간성, 공간성을 또는 인과율을 떠나버린 참다운 진여불성(眞如佛性)에 있습니다. 법계(法界), 법성(法性), 여래장(如來藏), 모두 다 같은 뜻입니다. 그러한 법계(法界) 도리(道理)를 확실히 믿고서 공부를 해야 합니다.

이런 때는 화두(話頭)를 들어도 좋고, 염불(念佛)해도 무방하고 또는 주문(呪文)을 해도 무방합니다.

저는 지금 조실(祖室) 입장에서 이 자리에 올라 있는 것이 아닙니다. 이렇게 회상(會上)이 하나 이루어졌고, 이제 나이도 제일 많고 참선도 오랫동안 했으니까 하나의 회(會)의 어른인 회주(會主)의 입장이지 저는 조실(祖室)이 아닙니다.

조실(祖室)이라는 것은 불심(佛心)을 사무쳐 깨달아서 행해상응(行解相應)인 동시에 명행족(明行足)이라! 밝아서 우주(宇宙)의 모든 것을 다 훤히 밝힌단 말입니다. 또 행(行)도 다해서 삼명육통(三明六通)을 다 한단 말입니다. 삼명육통을 다 하는 것보고 명행족이라고 합니다. 불심(佛心)을 사무쳐 깨닫고서 명행족까지 해서 행해상응(行解相應)이라! 아는 것과 행(行)하는 것이 다 같아버려야 조(祖)라 하는 것입니다. 이런 것이 달마스님 말씀에 있습니다.

우리가 본래시불(本來是佛)자리! 본래 부처자리를 알았다 하더라도 아직은 해오(解悟), 이치(理致)로 알았단 말입니다. 우리가 깨달아서 아는 것이 아닙니다. 그런 것으로 해서는 생사해탈(生死解脫)이 못됩니다.

그렇기 때문에 닦고 닦아서 증오라! 불성(佛性)을 증명(證明)하는 그런 깨달음이 되어야 참다운 깨달음인 것이고, 그렇게 되어야 탐욕심(貪慾心)도 번뇌(煩惱)도 어리석은 마음도 뿌리를 뽑습니다.

그렇게 되면 자동적으로 삼명육통(三明六通)을 다 하는 것입니다.

우리는 무량(無量) 부사의(不思議)한 부처님의 지혜(智慧)를 분명히 믿으셔야 합니다. '진여불성은 우주의 근원이구나' 이렇게만 알아서는 부처님의 지혜를 다 안다고 할 수가 없습니다. 부처님 진여불성은 우주의 본래면목(本來面目)인 동시에 삼명육통(三明六通), 무량(無量), 신통(神通), 지혜(智慧)를 다 갖춘 그 자리, 그렇게 믿어야 그렇게 됩니다.

초기(初期) 경전(經典)에 나와 있는, 부처님께서 더러는 중생들이 교만할 때는 당신 몸을 하늘로 나투셔서 하늘을 걷고 나시는 등의 일들이 동화(童話)에서나 나오는 그런 이야기가 아닙니다.

저는 분명히 믿습니다. 그러나 제가 그렇게 할 수가 없으니까 그렇게 믿지 않는 분들한테 알려드릴 길이 없어서 답답하게 생각합니다.

부처님 당시 정통(正統) 조사(祖師)는 모두가 다 중생이 말을 안 들으면 그냥 신통지혜(神通智慧)를 갖추셔서 몸으로 보여주셨단 말입니다. 그래서 교만한 중생들의 마음을 다 조복(調伏)시킨단 말입니다.

그런 지혜(智慧)가 우리한테도 분명히 다 원만하게 갖추어져 있습니다. 그런 신통묘지(神通妙智)를 갖추고 우리가 참선(參禪)공부나 염불(念佛)공부를 한다면 그런 도리(道理)에 한걸음, 한걸음 가까워집니다.

그와 같은 우리 중생(衆生)들이 무엇 때문에 있지도 않은 그림자

같은 물질(物質) 때문에 다투고 싸우겠습니까? 또 권력(權力)이나 감투 같은 것이 무엇이겠습니까. 모두가 다 유루(有漏)라 하는 유물주의(唯物主義)에 병(病)들었기 때문입니다.

따라서 그런 병(病)들 때문에 사회(社會)가 혼란스럽고 도덕(道德)도 피폐(疲弊)되었으므로 그 병을 고치려면 그저 윤리(倫理)를 바르게 한다거나 남한테 베풀라는 식으로 해서는 이렇게 총명(聰明)한 시대(時代)에 통하지 않습니다.

따라서 근본(根本) 뿌리에서부터 인생(人生)의 바른 가치관(價値觀)으로써, 내 생명(生命)은 원래(元來) 물질(物質)이 아니기 때문에 내 사는 집도 따지고 보면 내 것이 아니고, 내 재산(財産)이나 내 권리(權利)나 모두가 다 역시 내 것이라고 할 수가 없다는 것을 알아버려야 비로소 자동적으로 사회(社會)는 평등(平等)이 되고, 평화(平和)가 되고, 자유(自由)가 됩니다.

우리 습관성(習慣性)이 금생(今生)에 나와서 배운 것이 굉장히 많지 않습니까. 집에서 배운 것이나 학교에 가서 배운 것이나, 대학(大學)까지 배웠다 하더라도 모두가 있다, 없다, 하는 공간성(空間性), 시간성(時間性) 범위 내에서 배웠습니다.

사실 형이상학적(形而上學的)인 문제는 철학(哲學)하는 사람들 외에는 거의 못 배웁니다. 그러기에 승려(僧侶)가 되어도 있다는 생각을 절대로 못 벗어납니다.

앞서 말씀드린 바와 같이 반야바라밀(般若波羅蜜)을 못 느끼고서, 반야사상(般若思想)을 모르고서 걸망 짊어지고 왔다, 갔다, 하더라도 공부가 별로 진전이 없습니다.

과거 전생(前生)에 사람으로 있다가 또는 다른 동물(動物)로 있다가, 천상(天上)에도 있다가 또는 보살(菩薩)도 더러 되었다가 이렇게 돌고 돌다가 금생(今生)에 왔는데 금생에 또 나쁜 버릇만 많이 배웠습니다. 나쁜 버릇만 많이 심어 놓아서 그 습관성(習慣性)을 떼자니 쉽지 않습니다.

그러한 습관성(習慣性)을 뽑아버리기 위해서 기도(祈禱)도 모시고 참선(參禪)도 하는 것입니다. 우리가 적(敵)과 싸울 때 집중적(集中的)으로 공격(攻擊)해야지 싸우다 말다, 싸우다 말다 하면 결국은 적이 다시 세력(勢力)을 만회(挽回)해가지고 덤벼온단 말입니다.

우리가 번뇌(煩惱)하고 싸울 때도 집중적으로 번뇌를 조복(調伏)받아야 됩니다. 그러기 위해서 삼동결제(三冬結制)나 백일기도(百日祈禱)를 합니다.

공부하는 우리 스님들, 얼마나 소중한 스님들이십니까. 오호사해위상객(五湖四海爲上客)이라! 출가(出家)한 분들이 모든 인간(人間) 존재 가운데서 상객(上客)입니다.

재가(在家) 불자(佛子)님들께서는 우리가 공부를 잘못하면서 제가 이런 말씀을 드리면 하나의 아만(我慢)이 아닌가? 라고도 생각하시겠습니다만 그렇지가 않습니다. 그냥 스님이 되는 것은 아니지 않습니까.

젊은 나이에 온갖 오욕(五欲)을 뿌리치고 스님이 된다는 것이 쉬운 일이 아닙니다. 그리고 이 삼동(三冬) 동안 또 여름 동안 3개월이 지나도 산문(山門)도 안 나가고 오직 부처님을 지향하며 산다는 것은 쉬운 일이 아닙니다. 있다, 없다, 하는 나쁜 습관성(習慣性)이 별로 많지 않아서 할 수 있는 것이지 그런 습관성이 짙은 업장이 무거운 중생(衆生)들은 할 수 없는 노릇입니다.

그렇기 때문에 출가(出家) 스님들 가운데는 설사 명실상부(名實相符)한 분이 있을지도 모르지만 대체로 다 오호사해위상객(五湖四海爲上客)입니다. 중생 가운데 상객(上客)입니다.

우리 출가한 상객들이 이번 삼동 결제동안에 부처님께서 말씀하신 최상(最上)의 도리(道理)인 심즉시불(心卽是佛), 즉 이 마음이 바로 부처이고, 심불급중생(心佛及衆生) 시삼무차별(是三無差別), 즉 마음과 중생과 부처가 원래 셋이 조금도 차이가 없는 도리를 증명해보이도록 공부해야 할 것입니다.

우주(宇宙)는 오직 부처님 일원주의(一元主義)입니다. 오직 불심(佛心) 일원주의(一元主義)입니다.

물질(物質)은 중생(衆生)이 잘못 보아서 상(相)을 보고 물질이라 하는 것이지, 순간순간 변화(變化)해 마지않는 그런 것이 물질이 될 수 없는 것입니다.

상(相)이 변화(變化)하는 것이지, 본성(本性)은 변화하지 않습니다. 따라서 물질이 없다는 생각을 우리 스님은 꼭 하시고 공부를 해야 할 것이고, 우리 재가 불자님들도 역시 마찬가지입니다.

부모님을 의지해 나올 때 우리가 어디에 있었습니까? 중음계(中陰界)에서 식(識)으로 헤매다가 부모님 연(緣) 따라 우리가 태중(胎中)에 들어가서 이렇게 인간(人間)이 되었습니다.

죽은 뒤에 우리 식(識)은 식(識)대로 갑니다. 우리 몸은 그대로 지(地)는 지(地)대로, 수(水)는 수(水)대로, 화(火)는 화(火)대로, 풍(風)은 풍(風)대로, 산소(酸素)는 산소대로, 수소는 수소대로 다 흩어지고 맙니다. 지금 이러한 우리 몸은 전생(前生)이나 내생(來生)에는 분명히 없습니다.

이런 도리(道理)는 우리가 알겠지만, 이대로 공(空)인 줄은 잘 모릅니다. 이대로 공(空)이기 때문에 부처님께서 색즉공(色卽空), 즉 물질(物質) 그대로 공(空)이라고 하셨습니다.

마음만 열어서 제법공(諸法空) 도리(道理)를 안다고 생각할 때는 걸림이 별로 없습니다. 따라서 공부는 순풍(順風)에 돛단배입니다. 우리 사부대중들께서도 모두가 다 허망(虛妄)하다고 먼저 아셔야 합니다.

허망(虛妄)하다고 해서 어버이 도리(道理)를 함부로 한다거나 또는 게으름 부리고 만다거나 하는 것은 공도리(空道理)를 아는 것이 아닙니다.

인연(因緣)은 소중한 것입니다. 인연(因緣) 따라서 모든 중생(衆生)이 성불(成佛)하기 위하여 최선(最善)을 다해야 합니다.

그러면서 부처님의 실상도리(實相道理)를 순간 찰나도 안 여의고 공부하기 위해서 염불(念佛)이 있고 주문(呪文)이 있습니다.

관세음보살(觀世音菩薩)이나 아미타불(阿彌陀佛)이나 모두 다 부처님의 실상도리(實相道理)를 안 여의기 위해서 하는 것입니다.

화두(話頭)도 마찬가지입니다. '부처가 무엇인가'라는 여하시불(如何是佛), '달마(達磨) 스님이 서쪽에서 오신 뜻이 무엇인가'라는 여하시(如何是) 조사서래의(祖師西來意), '본래(本來)면목이 무엇인가'라는 여하시(如何是) 본래면목(本來面目), 이 모두가 다 진여불성(眞如佛性) 도리(道理)를 우리한테 알게 하기 위해서 이래저래 설명이 되었단 말입니다.

그러나 그것만이 참선(參禪)이 아닙니다. 참말로 알아버렸으면 가만히 묵조(默照)해서 그대로 비춰 보아도 무방합니다.

본(本) 체성(體性), 본(本) 진여불성(眞如佛性)자리만 여의지 않으면 염불(念佛)해도 선(禪)이요, 가만히 비추어 명상(瞑想)해도 선(禪)이요, 화두(話頭)를 의심(疑心)해도 선(禪)입니다.

참선(參禪)공부에는 문자(文字)로, 이치(理致)로만 알고, 참답게 닦지 않는 문자선(文字禪)도 있고, 자기 마음이 얼마만큼 밝아 있는가, 내 마음이 얼마만큼 공부가 되어있는가를 모르면서 하는 암증선(暗證禪)도 있습니다. 그러한 잘못된 참선도 있는 것입니다.

공부할 때는 경계(境界)가 무수히 많이 나옵니다. 성불(成佛)까지는 단박에 벗는 분도 있겠지만 그런 것은 특수(特殊)한 경우이고, 석가모니(釋迦牟尼) 부처님의 육년고행(六年苦行)이 있듯이 우리 중생(衆生)들이야말로 오랜 세월동안 닦고 닦아, 습기(習氣)가 녹아야 하는 문제이기 때문에 단박에 되기는 정말 쉽지 않습니다.

그렇기 때문에 그런 과정(過程)에서 무수(無數)한 경계(境界)가 나옵니다. 더러는 기쁘고, 더러는 부처님 같은 모양도 나오고, 더러는 광명(光明)도 비춥니다. 그런 모양들이 모두가 다 허상(虛像)입니다.

내 몸 스스로가 천지우주(天地宇宙)의 진여불성(眞如佛性)과 하나가 되기 전에는 모두가 허상(虛像)인 것입니다.

따라서 어떠한 경계(境界)가 오든지 간에 실상(實相)이 아니라고 느껴야 합니다. 그렇게 느낀다고 생각할 때는 별 스승도 필요 없이 할 수 있는 것입니다.

우리 스님이 꼭 마음을 훤히 열어버려서, 정말로 습기(習氣)를 녹여서, 진여불성(眞如佛性)자리를 한사코 증명(證明)하실 것을 기원하면서 부탁드립니다.

재가(在家) 불자님들도 깊이 생각해 보십시오. '나의 행복(幸福)을 위한 것은 무엇인가?' 혹은 '나라를 위하는 가장 큰 애국심(愛國心)은 무엇인가?' 고민하는 사람들 중 잘 모르는 사람들은 근본(根本)도 모르면서 사회(社會)에 참여하면 된다고 말하는 분이 있습니다. 참여도 좋으나, 사회(社會)에 참여한다 하더라도 나나 너나 모두가 다 하나인 본질(本質)자리, 본성품(本性品)자리를 깨닫는 데에 역점(力點)을 두는 것이 참다운 사회참여입니다.

그렇게 해야만 근본적(根本的)인 사회(社會) 병리(病理)를 우리가 제거합니다. 공산주의(共産主義)가 사회참여를 못 했습니까? 사회주의(社會主義)가 사회참여를 못했습니까? 함부로 참여하면 날뛰기만 하고 그것이 아무 도움이 못 됩니다.

본질적(本質的)으로 내 자성(自性)이 무엇인가? 우주의 본질이 무엇인가? 우주는 모두가 다 하나의 진여불성(眞如佛性)의 생명(生命)이라는 것을 분명히 알고 그 자리를 깨닫기 위해서 나가는 길이면 모두가 다 참다운 사회참여가 됩니다.

설사 선방(禪房)에 있던, 자기 방에서 명상(瞑想)만 하고 있든 또는 사회(社會)에 나가서 기치를 들고 여러 가지 자기주의(自己主義)를 표방하고 운동권(運動圈)을 하든 그것은 상관이 없습니다.

다만 문제는 진여불성(眞如佛性)자리, 우주(宇宙)의 본래(本來) 성품(性品)자리를 분명히 자기(自己)가 깨달으려고 애쓰고 또는 만 중생(衆生)을 위해서 깨닫게 하고자 하는 그 마음을 지닐 때는 농장(農場)에 있으나 회사(會社)에 있으나 공장(工場)에 있으나 진정(眞正)한 사회참여입니다.

이렇게 해서 꼭 금생(今生)에 무상(無上)의 대도(大道)를 성취(成就)하시기를 간절히 바랍니다.

나무석가모니불(南無釋迦牟尼佛)! 나무관세음보살(南無觀世音菩薩)!

四. 참선(參禪)의 요체(要諦)

화두(話頭), 염불(念佛), 관법(觀法), 주문(呪文) 모두 좋은 수행법(修行法)입니다. 다만 반야바라밀(般若波羅蜜)과 더불어 해야 참다운 공부이고, 참다운 선(禪)입니다.

우리가 바른 생각을 하고 거기에 따르는 바른 행동(行動)을 함으로 해서 바른 깨달음과 위없는 행복(幸福)을 얻습니다. 따라서 바른 생각이 없으면 부처님 가르침이 될 수 없습니다. 이른바 무명심(無明心)이라든가 무지(無知)라든가 그런 것을 가지고서는 부처님 가르침이 이루어질 수 없습니다. 우리 중생(衆生)들의 가지가지의 고난(苦難) 같은 것은 모두가 연원(淵源)이 무명(無明)으로부터 옵니다.

십이인연법(十二因緣法)을 다 배워서 아시는 바와 같이 무명(無明)

이 있으므로 해서 거기에 행동이 따르는 것이고 또는 우리가 식(識)을 받는 것이고, 또 무명(無明)이 없으므로 해서 거기에 따라서 우리 모든 업장(業障)이 소멸(消滅)되고 드디어 깨달음과 행복(幸福)을 수반하게 됩니다.

그러면 어떠한 것이 무명(無明)이고 어떠한 것이 바른 지혜(智慧)인가? 부처님 가르침은 바른 지혜(智慧)의 가르침, 이른바 반야바라밀(般若波羅蜜)의 가르침입니다.

무명(無明)이라 하는 것은 문자 그대로 나의 본래면목(本來面目)도 바로 못 보고 우주(宇宙)의 본바탕도 본래 있는 그대로 못 보는 그러한 흐리멍텅한 어리석은 마음이 무명심(無明心) 아니겠습니까.

기신론(起信論)에 무명심(無明心)의 풀이가 아주 간략히 나와 있습니다. 부달일법계고(不達一法界故)로, 모두가 다 본래(本來)에서 본다고 생각할 때는 청정미묘(淸淨微妙)한 법계실상(法界實相)인데 그러한 청정미묘한 법계실상을 우리가 달하지 못했기 때문에 홀연염기(忽然念起) 명위무명(名爲無明)이라, 문득 일어나는 한 생각, 이것이 무명이라는 법문(法門)입니다.

우리는 지금 한사코 무명을 여읜 반야지혜(般若智慧)에 입각하는 공부를 해야만 참선(參禪)이라고 할 수가 있습니다.

그냥 방편(方便)공부는, 세간적인 공부는 반야지혜가 없어도 할 수가 있겠습니다만 이른바 부처님의 진지(眞智), 참다운 지혜를 가지고 하는 공부가 되어야만 참다운 수행(修行)인 동시에 이른바 참선(參禪)을 한다고 말할 수 있습니다.

일법계(一法界)라! 이것은 물질(物質)과 정신(精神)이 따로 있다든가 나와 남이 따로 있다든가 그런 것은 일법계라고 못 하는 것입니다. 우주(宇宙)는 우리가 알고 모르고 상관이 없이 청정미묘(淸淨微妙)한 일법계입니다. 하나의 법(法)의 세계입니다.

화엄경(華嚴經) 식으로 말하면 화장세계(華藏世界)입니다. 정토경(淨土經) 식으로 말하면 바로 극락세계(極樂世界)입니다. 극락세계, 화장세계, 즉 일법계(一法界)는 더함도 없고 덜함도 없고 과거, 현재, 미래, 그런 시간적인 제한도 없고 항시 그대로 있는 것인데 우리 중생(衆生)이 어리석어서 법계(法界)의 뜻을 달하지 못했기 때문에 이래저래 생각이 나온단 말입니다. '나'라는 생각, '너'라는 생각 또는 물질이라는 생각, 마음이라는 생각이 나옵니다. 우리 참선(參禪) 수행자(修行者)는 그런 무명심(無明心)을 단연코 돈단(頓斷)이라, 문득 떠나야 합니다.

우리 사고(思考)와 우리 건강(健康)이 절대로 이원적(二元的)이 아닙니다. 별개의 문제가 아닙니다.

한 생각 잘못하면 이른바 무명심 때문에 성도 내고 탐욕심(貪慾心)

도 냅니다. 무명심으로 해서 우리가 '나'라는 생각이 들지 않습니까. '나'라고 생각이 들면 나한테 좋게 하면 탐심을 내고 싫게 하면 응당 진심을 내겠지요. 따라서 무명심이 없다고 생각할 때는 자기(自己)라는 것에 대해서 자기 권속(眷屬)이나 자기 소유(所有)나 자기 권력(權力)에 대해서 집착(執着)할 아무런 까닭이 없습니다. 그런 생각이 나올 수도 없습니다.

따라서 대승적(大乘的)인 공부라 하는 것은 이와 같이 무명심(無明心)을 떠난 자리, 참다운 법계(法界)자리, 실상(實相)자리에 입각을 해버려야 이른바 대승적인 공부입니다. 바꿔서 말하면 반야지혜, 반야바라밀의 지혜에 입각해야 그래야 가정(假定)이 아닌, 유루법(有漏法)이 아닌, 때문은 공부가 아닌 참다운 무루(無漏) 지혜(智慧)입니다.

남한테 우리가 돈 만원 한 장을 베푼다 하더라도 '나'라는 관념(觀念)이 있고 '너'라는 관념이 있고, 돈이 많다, 적다, 하는 그런 관념이 있다고 생각할 때는 이것은 참다운 보시(布施)가 못 됩니다. 이른바 상(相)이 있는 유주상(有住相) 보시입니다. 무주상(無住相) 보시가 될 때는, 상이 없는 참다운 보시가 된다고 생각할 때는 나라는 상, 너라는 상, 또는 물질이 많다, 적다, 하는 상을 떠나야 합니다.

이 참선공부는 그러한 무명심을 제거하고 참다운 반야지혜(般若智

慧)에 입각해야, 그래야 비로소 참선이 됩니다. 이렇게 우리는 한계를 분명히 느껴야 합니다.

가치관(價値觀)의 혼란 때문에 우리는 지금 저와 같은 혼란의 소용돌이 속에서 살고 있습니다. 불교(佛敎) 내에도 마찬가지고 다종교(多宗敎) 사회(社會)인지라 다른 종교와 교섭적인 관계도 마찬가지고 또는 정치, 경제 모두가 다 혼란 속에 있습니다.

어떠한 것이 바른 정치고, 어떠한 것이 바른 경제고, 또는 종교는 어떠한 것이 바른 종교인가? 이런 가운데서 다 아시는 바와 같이 한 가족(家族) 내에도 개신교(改新敎)를 믿고, 천주교(天主敎)를 믿고, 불교(佛敎)를 믿고 또는 천도교(天道敎)를 믿고 하는 집안도 있습니다.

문교부장관도 지냈고 철학박사(哲學博士)였던 어느 분은 자기 가족이 대식구(大食口)인데, 자기는 단군교(檀君敎)를 믿고, 아내는 불교(佛敎)를 믿고 그리고 자기 딸이 둘인데 한 딸은 카톨릭을 믿고, 다른 한 딸은 개신교(改新敎)를 믿는다고 자랑하는 것을 보았습니다. 그렇게 되면 그야말로 다 초월(超越)하는 입장에서 볼 수도 있지만 그러나 이념체계(理念體系)가 다른지라, 신념체계가 다른지라 화합(和合)하기는 참 곤란합니다. 제사(祭祀)를 모시는 것은 도리어 마귀한테 베푸는 것이라고 믿는 그런 사람들하고 화합이 되겠습니까.

지금은 이와 같이 굉장히 어려운 때입니다. 어째서 어렵게 이리 갈

라지고, 저리 갈라지고 할 것인가? 이것은 우주(宇宙)의 본체(本體)를 잘 모르기 때문입니다. 자기 본래면목(本來面目)을 모르기 때문입니다.

'나' 라는 것이 대체 무엇인가?

공자(孔子)나 노자(老子)나 예수나 그런 분들 역시 본체(本體)를 다 아셨겠지요. 성인(聖人)이라고 그래서 몇 천 년 동안 그분들의 가르침을 따르고 있으므로 알았다고 우리는 생각합니다. 그러나 그런 어려운 법문(法門)을 할 만한 개재(介在)가 아니어서 방편설(方便說)만 하시다가 가셨지만, 그래도 논어(論語)나 요한, 마태복음서의 허두에 보면 다소 방편설을 떠난 진실한 말씀들이 있습니다.

아무튼 지금 현행적인 종교 형태로 보아서는 불교 아닌 것은 인간(人間)의 본래 성품(性品)이 무엇인가, 참다운 자기(自己)가 무엇인가, 우주(宇宙)의 본바탕이 무엇인가, 이런 것을 밝힐 만한 가르침이 없습니다.

'나' 가 무엇인가를 모르고서, 인간 자체가 무엇인가를 모르고서 우리가 올바른 인간 교육을 할 수가 있습니까. 참다운 인간의 행복을 말할 수가 있습니까.

경제나 정치나 모두가 인간의 행복(幸福)을 위해서 봉사하는 것인데 인간이 무엇인가를 모르고서 바른 정치, 바른 경제학(經濟學)을 성립시킬 수가 없습니다. 따라서 법학(法學)을 하거나 경제학을 하거나 교육학(敎育學)을 공부하거나 어떠한 분야나 꼭 기본적(基本的)인 문제 '인간(人間)이 무엇인가?', '우주(宇宙)의 본질(本質)이 무엇인가?' 이런 문제를 알아야 합니다.

 정치학도 없고, 경제학도 없고, 그런 아직 미개한 저 원시 공산 시대라든가 중세기의 미개한 때는 모르거니와 어차피 다양하게 모든 학문이나 모든 주의, 주장이나 종교가 이렇게 혼재해 있어서 이런 혼란스러운 가운데서 꼭 바른 도리(道理) 모두를 다 종합(綜合)하는 가르침이 아니고서는 우리가 바르게 살 수가 없습니다. 뿐만 아니라 우리가 참선(參禪)한다고 애쓰고 또는 소중한 시간을 할애하고 이렇게 삼동(三冬) 동안 모였습니다만 참선은 어떻게 해야 할 것인가?

 그런 길을 잘 모르고는 소중한 우리 힘을, 우리 생명(生命)같은 우리 시간을 낭비만 합니다. 아! 저같은 경우도 승려가 되어서 한 10년 동안은 걸망을 지고 갔다 왔다 했습니다. 물론 지금도 확철대오(廓徹大悟)한 것은 아닙니다만 그래저래 이것도 보고 저것도 보고, 이 말도 듣고 저 말도 듣고, 꼭 자기한테 맞는 수행법(修行法)을 확립하지 못했습니다.

 따라서 맨 처음 선방(禪房)에 오신 분들도 대체로 제가 방황하던 그런 때나 비슷하지 않는가, 그렇게 생각을 해서 저는 기우 때문에,

노파심 때문에 몇 말씀을 드리고자 합니다.

지금 좌선(坐禪)하는 형태는 이른바 대승권에서, 대승권이라 하는 것은 대체로 아시는 바와 같이 중국(中國)이나 일본(日本)이나 한국(韓國)이나 그런데서 이루어진 불법(佛法)의 형태가 대승권이라고 합니다. 대승권에서는 참선하는 방법을 대체로 3가지로 구분합니다.

달마(達磨)스님이나 육조(六祖) 혜능(慧能)스님, 이른바 정통(正統)조사(祖師), 흔히 말하기를 석가모니(釋迦牟尼) 부처님 그리고 마하가섭부터 헤아려 육조 혜능스님까지 33대 삼삼조사(卅三祖師)라고 말합니다. 이 분들은 이른바 정통조사라고 말씀을 해서 그런 분들이 말씀한 것은 조금도 오류가 없다고 지금 우리가 다 느끼고 믿고 있는 것입니다.

그런데 그 달마스님 때부터서 –달마스님은 중국에 와서는 초조(初祖)이지요. 저 인도(印度)까지 합하면 28대 조사이고– 육조 혜능스님 때까지는 별로 분파(分派)가 없습니다. 분파가 없이 그냥 관심일법(觀心一法)이라. 마음을 관조(觀照)하는 그런 식으로만 쭉 이어져 나왔습니다.

달마(達磨) 혈맥론(血脈論)을 보거나 또는 석실소문(釋室疏門)이라든가, 달마가 스스로 말씀했다는 그런 어록(語錄)을 보거나 승찬(僧璨)스님의 신심명(信心銘)을 보거나, 도신(道信)스님이나 홍인(弘忍)

스님의 어록을 보거나 여러분들도 다 대체로 보신 바와 같이 육조단경(六祖壇經)을 보거나 별로 분파(分派)가 없습니다.

중국(中國) 당(唐)나라 이후 북송(北宋) 때에는 자꾸만 여러 가지로 사람 근기(根機)에 따라서 교파(敎派)가 갈라졌습니다. 그러나 맨 처음에는 마음을 관조(觀照)하는 하나의 법(法)만 있었습니다. 왜 마음을 관조하는 것일까? 그것은 바른 지혜(智慧)로 마음을 관조(觀照)하면 우리 인간(人間)이 보는 현상계(現象界)라는 것은 다 허망무상(虛妄無常)합니다. 허망무상하기 때문에 다 아시는 바와 같이 반야심경(般若心經)이나 금강경(金剛經) 도리(道理) 그대로 사실 모두가 허망무상합니다.

금강경 도리는 압축하면 나도 없고, 너도 없고, 또는 중생(衆生)이라고 할 것도 없고, 수명(壽命)이 길다, 짧다, 하는 시간적(時間的)인 관념(觀念)도 원래 없는 것이고, 이런 도리가 금강경 도리 아닙니까.

따라서 금강경 도리는 현실(現實)을 바로 본 도리입니다. 어느 사람들은 잘 몰라서 현실 그러면 이대로 내가 있고 저대로 그대가 있다, 물질(物質)은 물질대로 있고 이대로 된다, 이렇게 생각하지만 부처님 법(法)은 그렇지 않습니다. 바른 눈으로 볼 때는 나도 공(空)이고 너도 공(空)이고 또는 중생(衆生)이라고 할 것도 없는 것이어서 중생도 공이고 시간(時間)도 결국은 과거(過去), 현재(現在), 미래(未

來), 그런 것도 없습니다.

 인간적인 차원(次元)에서 본다면 분명히 과거가 있고 현재가 있고 미래가 있습니다. 어제가 있고 내일이 있으므로 있다고 보겠지요. 이런 것마저 없다면 허무(虛無)한 감이 듭니다. 여태까지 배운 것은 그렇게 안 배웠기 때문입니다. 그러나 이 반야사상(般若思想), 반야공(般若空), 이것이 불교와 다른 가르침과의 특색이 있는 구분입니다. 반야의 지혜가 있으면 불교(佛敎)이고 반야의 지혜가 없으면 이것은 외도(外道)입니다.

 물질(物質)이라고 할 것이 없으므로 결국은 마음밖에는 없습니다. 마음이 개별적인 내 마음, 네 마음, 그것이 물질이 아닌데 그렇게 있을 수가 없지 않겠습니까. 마음이 물질이라고 생각하면 여기에 있고, 저기에 있고, 내 마음, 네 마음이 있겠습니다만 물질이 아닌지라. 물질이라는 것은 시간성(時間性), 공간성(空間性)이 있어야 물질인 것인데 그런 것이 없으므로 우리 마음이 어디에 있고, 저기에 있고 할 수가 없습니다. 따라서 마음이라는 것은 끝도 갓도 없이 우주(宇宙)에 둘러 있다, 이렇게 볼 수밖에는 없습니다.

 심즉시불(心卽是佛)이라, 마음이 바로 부처라. 내 마음, 네 마음 따로 있다는 그런 좁은 마음은 부처라고 할 수 없겠지요. 그러나 참다운 깨달음은 마음이 부처이기 때문에 한계가 없고 어디에나 언제나 있는 그러한 생명(生命)의 본체(本體), 이것이 바로 마음의 본체인 동시에 그것이 바로 깨달음의 부처입니다.

따라서 달마 때부터 육조 혜능까지는 그와 같이 마음을 관조하는 법으로 말씀했습니다. 육조 혜능스님도 '내 법(法)은 항시 본체(本體)를 여의지 않는다' 라고 하셨습니다. 현상계(現象界)가 연기법(緣起法)에 따라서 이렇게 저렇게 천차만별(千差萬別)로 구분된다 하더라도 내내야 그 본래적인 마음자리, 부처님자리에서 나왔습니다. 따라서 마음자리, 부처님자리, 그 자리를 떠나지 않아야 우리가 법을 이탈하지 않는 것입니다.

그와 같이 마음을 관찰(觀察)하는 법으로 되어 있고, 그 다음 이루어진 것이 오종칠파(五宗七派)라. 임제종(臨濟宗), 조동종(曹洞宗), 법안종(法眼宗), 운문종(雲門宗), 위앙종(潙仰宗), 그런 종파로 분리가 되었습니다. 그런 종파도 사실은 뚜렷이 그렇게까지 절연히 구분할 수 있는 것은 아니겠지만 그래도 역시 조사(祖師)스님들의 경향 따라서, 개성(個性) 따라서 또는 부처님 법을 이해하는 정도에 따라서 약간의 차이가 있습니다.

그 뒤에 송(宋)나라 때 참선(參禪)의 형태가 3가지로 구분되었습니다. 한 가지는 무엇인가 하면 어느 문제(問題)를 문제의식을 가지고 우리가 의심(疑心)함으로써 공부를 해나가는 것입니다. 이른바 이것이 화두(話頭)법 아닙니까. 화두(話頭)라는 것은 무엇인가 하면 어느 스님이 깨달은 도인(道人)들한테 무어라고 법(法)을 문법(問法)할 때에 깨달은 도인들이 그때그때 간명한 해답(解答)을 내리는 것입니다. 해답을 내리지만 그 분들이 '아, 그대가 이 문제 가지고 의심만 해라' 라는 말은 안했습니다. 그 후인들이….

도인(道人)들이 그때그때 하신 말씀은 때묻지 않은 말씀입니다. 상(相)이 없는 말입니다. 운문 대사가 '여하시불(如何是佛)잇고?', '부처란 무엇인가?' 그 말 따라서 '똥 마른 막대기다!' 이런 말도 우리가 생각할 때는 똥이 더럽고 막대기는 하찮은 막대기이고 그렇게 개념(槪念)으로 생각할 때는 이것이 아무것도 아니겠지만 운문 대사의 말은 그런 개념적인 뜻이 아니라 상(相)을 떠나버린 말이기 때문에 도인들의 말은 어떻게 말하나 '똥 마른 막대기' 라고 말하나 '다람쥐' 라고 말하나 하나의 '흙덩이' 라고 말하나 도인들의 말은 때묻지 않은 말이기 때문에 상(相)에 걸리지 않은 말입니다.

따라서 일천칠백공안(千七百公案)인 화두(話頭)도 모두가 다 그런 식으로 때묻지 않은 말을 가리켜 어려운 말로 하면 격외도리(格外道

理)라, 격(格) 밖의 말입니다.

우리 중생(衆生)들은 항시 격내(格內)에서 규격(規格) 따라서 말합니다만 성자(聖者)의 말은 전부(全部)를 보는 것입니다. 백척간두(百尺竿頭) 진일보(進一步)하니 시방세계(十方世界) 시전신(是全身)이라! 백척간두에서 다시 발을 내딛어 우리가 깨달아 버렸다고 생각할 때는 시방세계 시전신이라. 시방삼세(十方三世) 전체(全體)가 바로 하나의 몸입니다. 하나의 법신불(法身佛)입니다.

따라서 깨달은 분들은 그와 같이 전체(全體)를 보기 때문에 전체 가운데서 어느 부분을 잡아서 말하나, 모두가 전체 가운데서 전체하고 상통(相通)해서 말하기 때문에 바로 그 전체입니다.

하나가 즉 전체요, 전체가 즉 하나입니다. 우리 중생들은 하나를 말하면 그것에 집착(執着)해서 말하기 때문에 이제 그것이 항시 때문은 것이고, 유한(有限) 상대(相對)의 말밖에는 안되지만 도인들은 상대가 없는 그런 자리에서 말하기 때문에 모두가 다 격 밖의 소리입니다. 따라서 화두(話頭)라는 것은 '이 뭣꼬' 화두나 무슨 화두나 모두가 다 격 밖의 도리를 말한 것입니다.

따라서 그런 화두를 우리가 의심을 하다보면 거기에 마음이 모아지고, 또는 우리 자성(自性)이 원래(元來) 부처가 아니라고 그러면 부처가 되겠습니까만 우리 마음의 바탕이 본래(本來) 부처이기 때문에,

또는 천지우주(天地宇宙)가 본래로 법신(法身) 부처이므로 마음만 모아지면, 우리가 무명심(無明心) 때문에 이렇게 마음이 흩어지고 저렇게 흩어지고 산란하기 때문에 본래면목(本來面目)을 못 보는 것이지 우리 마음이 딱 모아지고 응집(凝集)되고 그렇게 해나가면 마음이 맑아옵니다.

마음이 산란하면 마음이 흐린 것입니다. 탁수(濁水)와 똑같습니다. 탁수는 잡스러운 것이 섞여 있으므로 흐립니다. 그러나 가만히 놓아두면 잡스러운 앙금은 가라앉고 물이 차근차근 맑아옵니다. 맑아지면 바닥이 보이겠지요. 그와 똑같이 우리 마음도 번뇌(煩惱)라 하는 잡스러운 것이 섞여 있습니다.

진리(眞理)에서 본다면 '나'라고 할 것도 없는 것인데, 무명심(無明心)이 천지우주(天地宇宙)가 부처라는 도리를 모르기 때문에, 법계(法界)의 도리를 모르기 때문에 나라고 생각하고, 너라고 생각합니다. 이렇게 생각하면 마음이 산란(散亂)해집니다. 산란해지면 진리를 비추어 보지 못합니다.

따라서 우리 마음이 화두가 돼든 무엇이 돼든 딱 모아지면 모아져 가만히 있으면 탁수의 앙금이 가라앉고 바닥이 보이듯 우리 마음도 차근차근 맑아집니다.

맑아지면 그 때는 드디어 본래면목자리이고 부처이기 때문에 훤히 밝은 부처가 나온단 말입니다. 간단 명료(明瞭)한 도리(道理)입니다. 그렇게 해서 우리가 화두(話頭)의 의단(疑團)을 품음으로 해서 우리 마음이 모아져 차근차근 본래면목자리로 갑니다. 마땅히 우리가 진여불성(眞如佛性)을 본 것도 아니기 때문에 의심이 나올 수 밖에는 없습니다.

그런 식도 있고, 또 한 가지는 본래시불(本來是佛)이라! 우리가 비록 진여불성자리는 아직 증명(證明)을 못했다 하더라도 석가모니(釋迦牟尼)께서나 삼삼조사(卅三祖師)가 모두 하신 말씀이 본래가 다 법신불(法身佛)이다, 본래가 부처라! 이렇게 말을 했거니 가장 정직하고 조금도 거짓이 없는 말씀을 하신 불조(佛祖)가 말씀하셨으니 우리가 믿어야 되지 않겠는가, 본래 부처라고 했으면 우리가 믿어야 되지 않겠는가.

이렇게 확실히 믿어버리면 새삼스럽게 우리가 무슨 의심할 필요가 있겠는가. 부처인가 중생인가 무엇인가 우리가 헤아리는 것은 망상(妄想)인 것이고, 불조가 다 말씀했으면 그 말이 사실이기 때문에 꼭 믿어야지 않겠는가, 이렇게 믿고 잠자코 비추어본단 말입니다. 이렇게 하는 것이 이것이 바로 잠잘 묵(默), 비칠 조(照), 묵조선(默照禪)입니다.

따라서 묵조선 계통은 지관타좌(只管打坐)라, 오직 앉으란 말입니다. 오직 단정히 앉아라! 오직 단정히 앉고서 자기 마음을 가만히 비추어 보면 신심탈락(身心脫落)이라! 몸 신(身), 마음 심(心), 자기 몸과 마음이 그 때는 딱 빠져나간단 말입니다. 이른바 몸과 마음이란 생각이 다 끊어져버립니다.

　우리는 지금 이렇게 결가부좌(結跏趺坐)를 하고서 한철 공부할 셈입니다. 잘 모르는 사람들은 이렇게 하는 것이 무슨 큰 도움이 될 것인가? 무슨 공덕(功德)이 될 것인가? 맨 처음에는 굉장히 아프기도 하고 괴롭습니다. 참선을 많이 하신 운수납자(雲水衲子)는 다 경험하신 것 아닙니까. 맨 처음에 앉아놓으면 이 몸뚱이 때문에, 몸뚱이 조복(調伏) 받느라고 큰 탈입니다. 조금 덜 먹으면 배가 고프고, 조금 더 먹어 놓으면 소화도 안 되고, 뱃속에서 골골하고 말입니다.

　그러나 좋은 환경 밑에서 적당히 먹고, 우리가 오랫동안 앉는다고 생각할 때는 자기도 모르는 가운데 차근차근 맑아옵니다. 우리는 앞서 말씀 드린 바와 같이 가장 중요한 것이 본래 부처라는 소식을 우리가 딱 믿어야 됩니다.

　그러기에 보조국사(普照國師) 어록(語錄)에도 종밀선사(宗密禪師) 도서(都序)에도 본래시불(本來是佛)이라, 본래 부처라. 또 육조단경(六組檀經)도 본래 부처라 했습니다. 우리는 이 소식을 믿어야 합니다. 본래 부처라는 소식을 믿고 우리가 나아가야 공부가 빠른 것이지, 길을 간다 하더라도 우리가 목적지(目的地)를 분명히 알아야지 어디로 갈 것인가 모른다고 생각할 때는 좀 괴로우면 그 괴로움 때문에 중단을 합니다. 그러나 목적지가 성불(成佛)이라 하는 분명하고 동시에 나한테도 부처가 본래 갖추어져 있다, 이렇게 믿는다고 생각하면 설사 괴로움이 좀 있다 하더라도 그런 것이 별 문제시되지 않는 것입니다.

따라서 참선공부는 신(信)이 가장 중요합니다. 먼저 '본래 부처다'라는 믿음입니다.

사실은 우리가 보는 것은 다 헛것인 것이고, 만법(萬法) 유식(唯識)이라! 일체(一切)가 유심(唯心)이란 말입니다. 일체가 모두가 다 마음 뿐입니다.

육조단경(六組檀經)에서 육조 혜능(慧能)스님도 본래무일물(本來無一物)하니 하처야진애(何處惹塵埃)요, 물질(物質)이라 할 것은 아무것도 없다는 말입니다. 우리 불자님들은 이 소식을 분명히 느껴야 하는 것입니다. 물질은 아무것도 없습니다.

그러나 분석과학(分析科學)이 발달하지 못했을 때는 상당히 공부를 많이 한 분들도 도인(道人)이 미처 못되어서, 도인이 되어버리면 물질이라는 법성(法性)을 다 증(證)했으므로 그대로 다 100% 믿어버리겠습니다만 도인이 미처 못된 사람들은 물질은 물질로 보이고, 나는 나로 보이고, 너는 너로 보입니다.

본래 무일물이라 하는 것도 도인들이 우리한테 물질에 집착하지 말라고 하셨겠지, 이렇게만 생각합니다. 그러나 다행히도 분석과학, 이른바 양자역학(量子力學) 같은 현대물리학(現代物理學)이 나온 뒤로는 물리학도 본래 무일물을 알고 있습니다. 분석하면 결국은 다 비어버립니다.

원소(元素)로 분석하고, 원자(原子)로 분석하고, 또 원자를 소립자(素粒子)로 분석하고 그런데 소립자 그것도 물리학적인 고찰로 해서 물질이 아니라 에너지(Energy)의 파동(波動)입니다. 따라서 현대 물리학은 모두가 다 공(空)으로 돌아간다는 제법공(諸法空) 도리를 증명(證明)한 것입니다. 고전 물리학은 미처 증명하지 못하고 물질은 물질, 마음은 마음, 이렇게 이원론(二元論)으로 보았으나 현대 물리학은 일체물질이라는 것은 다 비어 있다는 사실을 증명했습니다. 얼마나 다행스러운 일입니까.

따라서 현대 물리학은 차근차근 우리 불교로 가까이 다가오고 있습니다. 현대 학문(學問)은 실존철학(實存哲學)이고 무엇이고 모두가 다 부처님 법에 가까워오는 것입니다. 그러나 현대 실존철학도 제 아무리 연구해 봐도 아직은 우리 마음이 무엇인가는 모릅니다.

그러나 우리가 지금 철학도 모르고 물리학도 모르고 아무것도 모른다 하더라도 부처님 가르침 반야사상(般若思想)을 믿고 알 때는 그 가운데에 가장 오묘(奧妙)한 철학(哲學), 가장 궁극적인 과학(科學)이 있기 때문에 모든 것을 다 알 수가 있습니다.

이렇게 우리는 그야말로 이 때라야 비로소 백천만겁난조우(百千萬劫難遭遇)라! 어쩌다가 나 같은 존재(存在)가 몇 천만 겁을 헤매다가 부처님 법(法)을 만났는지, 우리가 스스로 행복(幸福)을 되새기지 않을 수가 없습니다.

아무튼 선(禪) 가운데서 어느 문제(問題)를 의심(疑心)하는 화두선(話頭禪)이 있고 또한 그와 같이 부처님 도리(道理)를 그대로 잠자코 관조(觀照)하는 묵조선(黙照禪)이 있습니다. 그러나 우리 중생(衆生)이 단박에 성불(成佛)해버리면 좋지만 그렇게는 안 됩니다.

금생(今生)에 나와서 애쓰고 배운 것이 모두가 다 가정에서 배운 것이나 유치원에서, 대학(大學)까지 배운 것이 모두가 다 있다, 없다, 하는 상(相)이 있는 것만 배웁니다.

따라서 그런 것이 지금 우리 잠재의식(潛在意識)에 꼭꼭 쌓여 있습니다. 따라서 부처님 지혜(智慧)를 좀 배웠다 하더라도, 부처님 지혜도 누가 확실히 말한 사람도 별로 없고, 그러므로 있는 것은 있고, 없는 것은 없고, 그렇게만 생각합니다. 마음은 마음이고 물질은 물질이고 나는 나고, 너는 너고 이렇게만 생각합니다.

따라서 화두(話頭)를 들고 공부를 한다 하더라도 우리가 단박에 훤히 트이는 것이 아니며, 한 10년 동안 화두를 의심하고 다녀도 별로 얻은 것이 없는 분이 많이 있습니다.

또는 묵조선(黙照禪)도 역시 묵조해서 잠자코 비춰본다고 해도 자꾸만 앉아 놓으면 -그런 저런, 어릴 때부터 배운 것, 과거 전생에 우리가 소나 돼지나 개나 사람이나 천상(天上)이나 모두 그런 데서 갔다 왔다 하다가 우리 잠재의식에 쌓아 놓은 관념들이 많기 때문에 그런 것도 같이 곁들어서- 조금만 생각을 쉬면 그냥 딴 세계가 나옵니다.

상시(常時) 가부좌(跏趺坐)를 틀고 앉아 있을 때는 모르지만 방선(放禪)하면 밖에 보이는 것이 모두가 있는 것뿐이고, 또 우리 표면의식(表面意識)이 잠들면 그 때도 역시 잠재의식에서 있는 것, 과거에 싸웠던 생각, 누구하고 좋아했던 생각, 그런 것만 나옵니다.

그러므로 우리가 단박에 깨달을 수가 없습니다. 이래저래 부처님 가르침 보다는 딴 생각이 먼저 나옵니다. 그래서 애써서 염불(念佛)이라 하는 그런 법(法)이 있단 말입니다.

염불(念佛)이라는 것은 무엇인가? 부처님이 하나밖에 없으면 아미타불(阿彌陀佛)이라 하는 것 하나만 하면 될 것인데, 부처가 많이 있기 때문에 관세음보살(觀世音菩薩)이나 지장보살(地藏菩薩)이나 그렇게 많은 이름이 있지 않은가? 이렇게 생각한 사람들도 우리 불교(佛敎)인 가운데 많습니다.

더러는 우리 스님들 가운데도 지장보살을 하면 공(功)이 더 적고 또는 관세음보살을 하면 공이 더 많고 또 그 반대로 말하는 분도 있습니다. 이렇게 되면 참 곤란한 문제입니다.

법계(法界)라 하는 것은, 이 부처님이라 하는 것은 이래저래 여기가 있고 저기가 있고 하는 것이 아니지 않습니까. 한계(限界)가 있다고 생각할 때는 부처가 못 됩니다. 법신(法身) 부처가 못 됩니다.

무량무변(無量無邊)하게 한도 끝도 없는 것이고, 공간적(空間的)으로 시간적(時間的)으로 헤아릴 수 없는 것이 부처님 경계이기 때문에 부처 하면 하나의 부처뿐인 것이지 이래저래 많은 부처가 있는 것이 아닙니다.

다만 삼천불명경(三千佛名經)이라, 부처님 이름이 삼천 가지 되는 것도 삼천 가지의 부처님 이름이 있는 것도 있습니다. 청정광불(淸淨光佛), 무량광불(無量光佛), 무애광불(無碍光佛) 등등 삼천불(三千佛) 이름이 있는 그런 경(經)도 있습니다. 그러면 삼천불이 따로따로 있는 것인가? 이렇게 생각하기가 쉽습니다.

그러나 반야지혜(般若智慧)를 알고 있는 사람들은 반야지혜로 비추어 보면 모두가 하나의 부처입니다. 하나의 부처님인데 부처님의 공덕(功德)이 무량한 공덕이 있기 때문에 우리 중생들에게 부처님의 공덕을 다 말하려면 하나의 이름으로 해서는 전부 말할 수가 없습니다.

자비(慈悲)만 있는 것이 아니라 지혜(智慧)도 있는 것이고 원력(願力)도 있고 그렇게 한도 끝도 없는 공덕이 있기 때문에 자비로운 쪽으로 우리가 얘기할 때는 관세음보살(觀世音菩薩), 또는 지혜 있는 쪽으로 이야기 할 때는 문수보살(文殊菩薩), 대세지보살(大勢至菩薩), 또는 원력(願力) 분야에서 말할 때는 보현보살(普賢菩薩), 또는 우리 중생의 영혼(靈魂)을 저 극락세계로 인도하는 그런 의미에서 볼 때는 지장보살(地藏菩薩), 우리 중생의 병고(病苦)를 다스리는 의미에서 보면 약사여래(藥師如來), 이렇게 있는 것이지 따로따로 있는 것이 아닙니다.

다만 중생(衆生)이 잘 모르므로, 중생의 생각은 구분해서 있는 것만 생각하고 분별 밖에는 모르기 때문에 그 사람들에게 알리기 위해서 잠시 이름을 붙인 것이지 따로따로 있는 것이 아닙니다.

그러나 부처님의 명호(名號)는 모두가 다 진여불성(眞如佛性)자리를 의미합니다. 관세음보살(觀世音菩薩)이라는 그런 명호도 부처님의 자비(慈悲)가 관세음보살이지 따로 있는 것이 아닙니다.

관세음보살 상호(相好)를 자세히 보면 머리의 정상(頂上)에 아미타불(阿彌陀佛)이 있습니다. 이것은 아미타불과 둘이 아닌 아미타불의 자비란 뜻입니다. 아미타불은 또 무슨 뜻인가? 아미타불은 우리가 소박하게 방편설(方便說)로 하면 저 십만억 불토(佛土) 밖에 있는 극락세계의 교주라는 말입니다.

그러나 부처님 말씀은 같은 경전(經典) 내에도 방편(方便)을 떠난 진실(眞實)한 말씀도 있고, 또 진실한 말씀을 방편으로 잠시간 말씀한 것도 있습니다. 따라서 우리 중생들은 일차 방편으로 해서 쉽게 알아서 거기에 들어 갈 수는 있다 하더라도 종당(終當)에는 방편을 버리고 진실로 나가야 합니다.

그래서 아미타불(阿彌陀佛)이라는 것도 방편으로 말할 때는 저 십만억 불토 밖에 있는 극락세계(極樂世界)의 교주(敎主)라 이렇게 말씀을 했는데 극락세계가 우리 사바세계(娑婆世界)를 떠나서 어디 저 하늘 공중(空中)에 있다고는 말씀하지 않았습니다.

극락세계가 무량무변(無量無邊)이라 끝도 갓도 없습니다. 끝도 갓도 없다고 생각할 때는 지금 우리가 사는 세계도 거기에 다 포함되어야 하겠지요.

또는 아미타불(阿彌陀佛)의 몸은 어떠한가. 아미타불의 몸은 육십만 억 나유타(那由他) 유순(由旬)이란 말입니다. 육십만 억이라는 수(數)는 한도 끝도 없는 수(數)입니다. 유순(由旬)이나 나유타(那由他)는 수십 억 한도 끝도 없는 수입니다.

171

따라서 부처님 몸이라는 것이 우리 사람 몸과 같이 제한적으로, 공간적으로 이렇게 크고 작고, 하는 몸이 아니라 우주(宇宙)에 가득 차 있는 몸입니다. 바꿔서 말하면 우주가 바로 부처님 몸입니다.

부처님 불경(佛經)이라는 것은 문자 그대로만 알아버리면 엉뚱한 오류(誤謬)를 범합니다.

그러한 무량무변한 뜻으로 새긴다면 모두가 다 진리(眞理)에 합당한 것입니다. 바로 우주(宇宙)가 다 아미타불(阿彌陀佛)의 몸입니다.

그리고 아미타불이라는 것도 뜻으로 해석하면 무량수불(無量壽佛)이라. 목숨 수(壽), 수명(壽命)이 끝도 갓도 없습니다. 따라서 영생(永生)의 생명(生命)이라는 뜻이 되겠지요. 부처라는 것은 결국은 생명이라는 말이므로, 또는 무량광불(無量光佛)이라. 빛은 바로 지혜를 말하는 것이므로 그 지혜의 빛이 끝도 갓도 없이 시공(時空)을 초월(超越)해서 온 우주를 감싸고 있습니다.

아미타불(阿彌陀佛)이라는 것도 관무량수경(觀無量壽經)에서 보면 그 생명(生命)이 끝도 갓도 없다고 해서 무량수불(無量壽佛), 광명(光明)이 한없이 비추인다고 해서 무량광불(無量光佛), 또는 상대(相對)할 수 없다고 해서 무대광불(無對光佛), 또는 갓도 없다고 해서 무변광불(無邊光佛), 또는 청정(淸淨)하다고 해서 청정광불(淸淨光佛), 이렇게 모두 이름이 따로 있습니다.

그 부처님께서나 조사(祖師)스님들께서 우리들을 가르치기 위해서 그렇게 고구정녕(苦口叮嚀)으로 말씀을 하셨습니다. 그런데 우리 중생들은 하나의 것에만 집착(執着)해서 거기에 딱 국집(局執)해 버립니다. 그것은 왜 그러는 것인가? 앞서 말씀드린 바와 같이 반야(般若)의 지혜(智慧)가 없기 때문입니다.

반야지혜(般若智慧)로 볼 때는 가상(假相), 가명(假名)은 원래 없다는 것입니다. 우리가 보는 것은 모두 가짜입니다. 가짜이므로 진짜로 본다면 있을 수가 없겠지요. 가짜에 이름을 붙인 것이므로 원래는 이름도 없습니다.

아! 저 같은 존재도 이제 과거에 청화(淸華)란 사람이 있었겠습니까, 미래에 있겠습니까. 이 몸뚱이가 이만큼 이렇게 나왔으므로 여기에 임시로 청화(淸華)라는 이름을 붙였단 말입니다.

따라서 몸뚱이도 역시 각 세포(細胞)가 모여서 진동(振動)하고 움직이는 것입니다. 움직이는 그것이 그대로 항시 머물러 있지 않습니다. 순간순간 변(變)하는 것입니다.

1년이나 2년이나 10년이 지나면 이제 주름살만 더 늘어나기 때문에 변화(變化)하는 것을 알 수 있지만 우선 순간순간 사람들이 봐서는 잘 모릅니다. 분명히 순간순간 변하는 것이며 어느 한 순간도 같은 모습이 지금 없습니다.

어느 순간(瞬間)도 같은 모습이 없다고 생각할 때는 어려운 말로 하면 어느 순간(瞬間)도 어느 공간(空間)을 점유하고 있지 않단 말입니다. 어느 순간도 어느 공간에 없다고 생각할 때는 있지 않단 말입니다. 이것은 물리학적(物理學的)인 도리(道理) 아닙니까. 따라서 색즉공(色卽空)이라. 물질 그대로 바로 공(空)이라, 분석(分析)한 뒤에 공이 아니라 바른 눈으로 보면 우주의 정기(精氣)인 불성(佛性)의 차원에 보면 이대로 바로 공(空)입니다.

이대로 공(空)이라고 생각해야 이제 반야심경(般若心經)을 비로소 아는 것입니다. 따라서 반야심경만 가지고도 충분히 깨닫는 것입니다. 나도 공, 너도 공, 색도 공, 소리도 공 또는 맛도 공, 모두가 공입니다. 이것들이 원래 있는 것이 아닙니다.

우리가 병(病)이 발생하여 아프다는 것도 본래는 공(空)입니다. 우리 육감(六感)이 바로 못 보아서 아프다고 하는 것이지 우리 육감이 진여불성(眞如佛性)자리를 바로 본다면 내 몸뚱이가 없거니, 세포(細胞)도 원래 공(空)하거니, 아픔이 어디 있겠습니까.

그래서 부처님 명호(名號)를 우리가 관세음보살(觀世音菩薩)을 부르나 지장보살(地藏菩薩)을 부르나 다 한도 끝도 없는 그런 실상(實相) 그 자리입니다. 지장보살(地藏菩薩)이라고 해서 조금 못하고 관음보살(觀音菩薩)이라고 해서 더 나은 것도 없는 것이고, 또는 아미타불(阿彌陀佛)이라고 해서, 부처님이라고 해서 더 좋고 또는 문수보살(文殊菩薩)이라고 해서 더 낮은 것이 아닙니다.

벌써 보살(菩薩) 지위(地位)라는 것은 우리가 이(理)에서 본다면 모두가 다 원융무애(圓融無碍)한 하나의 진리(眞理)입니다. 따라서 지장보살을 좋아서 외운다 하더라도 다른 부처나 보살이 원융무애하게 둘이 아닌 원만한 부처님의 성품(性品)이라고 보아야 합니다.

원만한 부처님의 성품(性品)자리, 부처님의 그런 공덕 가운데서 중생의 영혼(靈魂)을 극락세계(極樂世界)로 인도하는 그 자리, 또는 우리 지구의 이 대류권 속에 갖추고 있는 부처님 공덕, 이것을 보고 지장보살(地藏菩薩)이라고 하는 것이지 따로 있는 것이 아닙니다.

그러므로 우리 불자님들은 부처님 명호를 우선 그와 같이 절대로 구분을 세우지 말아야 하는 것입니다. 관세음보살(觀世音菩薩)을 부른다 하더라도 다른 것도 거기에 다 들어 있고, 어떤 것이나 모두가 벌써 보살, 부처자리를 앞서 말씀드린 바와 같이 원융무애라, 일즉다(一卽多)라, 하나 가운데 다(多)가 들어 있고, 다(多) 가운데 하나가 들어 있습니다.

보살, 부처자리뿐만 아니라 우리 중생자리도 역시 다 그런 것입니다. 그런 것인데 우리가 미처 느끼지 못한단 말입니다. 관세음보살의 생명 가운데 내가 없으면 관세음보살이 못 되는 것입니다. 우리가 징

그럽게 미워하는 독사 한 마리라도 그 속에 없으면 관세음보살이 못 됩니다. 우주에 존재하는 어느 것도 티끌 하나라도 관세음보살이나 지장보살이나 그 보살 부처 가운데 포함되지 않는 것이 없습니다.

그뿐만 아니라 나 가운데도 우주 전체가 다 들어 있고 또는 개별적인 모든 것들 가운데도 우주가 다 들어 있습니다.

우리는 법성게(法性偈)를 외우지 않습니까. 화엄경(華嚴經)까지는 아직 못 배웠다 하더라도 법성게 도리는 화엄경의 대요를 말한 것입니다. 법성게 도리는 일중일체(一中一切)라, 하나 가운데 일체가 다 들어 있습니다. 일체 가운데도 하나가 다 들어 있는 것이고, 이런 도리를 알아야 비로소 반야(般若)의 도리를 안다고 하는 것입니다.

다 공(空)이거니, 모두가 다 본래가 공이거니, 하나 가운데 전체가 안 들어 있고 전체 가운데 하나가 안 들겠습니까. 다 공이라는 소식만 안다고 생각할 때는 그런 도리가 다 통한단 말입니다. 모두가 다 하나가 전체요, 전체가 하나요.

물질이라고 생각할 때 하나 가운데 전체가 다 들어가겠습니까? 안 들어가겠지만 물질이 아니라고 생각할 때는 겨자씨 가운데도 삼천대천세계(三千大千世界)가 다 들어가는 것이고 또는 한 덩이의 흙더미 가운데도 우주가 다 들어갑니다.

이렇게 물질은 눈곱만큼도 없고 육조혜능(六祖慧能)스님 말씀대로 본래무일물(本來無一物)이라, 물질은 아무 것도 없습니다. 본래 아무 것도 없거니 우리가 좋다, 궂다, 나쁘다, 그르다, 하는 그런 소식을 말할 수가 없습니다.

그런 자리를 느끼고 그런 자리에서 스승을 생각하고, 제자를 생각하고, 아들을 생각하고, 자기 재산(財産)을 생각하고, 지위(地位)를 생각해야 그르치지 않습니다. 그런 자리에서 자기 아들을 사랑하고 딸을 사랑하고 해야 자기 아들, 딸만 사랑하고 다른 사람들은 미워할 수 없습니다.

우리 마음이 금방 깨달아버리면 오랫동안 고생할 것도 없고 우리가 아미타불이고 관세음보살이고 할 필요가 없지만 우리 마음이 그렇게 깨닫지 못합니다.

나쁜 버릇 때문에, 습관성(習慣性) 때문에, 그렇기 때문에 화두(話頭)라는 그런 문제를 들고서, 우리가 이제 때묻지 않은 그런 문제를 들고서 우리가 오랫동안 의단(疑團)도 하는 것이고 참구(參究)도 하는 것이고 또는 아미타불이나 관음보살이나 부처님 명호를 들고서 생각 생각에 혹시 그런 나쁜 습관성이 나올지 모르니 우리가 공부해 나아가야 합니다.

그러기에 염념상속(念念相續)이라, 우리가 공부하는 때묻지 않은 그런 생각을 하여 나아가야, 우리의 그런 때묻어버린 우리 마음에 들

어 있는 잠재의식(潛在意識) 같은 것이 차근차근 힘을 못 쓰고 줄어 듭니다.

본래 그런 것은 물질이 아니기 때문에 존재가 아니기 때문에 우리가 결국 바른 생각만 하면 없어져 버립니다.

그림자가 있다 하더라도 해가 뜨면 사라지듯 우리 번뇌망상(煩惱妄想)은 그와 똑같습니다. 재가 아니기 때문에 존재가 아닌 그런 그림자만 두었기 때문에 우리 중생이 그림자에 속지 않고서 그림자의 노예(奴隷)만 안 되고서 정말로 바른 생각만 쌓아 나간다고 하면 그런 것은 흐트러지고 맙니다.

그런 것이 너무나 오랫동안 습관(習慣)을 붙여 놓아서 갑자기 안 나가므로 우리가 바른 생각을 하기 위해서 화두(話頭)를 들고 염불(念佛)을 하는 것입니다.

화두(話頭)를 참구(參究)할 때 그 문제는 여러 가지 것이 많이 있으나 육조단경(六組檀經)에서 한 가지 규범(規範)이 있습니다. 그것이 이른바 시삼마(是甚麽) 선(禪)이라!

한문(漢文)을 한글 식으로 발음하면 '시심마'라. 이 시(是), 심할 심

(甚), 어찌 심(甚)이라고도 합니다. 어찌 마(麼)이므로 '이것이 무엇인가?' 라는 뜻입니다. 심할 심(甚)을 중국식 발음을 하면 '삼'이라고 합니다. 같은 뜻이지만 중국식 발음을 할 때는 '시삼마', 우리식 발음은 '시심마'입니다.

그것은 '이것이 무엇인가?' 하는 것은 육조단경 식으로 말하면 '나한테 한 물건이 있으되 밝기는 해와 달보다도 더 밝고 -우리 중생들의 생각에는 해와 달보다 더 밝은 것이 없지 않습니까- 검기는 칠(漆)보다 더 검고, 하늘을 받치고 땅을 괴이고 그런 것이 항시 조금도 나와 떨어짐이 없이 나와 더불어 있지만 내가 미처 거두어 얻지 못하는 그것이 무엇인가?', '그것이 무엇인가?' 라는 것입니다.

이렇게 생각할 때는 우리가 그것은 내내야 불성(佛性)이 아닌가, 그냥 짐작이 되시겠지요. 따라서 따지고 보면 불성(佛性)이 무엇인가, 법계(法界)가 무엇인가, 하는 말입니다. 내 본래면목(本來面目)이 무엇인가? 그 뜻이나 똑같은 뜻입니다. '시심마'라는 것과 똑같은 뜻입니다.

나한테 한 물건이 있는데 그것은 해와 달보다 더 밝고 또 검기는 칠보다 더 검고, 그러므로 제일 밝고 제일 검고 하므로 모든 것이 무한한 가능성이 거기에 다 들어 있다는 것이 되겠지요.

하늘을 받치고 땅을 괴이고 있다는 말은 천지(天地)에 두루 있다는 말입니다. 천지에 두루 있는 그것이 나와 항시 같이 있단 말입니다. 그것이 불성(佛性)이 아니고 따로 무엇이겠습니까?

 따라서 불성 도리를 그와 같이 말씀했습니다. 그러나 '그것은 불성입니다' 그래버리면 간단히 끝나겠지요. 그러나 그건 불성 도리를 우리 중생들이 보고 체험한 것이 아닙니다.

 습관성(習慣性)이 다 나가버려야, 습관성이 다 걷혀버려야 불성을 우리가 증명(證明)할 수가 있는 것이지 습관성이 남아 있을 때는, 쉬운 말로 약해서 말하면 습기(習氣) 아닙니까. 갖추어 말하면 습관성이고, 습기가 녹아지기 전에는 우리가 이치(理致)로만 알 뿐이지 증명(證明)은 못한 것입니다.

 따라서 증명해서 알아야만 불성공덕(佛性功德)이 무한의 공덕인데 그 무한의 공덕을 자기도 좀 맛보고 쓸 수 있는 것이지 그냥 이치로 해서는 내내야 밥 좀 덜 먹으면 배고프고, 또 욕계(欲界)에 있어 놓으면 이성적(理性的)인 욕심 이것, 저것 다 못 떠나고 그럽니다.

 습기(習氣)가 빠져버려야 욕심(慾心)도 빠지고 진심(瞋心)도 빠지고 다 빠져버립니다.

 불성(佛性) 가운데는 세간적(世間的)인 욕심이 있을 수 없으므로 그렇게 되어야 하겠지요. 따라서 우리가 그와 같이 미처 증명하지 못했기 때문에 우리가 알기는 알았지만 '이것이 무엇인가?', 그것이 다른

것이 아니라 내내야

'불성이 무엇인가?'
'불성(佛性)이라는 것은 우주에 충만(充滿)해 있고 바로 우주가 불성이다.'

이런 도리야 불교 초보인도 대부분 알 것이지만 증명(證明)은 못하고 있습니다. 증명을 못한다고 생각할 때는 괴로운 것은 괴롭고 남이 자기를 좀 구박(驅迫)하거나 자기를 비방(誹謗)하면 성을 내곤 합니다. 죽을 때는 자기(自己) 몸뚱이가 아까워서 죽기 싫고 말입니다.

이러면 결국은 생사해탈(生死解脫)은 어림도 없습니다. 우리 고통(苦痛) 가운데 가장 지독한 고통이 죽음에 대한 고통 아닙니까.

불교(佛敎)라는 것은 죽음을, 생사해탈을, 생노병사(生老病死)를 떠나서 위없는 도리를 깨닫는 것이 불법인데 우리가 그냥 이치(理致)로만 알아서는 그렇게 할 수가 없습니다.

그러기에 우리가 증명(證明)을 하기 위해서 그 불성 도리와 자기가 하나가 되기 위해서 우리 마음을 하나로 추스르는, 마음을 통일시키는 방법이 기도(祈禱)를 모시는 것이고 화두를 참구하는 것이고 또는 참선(參禪)을 우리가 하는 것입니다.

이와 같이 화두(話頭)를 들고 어느 문제(問題)를 '이 뭣꼬' 라든가, 또는 조주(趙州) 스님께서 말씀하신 무(無)자라든가, 보조국사(普照國師)나, 그런 어른들은 무자화두(無字話頭)를 제일 많이 말씀했습니다.
　그리고 화두문중(話頭門中)에서는 무문관(無門關), 즉 제일 먼저 무자화두를 말씀했습니다. 무자화두는 어느 스님이 조주스님한테 -조주 스님은 당나라 때의 위대한 대선사(大禪師)입니다-

"개에게도 불성이 있습니까?"

라고 물었습니다. 부처님 경전에 개나 소나 사람이나

'일체중생(一切衆生) 개유불성(皆有佛性)이라.',

모든 중생은 다 부처님의 성품(性品), 부처가 되는 성품을 가졌다고 말했으므로 어렴풋이 그 분도 믿었겠지요.
　믿었으나 자기가 보지 아니 했으므로 확실히는 느낄 수가 없단 말입니다. 개 같은 망나니짓도 많이 하고 판단도 못하고 자기 먹을 것만 좋아하는 그런 중생이 무슨 놈의 불성을 가졌을 것인가? 불성이라는 것은 완전무결(完全無缺)한 것인데 그런 개 따위에 무슨 불성이 있을 것인가?

 이렇게 의심을 품어서 조주스님한테 가서 '개에게도 불성이 있습니까?' 하고 물었단 말입니다. 그 때 조주스님은

"무(無)!"

라, '없다'고 하셨습니다. 어째서 없다고 했겠습니까? 한 번 생각해 보십시오. 개한테는 불성이 개 안에만 있고 밖에는 없다고 보겠습니까. 또는 그 불성이 개 머릿속에 있다고 보겠습니까, 가슴에 있다고 보겠습니까. 우리 사람한테 불성이 있다고 생각할 때는 그 불성이 우리 발에 있습니까? 머리에 있습니까?

 그 불성이라는 것은 바로 우주의 성품(性品)인데 우주(宇宙)의 법계성품(法界性品), 이것이 불성인데 법계성(法界性)이나 불성(佛性)이나 같은 뜻입니다. 모두 다 우주의 본성(本性), 우주의 정기(精氣)입니다. 그런 것이 불성이므로 불성이 개 안에 있고 밖에 있고 그렇게 있는 것이 아닙니다.

 따라서 바로 본다고 생각할 때는 부처님 말씀으로 일체중생 개유불성이라, 모든 중생이 다 부처의 성품이 있다, 이런 것을 잘 몰라서 잘 못 보고 안에 있는가, 밖에 있는가, 그렇게 의심이 나서 그렇게 물

었지만 적어도 이치라도 안다고 생각할 때는 밖에 있고 안에 있고 한 것이 아니란 말입니다.

도처(到處)에, 개 몸 전체에, 개 몸 전체가 불성 덩어리고 또는 밖에도 역시 불성 덩어리고 또는 우리가 현재 이와 같이 있는 우리 분위기(雰圍氣) 내에도 결국은 불성 덩어리뿐입니다.

이런 도리를 앞서도 말씀드린 바와 같이 우리는 물리학적(物理學的)으로 맡겨버려야, 물리학은 실험(實驗)을 통한 것이므로 사실로 믿겠지요. 물리학적으로 믿어버리면 더 확신(確信)이 섭니다.

한번 생각해 보십시오. 우리가 이 분위기 가운데 산소(酸素)나 수소(水素)나 탄소(炭素)나 질소(窒素)나, 그런 각 원소(元素)가 있다는 것은 시인하겠지요. 산소나 수소나 질소가 없다고 생각할 때는 이 분위기가 못 됩니다.

저 진공(眞空) 상태까지 올라가 버리면 모를까 또 이 대기권(大氣圈) 내에는 희박(稀薄)하고 농(濃)하고의 차이는 있다 하더라도 산소, 수소, 탄소, 질소, 이런 것들이 모두 다 혼합 내지 결합되어 있습니다.

또 산소나 수소나 그런 것들은 어떻게 되어 있는가? 산소나 수소 그런 것은 전자(電子)나 양자(陽子)나 중성자(中性子)나 그런 것들이 적당히 결합해서 산소가 되고, 수소가 되고 했습니다.

그러면 전자나 양자는 또 무엇인가? 그것은 알 수 없는 소립자(素

粒子)라 하는 알갱이란 말입니다. 알 수 없는 소립자는 또 무엇인가? 그것은 에너지의 파동(波動)에 불과합니다.

'에너지'라는 것은 물질(物質)이 아닌 것입니다. 물질이 아니기 때문에 '에너지'라고 했지 않습니까.

따라서 현대 물리학은 우주를 구성하는 장(場)에너지가 즉 우주에는 마당 장(場), 장(場)에너지가 충만(充滿)해 있다고 봅니다. 장 에너지 속에는 그야말로 전자기장(電磁氣場) 에너지가 거기에 가득히 담겨 있다는 것입니다.

이렇다고 생각할 때에 우리가 전자나 양자나 그것도 역시 에너지라 하는 것으로 이루어지고 모두가 다 소립자(素粒子) 같은 -그야말로 물질인가 아닌가 모르는 가장 미세한 것이 중성미자(中性微子)라는 것인데, 중성미자는 공간성(空間性)이 없습니다. 공간성이 없으므로 물질이라 할 수도 없겠지요- 것들이 이렇게 쌓이고 저렇게 모이고 해서 전자가 되고 양자가 되고 또는 전자, 양자가 모여서 산소가 됐습니다. 산소나 수소나 그런 원소가 적당히 결합하여 분자(分子)가 되어서 이렇게 우리 세포(細胞)들을 만들었습니다.

따라서 에너지 차원(次元)에서 보면 내내야 우리 몸뚱이도 에너지의 형상화(形象化) 에너지의 상(相)에 불과하고 나무나 흙이나 다이아몬드나 모두 다 하나의 에너지의 상에 불과합니다.

185

상(相)을 떠나서 볼 때는 무엇인가? 상을 떠나버리면 에너지뿐입니다.

부처님 말씀을 우리가 한 번 돌이켜 봅시다. 색즉공(色卽空)이요, 공즉색(空卽色)입니다. 색은 바로 물질 아닙니까. 물질이 바로 공이요, 내 몸이 바로 공입니다. 허나 인연(因緣)이 익어져서 이루어져서 인연이 모아지면 그 때는 역시 상(相)을 낸단 말입니다. 상을 나투므로 그때는 공즉색입니다.

이렇게 현대 물리학이나 현대 철학이나 모든 것이 이런 것이 내내야 가까스로 부처님의 반야심경(般若心經) 도리에 이르러 있습니다. 그야말로 부처님 가르침, 심심미묘(甚深微妙)하고 참 감사(感謝)해서 마지않는 가르침입니다. 현대물리학, 철학 모두 현대 문명이라 하는 것이 간신히 불교에 이르러 있단 말입니다.

그러나 겨우 현미경(顯微鏡)이나 기타 여러 가지 논리체계(論理體系)나 그런 걸로 해서 추상적(抽象的)으로 증명(證明)한 것이지 그네들이 에너지 자체가 무엇인지, 그것은 아직도 모릅니다. 아인슈타인(Albert Einstein ; 1879 ~ 1955)같은 천재(天才)도 몰랐습니다.

그러한 것은 순수(純粹) 생명(生命)이기 때문에 우리 번뇌(煩惱)를 다 멸해버린 성자(聖者)의 안목(眼目)에서 밖에는 모르는 것입니다. 성자의 청정(淸淨)한 안목에서 볼 때는 그 에너지 실체(實體)가 우주

(宇宙)에 충만(充滿)해 있고 모든 공덕(功德)을 갖춘 진여불성(眞如佛性)으로 훤히 보이는 것입니다.

그 자리를 보는 것보고 견성(見性)이라 합니다. 볼 견(見), 성품 성(性), 그런 우주의 본래 성품인 그 불성을 우리가 직접 본단 말입니다.

그러나 그 자리까지 보기 위해서는 그렇게 쉽지 않습니다.

과거 전생(前生)에 나쁜 습관성(習慣性)을 많이 쌓지 않고 또는 금생(今生)에도 좋은 선근(善根)을 타고 나와서 금생도 환경이 좋아서 어릴 때부터 '아, 물질(物質)은 다 허망(虛妄)하다. 그대 몸도 허망하다', 이와 같이 허망무상(虛妄無常)한 소식을 자꾸 들었으면 모르거니와 학교에서 배운 것이 모두가 있다는 것만 배웠기 때문에, 즉 무명(無明)만 배웠기 때문에 쉽지 않습니다.

그렇기 때문에 화두를 들고 오랫동안 앉아 놓으면 차근차근 습관성이 힘을 못 쓰고 그 때는 그림자 같이 아스러집니다.

바로 염불(念佛)도 오래 해야 한번 하면 한 만큼 부처님 명호(名號)라는 것은 바로 본체(本體)를 불성(佛性)자리를 상징적(象徵的)으로 표현하는 말이기 때문에 한 번 나무아미타불(南無阿彌陀佛), 한번 관세음보살(觀世音菩薩)하면 그 때는 한 번 한만큼 우리 업장(業障)이 녹아지는 것입니다.

화두(話頭)도 '정말로 화두, 이것이 진여불성을 의미했다', '우주의 본체를 의미했다', 이렇게 생각하고 참구(參究)할 때는 한 번 참구한 만큼 우리 업장이 녹아집니다.

따라서 지금 묵조선(默照禪)도 지금 원불교(圓佛敎)는 묵조선을 합니다. 또는 중국이나 일본이나 조동종(曹洞宗)에서는 묵조선을 합니다. 그도 그것이 선(禪)이 아닌 것이 아니라 진여불성(眞如佛性)자리를 관조(觀照)한다고 생각할 때는 그 자리를 우리가 구한다면 다 선(禪)입니다.

가사 하다못해 기독교식으로 하나님을 참구하고 '오, 주여!' 한다 하더라도 하나님이 저 내 밖에 있다, 이럴 때는 그게 선(禪)이 될 수가 없겠지요. 그러나 하나님이 우리 법신불(法身佛)과 똑같이 무소부재(無所不在)하고 무소불능(無所不能)이라, 안 계신 곳이 없고 능하지 않음이 없고 이것이 바로 우주의 본체다, 이렇게 생각할 때는 '하나님!'이라 해도 좋습니다.

지금 앞으로의 시대(時代)는 이렇게 해야 할 그런 시대입니다. 불교(佛敎)는 원래 모든 문화(文化)를 다 포섭하는 것입니다. 진여불성에는 무엇은 들어 있고 무엇은 안 들어 있으면 불성이 되겠습니까.

일즉일체(一卽一切)라. 하나 가운데 다 들어 있어야 그래야 불성입니다. 따라서 기독교적인 요소나 이슬람교의 요소나 다 들어 있어야 합니다.

그러나 우선은 앞서 제가 말씀드린 바와 같이 우리가 하는 선은 그런 화두를 참구하는 선 '이 뭣꼬'도 좋고 '무(無)'도 좋고 '뜰 앞에 잣나무다'라는 화두나 모두가 다 진여불성자리를 의미합니다.

그렇게 분명히 제일의제(第一義諦) 그 자리를 딱 느끼고 그 자리를 우리가 참구해 나가는 태도를 갖추어야지, 그렇지 않고서 상대적(相對的)인 문제만 가지고 의심하면 그것은 상기(上氣)만 되는 것이지 공부가 안 되는 것입니다.

그래서 묵조(默照)하시는 분도 진여불성(眞如佛性)자리, 이른바 법계연기(法界緣起)자리, 불법은 다 아시는 바와 같이 연기법(緣起法)이 불법 아닙니까. 불법은 바로 연기법입니다. 연기법도 그냥 방편(方便) 연기법은 이것저것 다 모아서 인(因)과 연(緣) 따라서 잠시 모아 있으므로 고유(固有)한 것이 없다, 이렇게만 보는 것은 천박한 방편(方便) 연기(緣起)입니다.

참다운 연기법은 법계연기(法界緣起), 진여연기(眞如緣起)입니다. 진여법성(眞如法性)이 인연(因緣) 따라서 그때그때 이 현상(現象)세계를 만듭니다. 나, 너 또는 하늘에 있는 천체(天體)나 모두가 다 법계(法界), 진여(眞如), 법성(法性), 불성(佛性)이 그때그때 인연 따라서 이루어진 것입니다.

따라서 진여불성이 법계연기 따라 이렇게 되었기 때문에 어느 것

도 진여불성이 아님이 없습니다.

이렇게 해야 화엄경(華嚴經), 법화경(法華經), 능엄경(楞嚴經) 도리(道理)입니다.

선도리(禪道理)라는 것은 순간 찰나도 진여법계를 안 떠나야 합니다. 그것이 바로 본체이기 때문입니다. 본체에서 하나하나 용(用)을 해야지 본체를 떠나버리면 그 때는 선객(禪客)이 아닙니다.

남한테 얻어맞으나 자기 제자한테 매를 때리나 법계(法界)에 입각해서 나와 네가 둘이 아니라는 자리에서 때리면 무방합니다. 그러면 절도 있게, 꼭 알맞게 합니다.

마땅히 이렇게 묵조하는 선, 잠자코 자기 불성을 비추어 보는 선, 이런 때는 나나 너나 모두 다 우주 만유의 진여법계(眞如法界)로부터 되었다, 이렇게 생각해야 그래야 참다운 연기법(緣起法)입니다.

염불(念佛)도 아미타불(阿彌陀佛)을 외우나 우리가 관세음보살(觀世音菩薩)을 외우나 모두가 다 부처님의 그런 법계(法界)로부터, 법성(法性)으로부터 되었다, 이렇게 하면서 법성자리 그 자리를 목표로 해서 염불을 하셔야 합니다. 그래야 참다운 진심염불(眞心念佛)입니다.

'절' 도 지금 삼천 배를 해라, 몇 천 배를 해라, 그런 말 저런 말을 많이 합니다. 그런 절도 반야(般若)와 더불어서 해야 참다운 절입니다.

그냥 몇 천 배를 해라, 그래서 다리가 아프네, 공덕이 있네, 없네,

어쩌고 합니다만 그렇게 할 때는 지났습니다. 꼭 반야와 더불어 해야 합니다.

 반야의 지혜와 더불어서 하는 절을 할 때는 절을 하는 대상(對象)이나 절을 하는 나나 모두 둘이 아닙니다.

 부처와 내가 둘이 아니고 천지가 바로 둘이 아니다, 이런 자리에서 우리 마음이 진여법성자리, 그 부처의 자리로 가고 싶어 하는 그런 간절한 갈앙심(渴仰心)으로 절을 합니다. 이렇게 되어야 참다운 절이고, 그래야 몸도 가볍습니다.

 이 몸뚱이가 절대로 물질이 아닙니다. 물질이 아니기 때문에 신통자재한 사람들은 자기 몸뚱이도 하늘을 올라갑니다. 무게가 몇 십 킬로그램이 된다고 생각하면 공기(空氣)를 타고 공중(空中)으로 올라가겠습니까.

 100미터 고도에 올라갔을 때하고 지금 지상에 있을 때하고 무게가 같지 않습니다. 저 성층권(成層圈)에 올라가 있을 때하고 여기 있을 때의 우리 몸무게가 같지 않습니다. 인력권 밖의 먼 진공(眞空) 속에 들어가면 우리 몸무게는 없어져 버립니다.

 우리가 느끼고 무겁다, 가볍다, 좋다, 궂다, 하는 것이 모두가 상대적(相對的)인 하나의 식(識)에 불과한 것입니다. 따라서 절대적(絕對的)인 식(識)에 있어서는 절대의 관념(觀念), 앞서 말씀 드린 바와 같이 제법공(諸法空) 도리(道理)로 생각하면 그 때는 근본 에너지가 이것이 공이므로 에너지가 이렇게 모이고 저렇게 모였다 하더라도 그림자가 몇 천 개 모여도 그림자이듯 그것들이 몇 천 개 모여서 세포가 되고 세포가 몇 천 개 모였다 하더라도 공은 결국은 공입니다.

따라서 무게가 없습니다. 내 몸뚱이의 무게가 없다고 믿고서 절을 하시는 것과 내 몸무게는 육십 킬로그램이다, 오십 킬로그램이다, 이렇게 생각하고 절하는 것과 어떤 것이 더 편하시겠습니까?

화두(話頭)를 참구하고 염불(念佛)을 한다 하더라도 나도 공, 너도 공, 모두가 다 텅텅 빈 불심(佛心)뿐이다, 환희심(歡喜心)이 넘치는 그런 광명(光明), 행복(幸福)이 넘치는 그런 광명(光明)의 불심(佛心)뿐이다, 불성(佛性)뿐이다, 이렇게 생각하고 공부하는 것과 어느 것이 더 빠르겠습니까.

내 몸뚱이에 암(癌)이 있다, 무엇이 있다, 이것도 중생들이 하나의 범부 의사(醫師)가 약간 부조화(不調和)스럽게 세포(細胞)가 구성된 것을 보고 암이다, 그렇게 말한 것이지 암도 본래 공(空)입니다. 근본 원소가 공(空)이므로 암 그것도 원소로 구성된 것인데 암이 공(空)이 아닐 수 없습니다.

따라서 그런 것을 포함한 나한테는 모두가 공이다. 아픈 것도 공이다. 이렇게 확실히 믿는다고 생각할 때는 우리 병(病)도 사실은 없는 것입니다.

 인도(印度)의 신지학(神智學)이라. 귀신 신(神), 지혜 지(智), 배울 학(學)입니다. 신지학은 모두가 다 범신론적 브라만(Brahman)이라 하는 정신법(精神法)으로 해서 병을 고칩니다.

 우리는 우리 마음과 몸이 둘이 아니고, 몸 이것은 마음의 그림자에 불과하기 때문에 마음만 바로 먹으면 음식은 먹은 듯 만 듯해도 무방합니다. 욕계(欲界)에만 음식이 있는 것이지 색계(色界) 이상은 음식이 없습니다.

 세 가지 수행 방법(話頭禪, 黙照禪, 念佛禪) 가운데서 간추려 그렇게 하십시오. 그러나 노는 입에 염불이라, 아직 자기 행법(行法)이 굳어지지 않은 분들은 염불을 하시기 바랍니다.

 어떻게 해도 다 무방합니다만 반야지혜(般若智慧)와 더불어서 하셔야 참다운 선(禪)입니다.

 저 서산(西山)에 뉘엿뉘엿 지는 태양(太陽)을 관(觀) 하나 또는 극락세계(極樂世界)의 땅을 관하나 모두가 다 제법공(諸法空)자리, 제법공인 동시에 모두가 다 불성(佛性)이다, 이렇게 생각하고 관(觀)해야 합니다.

 관무량수경(觀無量壽經)의 십육관(十六觀)처럼 지상관(地想觀)이라. 땅을 관찰하는 법이 있습니다. 그 땅은 우리가 일반적인 관념으로 보는 땅을 관찰(觀察)하는 것이 아니라, 극락세계(極樂世界)의 영롱한 땅으로 관찰합니다. 물질이 아닌 영롱한 땅을 관찰합니다.

따라서 그런 것이 모두가 다 바꿔서 말하면 반야지혜와 더불어서 관하는 것입니다. 제법공 도리를 보고서 관하는 것입니다. 이렇게 하면 모두가 다 선(禪)입니다.

그러나 아직 자기 행법이 정해지지 않으신 분들은 우선 제일 쉬운 관세음보살(觀世音菩薩)이나 아미타불(阿彌陀佛)이나 그런 부처님 명호(名號)로 염불(念佛)을 하면서, 자기 속으로 염불을 되뇌이면서 그런 염불한다는 생각마저 끊어지도록 한다고 생각할 때는 참 쉽습니다.

화두를 하시고 관법을 하시고 그렇게 이미 하신 분들은 좋지요. 모두 다 다만 앞서 제가 말씀드린 바와 같이 반야의 지혜와 더불어서 해야 참다운 참선(參禪)이 됩니다.

그러나 아직 정하지 않은 분들은 염불을 화두로 해서, 염불(念佛)도 '나무아미타불' 할 때는 가령 '나무'를 빼버리고 될수록 간략히 '아미타불'을 화두로 해서 하셔도 좋고, 아미타불 화두가 근래에 와서는 저 만공(滿空)스님이나 더 올라 가서는 저 서산(西山)스님이나 다 하셨습니다.

그렇게 하시고 또 관음(觀音)이 좋으신 분들은 똑같은 것이므로 관음송(觀音誦)을 하시는 것이고, 지장보살(地藏菩薩)이 좋으신 분들은 또 그렇게 하셔도 무방합니다. 다만 관음(觀音)과 지장(地藏)과 아미타불(阿彌陀佛)과 진여불성(眞如佛性)과 둘이 아니고 셋이 아니다, 이렇게 생각하시고서 원융무애(圓融無碍)라, 이렇게 생각하시고 하면 다 좋습니다.

이렇게 하시는데 공부해나갈 때는 여러 가지 어려움도 많이 있습니다. 다리도 아프고 그야말로 평소에 못 느꼈던 것이 자꾸만 자기 몸을 괴롭힙니다. 평소에 그렁저렁 살 때는 그렇지 않지만 정말 우리가 진여불성자리로 간다고 생각할 때는 반발이 옵니다. 평소에 아프지 않은 것도 아플 수가 있습니다.

그러나 역시 반야 지혜와 더불어서 이러한 것들이 모두가 다 허망무상(虛妄無常)한데 내가 범부(凡夫)이므로 아픔을 느낀다, 이렇게 생각하고서 부지런히 공부를 해야 합니다.

반야심경(般若心經)에 무색성향미촉법(無色聲香味觸法)이라. 색도, 소리도, 향기도, 맛도, 촉감도, 또는 우리가 분별하는 관념(觀念)도 모두 원래 있지 않다고 말했습니다. 우리 범부가 잘못 보아서 있다고 하는 것입니다. 이렇게 느끼고 부정을 다 해버려야 합니다.

성불(成佛)까지는, 견성(見性)까지는, 진여불성(眞如佛性)하고 온전히 하나가 될 때까지는 쉽지 않습니다. 쉽지 않기 때문에 그 가운데 여러 가지 그 경계(境界)가 많이 나옵니다.

법당에 모신 부처님 같은 모양도 나오고 별스러운 모양이 다 나옵니다. 더러는 몸이 뜨겁기도 하고 몸이 차갑기도 하고, 더러는 몸이 공중에 뜨기도 하고 별별 것이 다 나오나 그러한 것들은 모두 다 하나의 경계이므로 그런 경계에 대해서 절대로 붙잡히지 마십시오.

붙잡히지만 않으면 몸이 제아무리 천근만근 무겁다 하더라도 이것이 허망한 것이다, 착(着)만 안 하면 얼마 안가서 사라지고 맙니다.

이렇게 해서 꼭 상(相)이 없이 원래가 상이 없는 것이므로 우리 진면목은 원래 상이 없습니다. 상이 있는 것은 우리 무명(無明)으로 봐서 그러는 것입니다. 따라서 상이 없이 공부를 하실 때 정말로 가속도(加速度)로 공부가 익어갈 것을 믿어 마지않습니다.

화두(話頭)나 염불(念佛)이나 관법(灌法)이나 주문(呪文)이나 모두가 다 좋은 수행법(修行法)입니다.

다만 반야바라밀(般若波羅蜜)과 더불어 하셔야 그래야 참다운 공부고 참다운 염불(念佛)이고 참다운 주문(呪文)이고 참다운 화두(話頭)고 참다운 관법(灌法)이고 참다운 선(禪)입니다.

나무마하반야바라밀(南無摩訶般若波羅蜜)

五. 타성일편(打成一片)

> 불성(佛性)은 어디에 가만히 있는 것이 아니라 하나의 생명(生命)이므로, 발랄한 생명이므로 생명 자체의 법칙으로 움직입니다. 즉 다시 말하면 모든 중생(衆生)을 다 성불(成佛)의 길로 이끄는 힘이 있는 것입니다.

만양당(萬羊當)이란 말이 있습니다. 이것은 양 떼를 기르다가 양들이 흩어져서 이리저리 가버리므로 양을 잡아야 하는데 길이 하나만 있으면 잡기가 쉬울 것인데 길이 너무 많으므로 쉽게 잡을 수가 없다는 말입니다.

이처럼 우리가 무슨 일을 할 때 길이 많으면 한편은 좋은데 한편 생각하면 어느 길이 옳은가, 선택(選擇)하는 데 있어 대단한 어려움을 겪습니다.

대체로 아시는 바와 같이 춘추전국(春秋戰國) 시대는 중국의 공자

(孔子)님, 맹자(孟子)님 같은 분들이 나올 때입니다. 그 당시 사람들도 역시 어느 정도 문명(文明)이 개명(開明) 되어서 무엇이 옳은가 하는, 정치(政治)는 어떻게 해야 하고, 인간 정신(精神)은 무엇인가 하는, 그런 문제를 가지고 고민 끝에 가지가지의 그런 유파(流派)가 생겼습니다.

인간(人間)의 본성(本性)만 두고도 맹자(孟子)의 성선설(性善說)이라. '인간의 본성은 착한 것이다.', 그렇게도 말하는가 하면 또 순자(荀子)는 성악설(性惡說)이라. '인간의 본성은 악(惡)한 것이다, 그런 반대 이론도 있습니다.

우리 부처님 법문(法門)도 우리가 본래(本來) 부처이므로 부처가 되어버리면 쉬울 것인데 우리 중생(衆生)들이 그런 업연(業緣)이 하도 복잡해서 또는 과거 숙세(宿世)로부터 지어 내려온 업장(業障)이 두터워서 우리가 갑자기 성불(成佛)이 안 됩니다. 그러기에 부처님 법문도 다 아시는 바와 같이 팔만사천 갈래의 법문이 있는 것 아니겠습니까.

우리가 지금 이와 같이 참선(參禪)할 때는 마땅히 그런 생각, 이런 생각 다 정리해서 자기한테 알맞은 성불(成佛)의 법(法)이 딱 정립(定立)이 되어버려야 공부가 잘 되어갑니다.

여러 스님도 만나보고 또는 우리 재가불자(在家佛子)님들을 만나보

앉습니다만 자기 수행법(修行法)에 관해서 여러 가지 회의(懷疑)를 품습니다.

경(經)에 보면 의심(疑心)이라 하는 것은 의심을 잘하면 좋은데 의심을 잘 못하면 그것이 괜히 큰 망상(妄想)이 됩니다. 의시해본(疑是解本)이요, 의시혹본(疑是惑本)이라. 의심(疑心)이 우리 마음을 풀어가는, 마음을 여는 근본(根本)이 될 수도 있지만 미혹(迷惑)을 더하는 근본도 된다는 말입니다.

따라서 이 참선(參禪)을 공부하시는 분들은 역시 타성일편(打成一片)이라. -꼭 타성일편이라는 술어(述語)와 개념(槪念)을 외워두시기 바랍니다- 때릴 타(打), 이룰 성(成), 한 일(一), 조각 편(片). 이것은 모든 그런 천만(千萬) 갈래의 마음을 하나에 다 모아버린다는 말입니다. 이 타성일편(打成一片)이 안 되면 사실은 참선이 안 됩니다.

따라서 우리 참선할 때는 타성일편을 전제로 해야 합니다. 다시 말하면 이것은 우리 마음이 무엇인가? 물질(物質)이 무엇인가? 그 유주무주(有住無住), 유상무상(有相無相), 모든 그런 존재(存在)가 많은 것인데, 그런 존재가 대체로 어떤 것인가? 적어도 철학적(哲學的)으로 해결이 안 되면 우리가 공부를 바로 할 수 없습니다.

그러기에 참선도 이제 사교입선(捨敎入禪)이라. 교(敎)를 다 보고서 사교(四敎)를 다 마치고서 참선(參禪)에 들어가라는 말이 있습니다.

따라서 꼭 타성일편(打成一片)이라, 자기가 이래저래 생각하는 물질(物質)인가, 정신(精神)인가, 또는 무슨 주의(主義)인가, 자연(自然)인가, 모두 그런 것을 하나의 도리(道理)로 해결을 해야 합니다.

무문관(無門關)은 무문혜개(無門慧開) 선사(禪師)가 공부하는 화두(話頭)법을 48칙으로 꾸민 책입니다. 무문관의 대의는 우리 중생들이 보고, 듣고 아는 모든 것이 다 '무(無)'라 하는 없을 무(無), 모든 것이 다 허망(虛妄)하다, 하는 제행무상(諸行無常)이요, 제법무아(諸法無我)라 하는 그 관문(關門)을 지금 우리가 넘어야 합니다.

우리 중생(衆生)들은 그런 무(無)의 관문(關門)을 뚫고 못 넘어가므로 자꾸 문제가 생깁니다. 모두가 없다는 무의 관문은 어째서 있는 것인가? 공부를 시키기 위해서 그냥 억지로 시설해서 만든 것이 아닙니다. 사실은 부처님 법문(法門)이나 도인(道人)들 법문은 모두가 다 사실 그대로 말한 법문입니다. 진실(眞實) 법문(法門)입니다. 이른바 우주(宇宙)의 실상(實相) 그대로 말씀하신 법문(法門)입니다.

따라서 무문관(無門關)도 없지 않은 것을 억지로 방편(方便)으로 없다고 한 것이 아니라 사실이 없는 것이기에 없다고 하신 것입니다.

그러나 우리 중생들이 번뇌(煩惱)의 경험으로 해서는 무(無)를 못 느낍니다. 삼독심(三毒心)에 가린 흐리멍덩한 우리 중생의 안목(眼目)으로 해서는 무(無)를 못 느낍니다. 현상(現象)만 보고 현상만 실재(實在)한다고 생각합니다.

다 아시는 바와 같이 삼계유심(三界唯心)이라! 욕계(欲界), 색계(色界), 무색계(無色界)가 모두가 다 마음뿐이요, 만법유식(萬法有識)이라! 모든 존재(存在)가, -만법(萬法)이라는 것은 바로 존재를 의미하는 것인데 불법(佛法)의 법(法)보다도 일반(一般) 만유(萬有)를 말하는 것입니다- 일체존재(一切存在)가 바로 식(識)입니다.

이런 법문(法門)도 깨달은 분상에서 볼 때는 욕계, 색계, 무색계 모두가 다 마음뿐인 것이다, '일체 존재가 다 식(識)뿐이다', 그런 말을 할 수는 있지만 우리 중생들의 눈에는 그렇게 안 보입니다.

우리 중생들은 만법이 그 때는 유색(唯色)이라, 오직 다 물질(物質)로 보입니다. 만법이 다 물질로 보이기 때문에 이제 유물론(唯物論)이 생기고 따라서 공산주의(共産主義)가 생기고 그렇지 않습니까.

존재(存在)가 모두 다 부처님 사상(思想)대로 마음뿐이고 식(識)뿐이다, 이럴 때는 유물론이 나올 수가 없는 것이고, 따라서 유물 변증법(辨證法)에 의한 공산주의가 나올 수 없습니다.

우리 중생(衆生)이 보는 것은 그와 같이 있다고만 봅니다. 그러기에 지금 사회(社會) 형태를 본다 하더라도 대체로 유물주의(唯物主義)가 판치고 있습니다. 유물주의라는 것은 모두가 다 물질뿐이라는 주의입니다.

내 몸뚱이도 이대로 존재한다, 그러니까 자기 몸뚱이를 위해서 그 때는 최선(最善)을 다해서 봉사(奉仕)를 해야 하겠지요. 자기 몸뚱이가 중요하다고 생각할 때는 자기 권속(眷屬)도 중요하겠지요. 따라서 자기 권속을 위해서는 다른 사람 희생(犧牲) 같은 것은 별로 안중(眼中)에 없습니다. 자기가 소속한 단체(團體)를 위해서는 다른 단체는 배격해야 하는 것이고, 자기 나라를 위해서는, 국수주의(國粹主義)라, 자기 나라만 제일 지상적(至上的)이라고 하는 그러한 주의를 신봉(信奉)하지 않을 수가 없는 것입니다.

이런 것도 모두가 다 우리 중생이 보는 이 모든 환경(環境)과 물질(物質)이 '실재(實在)한다' 이렇게 생각하기 때문에 그러는 것입니다.

그러나 부처님께서나 성자(聖者)가 보는 것은 그렇지 않게 보시는 것입니다. 그런 데에 우리 수행(修行)이나 공부의 어려움이 있습니다. 우리가 보는 것이 바로 보고 있는 것이 아닙니다.

반야심경(般若心經)을 보십시오. 처음부터 끝까지 모두가 우리 중생(衆生)이 보는 것은 다 허망(虛妄)하다고 부정(否定)을 했습니다.

육근(六根), 육경(六境), 육식(六識)이라. 우리 중생의 생리적(生理的)인 눈이나 귀나 코나 입이나 또는 촉각, 즉 우리의 신근(身根), 이런 것도 모두 다 있지 않다고 부정했습니다.

이러한 것들이 있지 않다고 생각할 때는 우리가 보는 색(色)이나,

소리나 향기나 맛이나 감촉도 역시 있을 수가 없습니다. 따라서 우리 주관(主觀)도 없고 객관적인 환경도 없다고 생각할 때는 거기에서 일어나는 우리의 판단력(判斷力)도 있을 수가 없습니다.

우리 인식(認識)이나 판단(判斷)이라 하는 것은 우리 주객(主客)이 합해져 판단되지 않겠습니까. '나'라는 주관(主觀)이 있고 상대(相對)의 대상(對象)이 있고 해서 판단이 서는 것입니다.

그런데 반야심경(般若心經)에서는 우리 육근(六根), 즉 우리 생리적인 근(根)이나 또는 환경적인 그런 대상이나 또는 거기에서 종합적으로 일어나는 식(識)이 있지 않다는 것을 누누이 말씀했습니다. 우리는 반야심경(般若心經) 같은 그런 소중한 진리(眞理)를 그때그때 놓쳐버립니다.

우리가 신중불공(神衆佛供)을 모실 때 그렇게 깊이 생각하지 않은 사람들은 반야심경(般若心經)을 생략해 버립니다. 그러나 신중불공 모실 때는 꼭 반야심경 불공을 해야 합니다. 그것을 보고 신분(神分)이라 합니다. 귀신 신(神), 나눌 분(分). 어째서 해야 하는가 하면 신중불공(神衆佛供)이라 하는 것은 삼마(三魔) 외도(外道), 즉 마귀(魔鬼)나 그런 나쁜 기운(氣運)들을 몰아내고서 또 좋은 선신(善神)을 우리가 청(請)해서 가피(加被)를 받게끔 하는 것이기 때문입니다.

소원 성취하기 위해서는 마땅히 우리 주변에 삿된 기운들이 있으

면 될 수가 없습니다. 따라서 그런 기운들을 다 몰아내고서 우리가 선신들의 가피(加被)를 얻어야 합니다. 그런데 우리가 그렇게 하기 위해서는 나쁜 신(神)들을 물리칠 수 있는 그런 법문이 필요합니다.

사람도 나쁜 사람들은 바른 견해가 있지 않듯이 나쁜 신(神)도 바른 견해가 없으므로 나쁜 신이 됩니다.

천상(天上)이라 하면 그렇게 실증적(實證的)으로 눈에 보이는 것만 긍정(肯定)하는 사람들은 없다고 봅니다만 분명히 존재하는 것입니다.

그것은 어디 저 밖에 존재하는 것이 아니라 의식(意識) 정도가 정화(淨化)되어 욕심(慾心)이나 진심(瞋心)이나 치심(痴心)이나 즉 삼독심(三毒心)이 차근차근 가벼워지면 바로 이 자리가 저 높은 천상(天上)입니다. 탐욕심(貪慾心)이나 진심(瞋心)이나 어리석은 치심(痴心)이 더 무거워질수록 욕계(欲界)의 밑으로 떨어집니다.

지옥(地獄) 그러면 결국 그런 것이 그야말로 완전히 폐쇄(閉鎖)가 되어서 욕심(慾心)뿐인, 진심(瞋心)뿐인, 치심(痴心)뿐인, 그런 세계의 의식(意識)을 갖는 존재(存在)가 지옥(地獄)입니다.

그리고 우리 사람보다 훨씬 삼독심(三毒心)이 희박한, 가벼운, 맑은 존재(存在)가 천상(天上)입니다. 그것 역시 욕심(慾心)을 완전히 떠나버리면 색계(色界)인 것이고, 또 물질(物質)의 관념(觀念)을 떠나버리면 이대로 무색계(無色界)입니다. 이런 삼계(三界)를 떠나버려야 비로소 그 때는 참다운 깨달음이 온다는 것이 부처님의 가르침입니다.

아무튼 우리가 신중불공(神衆佛供) 모실 때 반야심경(般若心經)을 외우면 나쁜 신(神)들은 그냥 물러갑니다.

모두들 있다고만 생각하므로 나도 있고, 너도 있고, 중생(衆生)들이 삼독심에 가려진 안목으로 있다고만 생각하므로 이제 나쁜 마음을 품습니다. 그러나 나도 원래 허망(虛妄)한 것이고 너도 허망한 것이고 또는 좋다는 것도 허망한 것이고 이렇게 허망하다고 귀신(鬼神)들이 느낀다고 생각할 때는 우리를 해코지할 수 없습니다.

반야심경(般若心經)을 한번 외우면 그냥 옆에 있는 사람만 듣는 것이 아니라 우리 잠재의식(潛在意識)도 정화(淨化)가 되는 것이고 우리 주변도 정화를 시키는 것입니다.

요즈음 사람들은 오염(汚染) 그러면 일산화탄소(一酸化炭素)나 이산화탄소(二酸化炭素)나 아황산(亞黃酸) 가스(Gas), 그런 것만 오염으로 생각합니다. 하지만 가장 심한 오염은 우리 중생의 악심(惡心)입니다. 탐욕(貪慾)의 마음만 품어도 벌써 그 마음이 우리 분위기(雰圍氣)를 오염(汚染)시킵니다.

그 반대로 선량(善良)한 사람들은 우리 분위기(雰圍氣)를 정화(淨化)시킵니다. 따라서 우리 스님들, 우리 불자님들이 선방(禪房)에서 공부한다고 생각할 때는 공부하시는 분들이 누가 악심(惡心)을 품겠

205

습니까. 그 성불(成佛)하겠다 하는, 모든 상(相)을 떠나서 성불로 지향하는 그 마음이 벌써 우주(宇宙)를 정화시킵니다.

이런데 있어서 진묵대사(震黙大師) 같은 분은 -서산대사(西山大師)는 임란(壬亂) 때 그냥 나가서 칼을 잡고서 의병장(義兵將)으로 싸웠지만- 싸움터에 한발도 내딛지 않았습니다. 전장(戰場)엔 한 번도 안 나가신 분입니다. 요즈음 말로 사회(社會)참여라, 자기 몸으로 참여하는 것을 주장하는 그런 분들한테는 진묵대사(震黙大師) 같은 분은 애국자(愛國者)도 아니고 아무것도 아니겠지요.

그러나 우리 불법(佛法)은 그렇게 옅은 것이 아닙니다. 어디에가 있는 것이 문제가 아니라, 칼을 잡고 안 잡고의 문제가 아니라, 자기 몸으로 사회에 나가서 그렇게 주먹을 휘두르는 것이 문제가 아니라, 어디에 있든지 간에 그 사람 마음이 그 사람 의식(意識)이 얼마만큼 정화(淨化)가 되었는가, 그것이 문제(問題)입니다.

따라서 우리가 신중불공을 모실 때에 반야심경을 외우면 앞서 말한 바와 같이 나쁜 귀신은 못 배겨냅니다. 무엇이 있다고 생각하고 집착(執着)하고 그래서 나쁜 맘이 생기는 것인데 그런 것이 모두 허망하다고 풀어버리므로 나쁜 마음이 차근차근 풀어집니다.

내내야 나쁜 귀신도 우리와 똑같이 자성(自性)은 진여불성(眞如佛性)입니다. 불심(佛心)입니다. 다만 잘못 생각해서 마음이 얼키설키

해서 나쁜 귀신이 된 것뿐입니다. 그러나 그런 귀신(鬼神)들은 이런 몸뚱이가 없습니다. 유체(幽體)라, 보다 미세(微細)한 몸이기 때문에, 미세한 몸은 말을 잘 알아먹습니다. 자기 몸뚱이가 어떻게 밥을 얼마를 먹어야 하고 칼로리(calorie)를 얼마를 섭취해야 하고, 이럴 때 우리가 욕심을 내고 하겠지만 그런 유체라는 것은 미세한 분자 같은 몸이기 때문에 밥이나 그런 것이 필요치 않습니다.

따라서 말을 더 잘 알아듣습니다. 그래서 그 삿된 아귀(餓鬼)라 하더라도 부처님의 법문을 하면 우리 사람보다 더 잘 알아먹습니다. 그렇기 때문에 나쁜 신들이 있다가도 반야심경을 외우면 그냥 '아! 그렇구나. 그야말로 참 석가모니(釋迦牟尼) 같은 분들은 거짓말을 절대로 않는 분인데 그 분이 비었다고 했으니까 정말로 비었구나' 라고 느끼며 물러갑니다. 물러가면 그냥 또 우리 분위기에 있는 선신(善神)들은 부처님 법문을 제대로 다 알아듣기 때문에 우리 주변에 모여듭니다.

그렇기 때문에 우리가 반야심경(般若心經)을 신중불공(神衆佛供) 모실 때는 꼭 하라는 것입니다. 그렇게 해서 주변의 모든 삿된 것을 물리치고 선신(善神)들의 가호(加護)를 받고서 우리가 원력(願力)을 세우고 축원(祝願)을 해야 그래야 더 훨씬 효과적이겠지요.

지금 누구나 이 사회를 보면 그 모든 병폐, 이 사회가 병을 앓고 있다는 것을 말하지 않습니까. 그런데 그 병은 어떻게 퇴치(退治)할 것인가, 그런 방법적인 문제는 다 모호합니다.

우리 종단(宗團)도 그야말로 지독한 병을 앓고 있지 않습니까. 어떻게 해야 할 것인가? 어느 분들은 제도(制度)를 바꿔야 하겠다, 별스런 말을 다 하겠지요. 그런 것도 일단은 의의(意義)는 있습니다.

그러나 가장 중요한 것은 우리 마음 자세입니다. 감투가 실제로 있다고 생각하고 자기 몸뚱이가 있다고 생각하고 자기 단체가 있다고 생각할 때는 그런 것에 착(着)하지 않을 수가 없습니다.

그러나 반야심경(般若心經)에 있는 바와 같이 오온개공(五蘊皆空)이라! 내 몸뚱이는 산소(酸素)나 수소(水素)나 탄소(炭素)나 질소(窒素)나 그런 각 원소(元素)가 모여서 인연(因緣) 따라 잠시 이루어져 지금 변화(變化)해 마지않고, 우리 마음이라는 것은 감수(感受)하고 우리가 상상(想像)하고 또는 의혹(疑惑)하고 또는 분별시비(分別是非)하는, 이른바 불교(佛敎) 언어로 하면 수(受)와 상(想)과 행(行)과 식(識), 이런 것들이 모여서 된 것이 우리 마음입니다.

그런 것이 잠시 인연(因緣) 따라서 모여 우리 존재(存在)가 된 것입니다. 내가 어째서 없는가, 오온개공(五蘊皆空)이란 말은 내가 없다는 것입니다. 이 몸뚱이가 잠시간 각 원소가 인연 따라서 인연생(因緣生)으로 이루어져서, 그대로 머물러 있는 것이 아니라 순간(瞬間)

도 머물지 않습니다. 어느 순간도 고유(固有)한 것이 없습니다.

변동(變動)해서 마지않는 것이므로 이 몸이 있다고 할 수가 없는 것이고, 내 마음이 아프다고 생각하고 좋다고 생각하면 그 마음이 지금 자취가 있습니까. 우리가 감수(感受)하는 것이나 상상(想像)하는 것이나 의혹(疑惑)하는 것이나 분별시비(分別是非)가 자취가 없습니다. 결국은 그것이 없습니다. 내가 기분(氣分)이 사납다 하면 그 기분 사나운 마음이 어디에 있습니까. 다 아시는 바와 같이 혜가(慧可)스님이 달마(達磨)스님한테 가서서

"마음이 괴롭습니다. 마음이 불안(不安)합니다. 제 마음을 편안(便安)하게 해 주십시오."

했더니 달마스님께서

"그대 불안한 마음을 내 놓아 봐라. 가져오너라!"

하셨단 말입니다. 즉 다시 말하면 불안한 마음, 좋은 마음의 자취가 어디에 있는 것이 아니란 말입니다. 흔적도 없는 것을 다만 우리 습관성(習慣性) 때문에 우리가 괜히 슬퍼하고 미워하고 좋아하고 하

는 것입니다.

오온개공(五蘊皆空)이라! 이와 같이 내 몸뚱이나 내 의식(意識), 관념(觀念) 이것이 다 비었다는 것을 조견(照見)이라. 비칠 조(照), 볼 견(見), 비추어 봄으로 해서 도일체고액(度一切苦厄)이라. 우리 불법(佛法)이나 다른 종교(宗敎)나 철학(哲學)이나 모두가 다 인생(人生)의 행복(幸福)을 위함입니다. 일체 고난을 해탈하는 것입니다.

인생의 고난을 제거한다고 생각할 때는 딴 방법이 없습니다. 우선 무명심(無明心)의 극단이 되어있는 '나'라는 존재가 비어 있다는 것을 실재로 우리가 느껴야 합니다. 사실은 빈 것인데 우리가 잘못 보아서 있다고 생각하고, 거기에 따라서 착후백출(錯嗅百出)이라. 백 가지, 천 가지 그런 허물이 나온단 말입니다.

사실은 검은 것인데 억지로 희다고 하면 되겠습니까. 그와 똑같이 부처님 지혜(智慧)로 볼 때에 또는 현대 양자(量子) 물리학으로 볼 때, 이 몸뚱이는 물질(物質)이 아니라 텅텅 비어 있습니다.

그렇기 때문에 화두(話頭)요, 염불(念佛)이요, 복잡하게 공부하지 않더라도 사실은 반야심경(般若心經)만 잘 보고 느끼면 다 깨닫는 것입니다.

다 비었다고 그래서 차근차근 우리 마음을 비워버리면 그것이 허무(虛無)하니 완전히 빈 것이 아니란 말입니다. 완전히 비었다고 하면 내 몸이 이렇게 나오고 천지우주(天地宇宙)가 나오겠습니까.

　완전히 빈 것이 아니기 때문에 사람 몸도 나오고 다른 것도 나옵니다. 따라서 우선 우리가 잘못된 것, 잘못 있다고 생각한 것만 그냥 그것만 비워버리면 정말로 실재적(實在的)인 진여(眞如) 실상(實相)이 나온단 말입니다. 진여불성(眞如佛性)이 나옵니다.

　무문관(無門關)의 허두 제일칙(第一則)의 평(評)에 이런 법문(法門)이 있습니다. 구구순숙(久久純熟)이라. 오래 구(久), 오래오래 공부를 해서 익혀 나가면 순숙이라, 순전할 순(純), 익을 숙(熟)입니다. 화두나 염불이나 주문이나 무슨 공부든 간에 오랫동안 우리가 익혀 나가면, 자연내외(自然內外), 안 내(內), 바깥 외(外), 자연히 내 안이나 밖에나 다시 말하면 정신(精神)이나 물질(物質)이나 모두가 하나로 되어버립니다.

　처음부터 화두(話頭)를 든다고 해서 그냥 그렇게 되는 것은 아니겠지요. 그런데 공부하시는 분들은 대체로 우선 급해서 '저는 자꾸만 그렇게 망상(妄想)이 나옵니다.'라고 합니다만 망상이 전혀 안 나오면 그 때는 도인(道人)이겠지요. 응당 망상이 나오므로 우리가 공부를 하는 것입니다.

　우선 범부(凡夫) 하면 범부와 성자(聖者)의 차이는 어떤 것이고 하면 범부는 이생성(異生性)이라. 다를 이(異), 날 생(生), 성품 성(性), 이것저것 구분해서 우리가 본단 말입니다. '나' 라고 구분하고 '너' 라고 구분하고, 좋다고 구분하고 나쁘다고 구분합니다. 그것보고 범부의 이생성이라고 합니다. 달리 본단 말입니다.

　도인(道人)은 어떻게 볼 것인가. 도인은 이생성의 뿌리를 뽑아버렸습니다. 뽑아서 그런 가짜를 안 보고서, 그런 망념(妄念)되게 안 보고서 사실의 본바탕을 봅니다. 사실의 본바탕을 본다고 생각할 때는 모두가 다르지 않고 일여평등(一如平等)이라, 여여(如如)하니 모두가 다 -여여(如如)하다는 말은 일체 모두가 다 진여(眞如)와 같다는 뜻입니다- 같을 여(如) 두 자를 써서 '如如' 아닙니까. 여여(如如)란 일체존재가 나나, 너나, 좋은 것이나, 또는 어떤 것이나 모두가 다 진여와 똑같다는 그런 뜻입니다.

　따라서 성자(聖者)는 모두를 다 여여하니 일여평등한 것으로 보는 것입니다. 범부(凡夫)는 이것, 저것 구분합니다. 따라서 자기가 공부를 좀 했다 하더라도 나라고 구분하고 너라고 구분하고 그렇게 할 때는 이것은 범부의 이생성(異生性)을 못 여읜 분명한 범부입니다.

　또 동시에 탐욕심과 성내는 마음과 어리석은 마음을 가집니다. -

어리석은 마음 가운데는 무얼 잘 모르고 판단도 잘 못하고 그런 것도 포함되나- 어리석은 마음의 가장 기본은 다르지 않은 것을 천지우주(天地(宇宙)가 밝은 눈으로 본다고 생각할 때는 청정미묘(淸淨微妙)한 진여불성(眞如佛性)뿐인데 그렇게 못 보는 것은 모두가 다 이것은 어리석은 것입니다.

이렇게 생각할 때 공부를 했다 하더라도 사실은 성자(聖者)가 미처 못 되면 견성오도(見性悟道)해서 불성(佛性)을 증명(證明)해서 성자가 못 되면 모두 다 어리석어 보이는 것입니다.

이렇게 해서 앞서 말씀 드린 바와 같이 구구순숙(久久純熟)이라. 오래오래 닦아나가면 그 때는 우리가 본래(本來)가 부처가 아니면 되겠습니까만 본래가 부처이기 때문에 부처가 되려고 몸부림치는 것입니다. 우리가 부처가 되는 데 있어서, 부처님 법문에 보면 내훈외훈(內薰外薰)이라. 안 내(內), 훈할 훈(薰), 밖 외(外), 훈할 훈(薰), 본래가 부처이기 때문에 누구한테 법문을 안 들어도 저절로, 차근차근 불성의 훈기(薰氣)가 배어 나온다는 말입니다.

저는 그 전에 한 40대 나이에 어느 법회에 나가서 서투른 이야기를 좀 했습니다. 그 때 공부를 하신 분이 '지옥(地獄)에 한 번 떨어진 지옥(地獄) 중생(衆生)들에게는 스승도 없고 할 것인데 지옥 중생들은 영원히 지옥에서 못 빠져 나와서 그 곳에만 있게 됩니까' 라는 질문을

한단 말입니다. 제가 그 때 답변을 못해서 창피를 당했습니다.

헌데 지옥 중생도 지옥에 가서 영원히 있는 것이 아니라 결국은 나옵니다. 어째 나오는 것인가. 지옥에 있는 지옥 중생도 내내야 본바탕은 부처이기 때문입니다.

불성(佛性)은 어디가 가만히 있는 죽은 것이 아니라 이것은 하나의 생명(生命)이기 때문에, 발랄한 생명이기 때문에 생명은 생명 자체의 법칙으로 해서 움직이는 것입니다. 즉 다시 말하면 모든 중생(衆生)을 다 성불(成佛)의 길로 이끄는 것입니다.

우주(宇宙)의 중력(重力)인 인력(引力)도 모두가 다 그런 소치입니다. 물리학(物理學)적으로 말하면 중력이요, 인력인데, 우리 불교(佛敎)적인 뜻으로 말하면 그야말로 모든 부처님의 원력(願力)인 일체중생(一切衆生)을 다 근본자리로 이끄는 힘입니다.

우리가 법회 때마다 끝에 가서 외우는 사홍서원(四弘誓願)도 원칙은 다 그런 뜻입니다. 모든 중생을 다 해탈(解脫)시킨다, 모든 미혹(迷惑)을 다 끊는다, 모든 법문(法門)을 다 배운다, 완벽한 깨달음을 다 얻는다, 그런 것이 모두 다 원래 부처님 성품(性品)입니다. 우주(宇宙)에 존재해 있는 일체존재(一切存在)의 근본된 본질(本質)이라는 것이 다 그런 성질(性質)이라는 것입니다. 따라서 설사 잘못 살아서, 잘못 생각해서, 잘못 행동하고 지옥에 들어갔다 하더라도 오랜

동안 세월이 흐르면 자기도 모르는 가운데 그 자기 불성, 자기한테 갖추고 있는 불성(佛性)이 차근차근 그 때는 훈기(薰氣)가 배어 나와서 좋아집니다.

마치 그런 것이 탁수(濁水)를 가만 두면 앙금이 가라앉아서 바닥이 보이는 것과 똑같이 원래는 지옥이라 하더라도 청정무구(淸淨無垢)한 그런 불성이기 때문에 설사 잘못 살아서, 잘못 느껴서 지옥으로 갔다 하더라도 누가 옆에 가서 제도(濟度)를 하지 않는다 하더라도 저절로 부처가 되어 나옵니다.

그런가 하면 또 밖에서 부처님 교법(敎法)이 있어서 인도(引導)하면 좀 더 쉽겠지요. 그렇기 때문에 성불이라는 것이 내훈외훈(內薰外薰)이라. 자기 안에 스스로 자기 불성이 차근차근 훈기를, 향기로운 성불의 훈기를 내뿜어서 불성 쪽으로 다가서고, 동시에 모든 성자들, 공자나 예수나 석가나 소크라테스나 모두 그런 성인들의 가르침에는 정도(程道)의 차이가 있고 철저하고 덜 철저한 차이가 있다 하더라도 모두가 다 본래 마음자리, 본래 진리(眞理)로 우리를 몰아 세우는 법문입니다.

따라서 앞서 말씀 드린 바와 같이 타성일편(打成一片)이 우리는 아직은 다 못되었겠지요. 공부가 순숙이 안 되었단 말입니다. 순숙이라는 것은 공부를 아주 순순하게 해서 공부가 익어나간단 말입니다. 익어나가면 본래가 부처인지라 자기도 모르는 가운데 마음이 맑고 몸이 가벼워옵니다. 공부를 하는데 마음도 무겁고 찌뿌드드하고 몸도 천근만근 항시 그렇게 상쾌하지 못하면 공부가 잘 안 되는 것이지요.

본래 우리 불성(佛性)은 무게가 있는 것이 아닙니다. 없는 것이 어떻게 무게가 있겠습니까. 물질(物質)이 아니기 때문에 우리 중생은 겉만 보므로 물질로 보이는 것이지만 그 바닥에서 볼 때는 물질이 아니라 그 때는 그야말로 불성뿐입니다.

범부와 중생의 차이는 거기에도 있습니다. 일반 중생들은 겉만 보는 것이고, 성자는 본바탕을 봅니다. 본바탕에서 보면 다 마음이고 다 부처고 다 식(識)입니다. 그러나 겉만 보면 마음이 안 보이는 것이므로 우리 중생은 마음이 어디에 있는 것인가 모릅니다. 따라서 공산주의(共産主義)같이 모두 다 그 때는 유물론(唯物論)을 부르짖습니다.

그런 것은 기초가 어디에가 있는 것인가? 과학적 유물주의라, 모두 다 물질이라 보는 데서 온 것입니다. 모두 다 물질이라고 보기 때문에, 사람들이 서로 물질을 좋아하고 서로 많이 가지려고 하기 때문에 우리가 적당히 통제(統制)시켜야 합니다. 사실 공산주의는 앞서 말씀드린 바와 같이 모두가 물질이라는 전제 위에서 그대로 가만두면 그 때는 서로 경쟁(競爭)해서 그야말로 아수라(阿修羅) 같은 세계가 됩니다. 그렇기 때문에 철저한 통제를 해나가야만 그야말로 평등(平等)

사회가 되고 자유(自由)가 되고 한다는 그런 주의(主義) 아닙니까.

자본주의(資本主義)는 무엇인가? 자본주의도 똑같이 모두가 물질이라는 전제 위에서 이루어진 것입니다. 그러나 자본주의는 관능적(官能的) 유물주의라, 그런 통제를 별로 하지 않고 자유경쟁(自由競爭)에 맡겨 버린단 말입니다. 따라서 지금은 이쪽 세계나 저쪽 세계나 모두 따지고 보면 모두가 물질이라는 전제 위에 서 있습니다. 저쪽은 과학적 유물주의요, 또 자유민주주의는 관능적 유물주의입니다.

따라서 필연적으로 여러 가지 모순(矛盾)이 생기지 않을 수가 없습니다. 가정(家庭)이나 또는 우리가 이렇게 모여 살아가지만 만약 우리가 물질을 존중하고 물질을 중요시한다고 생각해 보십시오. 우리가 몇 번씩 안 싸울 수가 없습니다.

아무리 통제가 있고, 청규(清規)가 있다 하더라도 우리 관념(觀念) 자체가 본래 진리에서 보면 있지도 않지만 내가 있고, 네가 있고, 내 물건이 있고, 네 물건이 있다, 이렇게 생각할 때는 안 싸울 수 없습니다.

부처님주의, 공자주의, 예수주의는 모두가 다 물질이라는 것은 허망한 것이다, 가장 분명하게 말씀한 것이 이제 석가모니(釋迦牟尼)의 가르침 아닙니까. 가장 극명(克明)하게 표현한 것이 「금강경(金剛經)」, 「반야심경(般若心經)」입니다. 「화엄경(華嚴經)」, 「법화경(法華經)」은 제법(諸法) 실상(實相)자리 모두 다 부처뿐이다, 천지우주가

다 부처님 세계다, 이런 쪽으로 주로 적극적으로 표현했지만 금강경, 반야심경은 우리 중생이 보는 것은 허망(虛妄)한 것이다, 따라서 우리가 잘못 본 것을 부정을 먼저 시켜버려야지 부정을 못시켜버리면 공부가 될 수가 없습니다. 제법실상(諸法實相)이라, 시제법공상(是諸法空相)이라, 모든 법(法)이 다 비어 있는 실상에서 보면 그 때는 색(色)도 없고 소리도 없고 이제 다 없습니다.

우리 중생(衆生)은 모든 법이, 이런 존재가 모두 있다고 생각합니다. 부처님 참선(參禪)공부는 있다고 생각하면 그 다음에는 이것저것 다 그르칩니다.

단체(團體)를 꾸며보나 가정(家庭)을 꾸며보나 다 그 때는 조화가 어렵고 갈등에서 벗어날 수 없습니다. 그래서 참선공부도 앞서 말씀드린 바와 같이 타성일편(打成一片)이라. 모두가 하나의 오직 하나의 -둘에 상대되는 하나가 아니라- 우주(宇宙)가 오직 하나의, 오직 한 성품(性品)의 진여불성(眞如佛性)뿐이다, 이렇게 확실히 믿어야 합니다.

믿어야 하는 것인데 처음에는 믿기지 않는단 말입니다. 여태까지 여러 가지 배운 것이나 느낀 것이나 모두가 다 있다는 것만 배웠으니까 그렇게 공을 느낄 수 없습니다. 그래서 계속 되풀이하여 구구순숙(久久純熟)이라. 앞서 말씀드린 바와 같이 구구순숙이라는 말이 그렇게 중요하게 우리에게 다가오는 것입니다.

오래오래 두고 두고서 다 비었다, 다 비었다, 내가 없다, 내가 없다, 이렇게 해야 합니다. 자기 암시(暗示)라는 것은 굉장히 중요한 의의가 있습니다. 내가 원래 부처다, 부처다, 이렇게 하다보면 본래 부처인지라 부처가 되어버립니다.

염불(念佛)의 본뜻은 그런 데에 있습니다. 본래 부처인지라 자꾸만 부처님 이름을 외우다 보면 자기도 모르게 결국은 부처가 되어버립니다. 내가 자꾸 나쁘다고 생각하고 부정적(否定的)으로 생각하면 자기도 모르게 참말로 마음이 어둡고 나쁘게 되어버립니다.

자기 암시라는 것이 그렇게 중요한 뜻이 있습니다. 그렇기 때문에 화두(話頭)나 주문(呪文)이나 염불(念佛)이나 그런 공부는 모두가 다 원래는 진여불성(眞如佛性)자리, 원래 모든 존재(存在)가 하나의 자리를 우리가 구하는 것입니다. 본래 하나이기 때문입니다.

따라서 하나의 자리를 구한다 하더라도 본래 하나라고 딱 믿고 구해야지 본래 하나라고 믿지 않고 구하면 항시 괴롭습니다.

백년 묵은 체증도 우리가 그 좋은 사약(瀉藥 : 설사약)을 먹으면 그냥 내려갈 수가 있듯이 우리가 그 있다, 없다, -있다, 없다는 것은 결국 있다고 생각하니까 없다는 것도 나오겠습니다만- 그런 이른바 있다, 없다는 병(病), 그런 병이 중생의 병인데 우리 중생(衆生)은 있다, 없다, 하는 그런 관념을 못 떠나면 병이 나을 수 없습니다.

마음의 병뿐만 아니라 우리 생리적(生理的)인 병도, 마음도, 몸도 빈 것이기 때문에 둘이 아닙니다. 따라서 마음으로 우리 관념상 부정적인 생각을 하면 즉시 우리 마음에서, 몸에서 반사(反射)합니다.

　참선(參禪)할 때에 우리가 여러모로 우리 젊은 분들이 괴로워도 하고 고생도 하실 것입니다. 가장 큰 근원적인 괴로움은 관념상 자기 관념(觀念)을 해결하지 못하는 데 있습니다. 내가 원래 없는 것인데 원래 없다는 생각에 투철하면 나도 없고 우리 주변도 모두 다 우리가 보는 것처럼 있지 않고 참말로 있는 것은 다 불성(佛性)뿐입니다.

　그 전(前)에 말씀드린 바와 같이 지금 갑이라는 사람과 을이라는 사람이 있다고 생각하면, 우리는 그 사이가 공간적(空間的)으로 떨어져 있다고 생각합니다. 그러나 적어도 원소(元素)의 차원(次元)에서만 보더라도 모두가 다 붙어 있습니다. 공간에 산소나 수소나 그런 것이 없는 공간이 어디 있습니까. 원소의 차원에서만 본다 하더라도 나와 남은 모두가 다 붙어 있습니다. 뿔뿔이 흩어져 있지 않단 말입니다. 더구나 그보다 더 근원적인 불성차원, 불성 이것은 어디에는 있고, 어디에는 없는 것이 아닙니다. 우주(宇宙) 자체가 바로 불성(佛性)인 것이고, 우주는 바로 불성뿐입니다.

　이렇게 확실히 알아야 합니다. 이렇게 알고 화두도 하고 염불도 하는 것과, 이렇게 모르고 내가 구하는 것이 무엇일까? 깨닫고 보면 위대한 도인(道人)도 되고 무엇을 많이 알고 하겠지? 암중모색(暗中摸索)으로 우리가 하면 맘이 괴롭습니다.

따라서 우리가 참선할 때나 무슨 공부를 할 때나 대신(大信)이라. 큰 믿음을 일으킨다. 큰 신근(信根)이 이른바 믿는 뿌리가 없으면 바른 공부를 못하는 것입니다. 참선에서 가장 중요한 것은 결국은 우리 믿음입니다.

무엇을 믿을 것인가? 보통 부처님 도리(道理)를 믿는다고 합니다. 부처님 법(法)의 어떤 점을 믿는 것인가? 모두가 다 부처님뿐이고 다른 것은 없다는 것을 믿어야 합니다. 그렇게 믿어야 합니다. 그냥 참선하면 머리가 맑아지고 몸도 가벼워지고 무엇 알아지고 그런 정도의 상대적(相對的)인 문제를 가지고 헤아리면 그런 것으로 해서는 우리 몸도 마음도 가벼워지지 않습니다.

그러나 다 놓아버려서 모두가 다 텅 빈 것이라고 생각할 때에 가령 우리는 심장병(心臟病)이 있다고 생각합니다. 모두가 빈 것인데 심장병만 따로 어디에 존재하겠습니까? 내 몸뚱이가 본래에서 본다고 생각하면 비어 있는 것인데 내 세포(細胞)가 다 비어 있는 것인데 아, 심장병이나 암(癌)이 어디가 있다고 보겠습니까.

그러나 사회(社會)에서 하도 많이 듣고 그렇게 배웠으므로 이제 있다고만 생각합니다. 100% 없다고 생각하면 정말로 없는 것입니다.

따라서 그런 것도 역시 공부를 하다보면 구구순숙(久久純熟)이라. 오랫동안 순수(純粹)한 마음으로 익히고 익히다 보면 그 때는 차근차근 비어옵니다.

어느 누구나가 참선(參禪)을 막 배울 때부터 그냥 시원하고 좋을 수만은 없습니다. 그 깜깜하고 그야말로 목구멍도 깔깔하고 어쩐지 호흡(呼吸)도 잘 안 되고 그러나 오랫동안 하다보면 자기도 모르는 가운데 어느 날 갑자기 툭 트여버린단 말입니다. 그래서 자기 몸 전체가 아무런 부담을 느끼지 않습니다.

그냥 쉽게는 그렇게 안 되는 것입니다. 물론 그 사람 선근(善根)과 이제 용맹정진(勇猛精進)하는 그야말로 자기의 하나의 결단심(決斷心)과 공부하는 방법 모두 다 상승(上昇)이 되겠습니다만, 가장 중요한 것은 앞서 제가 말씀 드린 바와 같이 먼저 우리가 믿음으로 해서 부처님 법을 확실히 믿고 '모두가 다 비었다', 이른바 반야(般若)의 사상(思想), 반야바라밀(般若波羅蜜)을 가지고 공부를 해야 그래야 참선(參禪)이 된다는 사실입니다. 반야(般若)가 없으면 그 때는 참선이 못 되는 것입니다. 그래서 구구순숙(久久純熟) 자연내외(自然內外) 타성일편(打成一片)이라!

하나의 공부하는 방법을 가지고서 먼저 확실히 제법공(諸法空)자리를 믿고 그 공(空)은 다만 공이 아니라 −공(空)을 아무 것도 없다고 생각할 때는 허무(虛無)가 되어버립니다. 공의 알맹이, 공의 자체는 바로 진여불성(眞如佛性)입니다- 일체공덕(一切功德)을 갖춘 진여불성이 내 본성(本性)이다, 이렇게 믿는다고 생각할 때는 우리한테 우리 마음이나 몸에 끼치는 공덕(功德)이 굉장히 큰 것입니다.

묵은 병(病)이 설사 있더라도 믿는 정도가 정말로 확실하다면 그냥 순식간(瞬息間)에 그 병이 나을 수도 있습니다.

인도(印度)에서 이른바 그 심령요법(心靈療法), 그런 것도 보면 그런 내용으로 말씀되어 있습니다. 바라문교(婆羅門敎)나 우리 부처님 가르침이나 모두가 다 허망(虛妄)한 것을 말하고 있고, 초기 원시불법(原始佛法)도 역시 사념주관(四念住觀)이란 말입니다. 일체(一切)가 다 괴로운 것이고 모두가 다 무상(無常)한 것이고 이 몸뚱이는 결국 우리가 잘못 보아서 그렇지, 참 더러운 것뿐입니다.

우리 중생(衆生)들은 그냥 이 몸 이대로 좋다, 이 몸 이대로 귀엽다고 생각하므로 우리가 탐심(貪心)을 내곤 하겠지요. 그러나 이 몸 이대로는 귀(貴)한 것은 아무 것도 없습니다. 깊이 본다고 생각할 때는 더러운 것만 충만해 있습니다.

그래서 그 사념주관(四念住觀)도 이 몸이 더럽다는 부정관(不淨觀)입니다. 부정(不淨)이라, 우리가 부정한 것을 좋다고 생각하고 구하려고 생각하므로 그 때는 고(苦)가 안 될 수 없습니다. 그리고 이 몸은 결국은 과학적(科學的)으로 본다면 무상(無常)한 것이고 무아(無我)입니다.

과학적(科學的)으로 볼 때 우리 몸은 무상(無常)인 것이고 무아인 것입니다. 내 몸뚱이가 무상한 것이고 무아인 것인데 자기 소유(所有)가 어디에 있겠습니까. 따라서 이 사회의 형태도 마땅히 우리 승가(僧家)에서 하는 그런 생활로 앞으로 되어야 합니다.

그러나 갑자기 받으라 하면 되겠습니까. 먼저 느끼고 우리 승가(僧家)부터 모범(模範)을 보여야 하는 것입니다. 그래서 사람 마음부터 제도(濟度)해서 자기 마음으로 느끼고 해야지, 공산혁명 모양으로 억지로 다 그렇게 공평(公平)하게 분배하려고 하면 그 때는 싸움이 일어납니다.

그렇기 때문에 마땅히 이상적인 것은 원래 내 것이 없고 아무 것도 내 것이 아닌 것이기 때문에 다른 것도 결국은 내 소유가 될 수가 없다고 생각하는 것입니다. 그러기에 적어도 출가한 수행자(修行者)는 자기 평생 내 소유(所有)는 아무 것도 없다, 이렇게 확실히 믿어야 합니다. 만약 출가한 수행자가 내 소유가 내 몸뚱이도 내 것이고, 내 책도 내 것이고, 내 사는 집도 내 것이고, 할 때는 수행자가 아닙니다.

사실상 빈 것이므로 사실대로 부처님께서 말씀하신 것입니다. 따라서 이렇게 해서 앞서 말씀드린 바와 같이 딱 비우고, 다만 비어 있는 것이 아니라 무량공덕(無量功德)을 분명히 갖추고 있습니다. 경(經)에도 보면 부처님의 무량공덕을 확신해버리면 그 확신은 즉시에 불퇴위(不退位)라! 공부에 후퇴(後退)가 없습니다. 나한테도 석가(釋迦)와 더불어서, 예수와 더불어서 모든 신통(神通)을 다 갖추고 있다, 이른바 명행족(明行足)이라, 이른바 삼명육통(三明六通)을 다 갖추고 있습니다.

그와 같이 무량공덕(無量功德)을 내가 갖추고 있다고 생각할 때는 내가 아픈 것이나, 내가 모르는 것이나, 내가 부족한 것이나, 우리가 부족하게 느낄 필요가 없습니다. 우리가 계발(啓發)만 하면 되는 것입니다. 그러기에 우리 중생(衆生)을 보고 금덩어리 짊어지고 빌어먹는 거지라는 말을 하지 않습니까.

우리가 다 짊어지고 있고 모두가 다 갖추고 있는 것입니다. 무량의 공덕을 갖추고 있어서 어떠한 물질적(物質的)인 소유(所有)가 자기 것이 아니다 하더라도 우리가 조금도 비관(悲觀)할 필요는 전혀 없습니다.

당장에 금방 죽는다 하더라도 손해(損害)는 아무 것도 없습니다. 자기 몸뚱이가 자기 것이 아닌데 금방 몸을 버리면 금방 다른 몸을 받는 것입니다.

공부를 많이 했으면 바로 극락(極樂)으로 가는 것이고, 진여불성

(眞如佛性)과 하나가 되어버리면 그 때는 극락입니다.

따라서 어떻게 되나, 사업(事業)에 실패(失敗)하나, 자기가 죽으나, 자기 이웃, 가까운 사람 혹은 사랑하는 사람이 죽으나, 어떠한 경우도 슬퍼하지 않고, 아무것도 손해 보지 않습니다. 다만 중생(衆生)의 있지 않은 상(相)만 바꿔지고 변동(變動)이 있는 것이지 본바탕은 그대로 가만히 있습니다.

그러기에 이른바 운문(雲門)스님 말씀대로 일일시호일(日日是好日)이라! 매일매일 좋은 날이고 좋은 일이고 합니다.

가부좌(跏趺坐)하는 것이 공부하기에 제일 좋은 자세입니다. 왜냐하면 가부좌한 모습이 정삼각형(正三角形) 모습입니다. 기하학(幾何學)을 배우신 분들은 아시지만 삼각추(三角錐)가 결국은 제일 안정(安定)된 것 아닙니까. 따라서 이 정삼각형 모습이 모든 모습 가운데 제일 안정된 모습입니다. 그리고 모든 것을 다 모아서 하나로 가는 모습입니다. 따라서 이 모습이 지혜(智慧)가 가장 발동하기 쉬운 모습입니다.

그러기에 용수보살(龍樹菩薩)도 차가부좌자(此跏趺坐者), 가부좌,

이것은 최안온불피급(最安穩不疲及)이라. 가장 편안(便安)하고 피로(疲勞)를 모른단 말입니다. 다리를 양쪽으로 서로 엇갈리게 맞끼우지 않아도 무방합니다. 다만 이 모습을 반가부좌(半跏趺坐)를 하여도 무방한 것인데 아무튼 가부좌(跏趺坐)하는 모습이 최안온불피급(最安穩不疲及)이라, 가장 편안하고 가장 피로가 없단 말입니다. 따라서 차도급자(此道及者)라, 이런 모습이 지혜(智慧)가 발동하기가 쉬운 것이므로 도(道)가 빨리 통(通)하는 것입니다.

동시에 마왕견기(魔王見其) 기심수포(其心愁怖)라, 도(道)가 빨리 되어가니 그 때는 마왕(魔王)이 두려워 접근을 못합니다. 가장 안정되고 가장 지혜가 발동하는 모습이기 때문에 이 모습만 보고도 결국은 마귀가 침범할 수 없다는 것입니다.

거기다 앞서 말씀 드린 바와 같이 모두가 다 진여불성(眞如佛性)이 아닌 것이 없다, 이렇게 생각할 때는 금상첨화(錦上添花)로 그야말로 다시없는 큰 힘이 되어서 무서운 것이 있을 수 없습니다.

가부좌(跏趺坐)를 하실 때는 꼭 단정히 앉아서 허리를 구부리거나 그래 놓으면 역시 상하 호흡(呼吸)이 제대로 잘 안 돌아가는 것입니다. 단정히 앉아야 호흡이 순탄하게 되고 소화(消化)도 잘 됩니다.

이른바 수승화강(水昇火降)이라, 맑은 기운이 수승(水昇), 물 수(水), 오를 승(昇), 맑은 기운인 수기(水氣)가 위로 올라가고 화강(火

降)이라. 불 화(火), 내릴 강(降), 따스한 기운이 아래로 내려간다, 시원한 기운이 위로 올라가고 따스한 기운이 아래로 내려가야 그래야 이제 우리 생리(生理)의 가장 정상적인 상태입니다.

따라서 이렇게 되면 호흡(呼吸)도 차근차근 맑아옵니다. 또는 그 반대로 호흡공부를 하다 보면 그렇게 몸도, 마음도 가벼워지고 그야말로 수승화강(水昇火降)이라, 시원스런 기운이 올라가고 더운 기운이 내려갑니다.

그래서 좌선(坐禪)할 때에 자기 몸이 좀 거북할 수도 있고, 좌선을 오랫동안 하다 보면 자기 호흡이 무슨 원수 같습니다. 호흡이 원수가 되어서 빡빡하고 방이 좀 덥기나 하고 더구나 콧물도 나오곤 합니다. 그런 때는 물론 적당히 조절하는 것이 좋으며 단전호흡(丹田呼吸)을 좀 하면 그런 것이 대부분 다 물러갑니다.

부처님 경전(經典) 가운데서 아나파나경(阿那波那經)이라, '아나파나' 란 호흡(呼吸)이란 뜻입니다. 입식출식(入息出息)이라. 그런 경이 있을 정도로 호흡만 해서 성불(成佛)하는 법(法)이 있습니다. 우리 마음 활동과 호흡은 둘이 아닙니다. 마음이 거칠면 호흡도 거칠고 호흡이 고요해지면 마음도 고요해집니다. 따라서 우리가 자기 마음을 다스리기가 굉장히 어려운 때는 호흡을 간단하게 겸비해도 무방한 것입니다.

맨 처음에 들어앉아 가부좌(跏趺坐)해서 산란한 마음이 가시지 않고 밖에 보이는 것이 자꾸만 걸리고 할 때는 가만히 호흡운동을 합니다.

호흡운동(呼吸運動)할 때도 잘 못하면 도리어 병(病)나기가 쉬운 것이므로 주의해야 합니다. 어떻게 주의해야 하는가 하면 그것은 표준이 있는 것인데 -좀 지루하더라도 호흡 문제나 앉는 문제는 중요한 것이므로 제가 말씀을 좀 더 드립니다만- 심장세균(深長細均)이라, 깊을 심(深), 호흡을 깊게 하고, 길 장(長), 호흡을 길게 하고, 가늘 세(細), 호흡을 가늘게 하고, 고를 균(均), 호흡을 고르게 하고, 호흡을 깊고, 길고, 가늘고, 고르게 합니다. 이것만 주의하면 호흡과 관련한 병이 안 걸립니다.

그러나 억지로 길게 하려고 하고, 억지로 가늘게 하려고 하고, 그렇게 치우치면 그 때는 호흡 때문에 병이 생기는 수가 있습니다. 따라서 방금 제가 말씀 드린 바와 같이 '깊고, 길고, 가늘고, 고르게' 하면 무리가 없습니다. 한말씀으로 하면 무리가 없도록 길게 하면 좋습니다.

그래서 호흡(呼吸)으로 공부하시는 분들이 「아나파나 호흡경(呼吸經)」을 보아도 좋으나 그 경은 간단한 것이라 거기에서 깊고 구체적인 가르침을 얻기는 좀 곤란하고, 역시 「요가수트라(Yoga-sutra; 요가경전)」 같은 것이 순수 호흡만 가지고도 가르침을 주는 법문(法門)

이 있습니다. 그것은 파탄잘리(Patanjali)라는 분이 체계를 세운 것인데 「요가수트라」를 보셔도 좋겠고, 중국권(中國圈)에서는 「혜명경(慧命經)」이라, 이것은 화양(華陽)이라는 도인이 낸 것인데 약간 과장되어 있어서 너무 치우치면 곤란하겠지만 참고 정도는 할 수 있습니다.

그러나 앞서 제가 말씀드린 그런 경을 설사 모른다 하더라도 심장세균(深長細均), 호흡을 '깊고 길고 가늘고 고르게' 하시고, 또 한 가지 주의하실 것은 이른바 유식(留息), 그래서 요가에서는 '쿤달(Kundal)'이라고 하는데, 숨을 들이마시고 오랫동안 멈추는 것을 말합니다. 머무를 유(留), 숨 쉴 식(息), 유식(留息)이라. 멈추는 것인데 숨을 좀 멈추고 있으면 숨이 아랫배를 거쳐 전신(全身)으로 갑니다. 보통 일반 숨들은 이렇게 가슴까지 가서 횡격막(橫隔膜)에 미처 못 가고 나오기 때문에 전신으로 호흡이 못 갑니다. 다만 흡(吸)을 해서 가만히 멈추고 있으면 그 때는 호흡이 전신으로 갑니다.

따라서 오랫동안 멈추면 멈춘 만큼 더 많이 갑니다. 그러나 억지로 너무 오래 멈추면 그도 역시 부작용이 생깁니다. 따라서 앞서 심장세균(深長細均), '깊고 길고 가늘고 고르게' 처음에는 숨을 들이마시고 무리가지 않도록 가령 5초나 몇 초나 1분 정도 숨을 멈춥니다. 그렇게 멈추는 시간을 조금씩 늘려갑니다. 가령 오늘은 5초를 숨을 멈추었으면 내일은 1분, 그와 같이 해서 차근차근 2분, 3분, 숨을 멈추는 시간을 늘려갑니다. 그러면 드디어 우리 전신(全身)에 숨이 고루고루 다 삼투(滲透)가 됩니다. 그래버리면 그 때는 몸이 시원해집니다.

우리 몸이 거북한 것은 호흡이 제대로, 우리 혈액순환(血液循環)이 제대로 안 되어서 그러는 것인데, 혈액순환(血液循環)이 왕성하고 우리 호흡이 산소(酸素)를 공급해주면 우리 몸이 항시 상쾌하고 가볍단 말입니다.

그래서 자기 호흡을 딱 끊을 줄 알아야 합니다. 호흡이 지식(止息)이라. 이른바 삼매(三昧)에 들려면 자기 호흡 소리도 자기 스스로 의식하지 못하고 정작 호흡이 거의 끊어질 단계가 되어버려야 삼매에 드는 것입니다.

따라서 앞서 말씀드린 바와 같이 자기 머리가 무겁다든가 또는 상기가 온다든가 그런 분들은 억지로 화두(話頭)를 하려 하지 말고 억지로 염불(念佛)도 하려 하지 말고, 모든 것을 놓아버리고 호흡만 해도 무방한 것입니다. 호흡을 하다가 너무 꾸벅꾸벅 혼침(惛沈)이 온다면 다시 화두도 챙기고 염불도 하는 것입니다.

이와 같이 공부하는 사람들은 그때그때 다만 선행적(先行的)으로 '모두가 다 조금도 틈도 없고, 조금도 다른 것이 없는 모든 공덕(功德)을 갖춘 진여불성(眞如佛性)뿐이다.', 이렇게 확실히 믿어야 하는 것인데 우리 버릇이 잘못되어서 믿지 못한단 말입니다. 그러나 우리가 하루 공부하면 한 만큼 그 때는 차근차근 그에 따른 믿음이 더 깊어갑니다. 따라서 그와 같이 확신(確信)을 한 다음에 믿음을 확립시켜가면서, 믿음을 확립시키려면 자꾸만 우리가 부처님 법문(法門)을 되뇌어야 합니다.

아! 모두가 마음뿐인데 내가 잘못 보아서 좋다고 보고, 나쁘다고 보는데, 이와 같이 자꾸만 자기를 타이르고 부처님 법문(法門) 쪽으로 우리를 다스리다보면 결국은 우리 잠재의식(潛在意識)에도 모두가 빈 것이라는 것이 차근차근 인상(印象) 깊게 박히는 것입니다.

이렇게 먼저 믿고 자기가 자기한테 맞는 법을 골라서 전에 말씀드린 바와 같이 화두(話頭)나 염불(念佛)이나 다 좋은 것입니다. 주문(呪文)이나 부처님 법, 도인들 법 모두 다 진여불성(眞如佛性)자리를 우리한테 제시하기 위해서, 우리를 진여불성으로 이끌기 위해서 하신 법문입니다.

우리 중생들은 꼭 매미가 허물을 벗듯, 뱀이 허물을 벗듯 우리 중생의 허물을 벗어버려야 합니다. 언제 벗어도 벗는 것입니다. 게으르면 금생(今生)도 못 벗고 이제 내생(來生)도 못 벗고, 몇 천 생 동안 윤회(輪廻) 바퀴를 돌다가 이제 더욱더 고생을 받고 말겠지요. 기왕에 벗을 바에는 금생에 벗어야 하는 것입니다.

매미가 허물을 못 벗으면 성충(成蟲)이 못 되겠지요. 따라서 우리 인간(人間)도 역시 우리 중생(衆生)의 허물을 못 벗으면 내내야 참다운 자기(自己)가 못 되는 것입니다. 가짜 자기, 망령(妄靈)된 자기 때문에 자기도 고생하고 남도 고생을 시킨단 말입니다.

따라서 그렇게 바로 믿고서 가부좌(跏趺坐)를 하실 때는 그와 같이 꼭 단정히 앉고, 긴장하면 긴장하는 것 때문에 그만큼 마음에 장애(障碍)가 생기므로 긴장을 하지 말고 다 풀어버려야 합니다. 단정히 앉아야만 호흡(呼吸)도 잘 되는 것이고 동시에 망념(妄念)도 덜하고, 모양 자체가 이미 사마외도(邪魔外道)를 물리친단 말입니다. 피로도 없는 것입니다. 물론 처음부터 쉽지 않겠지만 익숙해지면 가부좌(跏趺坐)하는 모습으로 며칠 동안 있어도 무방합니다.

그러나 맨 처음에 공부하실 때는 꼭 그때그때 포행(布行)을 해서 가급적이면 한 시간 동안 앉으시고 나머지 10분 동안 포행에서 풀어 버리시는 것이 좋습니다. 저희 같이 나이 먹은 사람들은 귀찮으니까 그냥 앉아 있지만 사실은 한 시간씩 앉았다 푸시는 것이 좋습니다.

참선(參禪)하시는 분들은 그렇게 하십시오. 일본(日本)의 선방(禪房)에서는 의무적으로 포행을 시킵니다. 그러나 자기 공부하는 정도에 따라서 그때그때 알아서 하시는 것은 좋지만 하여튼 가급적이면 한 시간 하시고서 포행을 하시는 것이 좋습니다.

그렇게 하시고 자기 눈은 그때그때 관법(觀法)을 주로 하시는 분은

눈을 뜨시는 것이 좋지요. 그러나 관법을 않고 화두(話頭)나 염불(念佛)을 하시는 분들은 감고 뜨시는 것은 알아서 하시지만 원칙은 반폐반개(半閉半開)라, 본 듯 만 듯 하는 것이지요. 어디 보는 것도 아니고 안보는 것도 아니고 말입니다. 그와 같이 모두가 자연스럽게 하는 것입니다. 그러나 기왕이면 정면(正面) 똑바로 보는 것이 훨씬 더 혼침(惛沈)을 덜 합니다. 고개를 아래로 숙여버리면 그 때는 꾸벅꾸벅 혼침이 더 빨리 옵니다.

따라서 그렇게 하시고 모두 다 진여불성(眞如佛性)인데 우리가 진여불성 부처님을 볼 수 없단 말입니다. 볼 수는 없지만 모든 관법(觀法)이나 주문(呪文)이나 화두(話頭)나 그런 것은 볼 수 없는 우리 중생들이 볼 수 있게 하기 위해서 있단 말입니다.

가령 일상관(日想觀)이라, 일상관은 서산(西山)을 뉘엿뉘엿 넘어가는 해를 보고서 공부하는 그런 관법입니다. 서쪽으로 해가 넘어가는 것을 자꾸만 생각하고 하다보면 자기도 모르는 가운데 거기에 따라서 마음이 모아지고 정말로 그 때는 해와 같은 광명(光明)이 보인단 말입니다.

광명(光明)이 원래 없으면 보이겠습니까만 사실은 천지우주(天地宇宙)에 우리 중생이 보는 눈부신 그런 빛이 아닌 청정미묘(淸淨微妙)한 빛이 항시 충만(充滿)해 있습니다. 진여불성(眞如佛性)은 하나의 생명(生命)의 빛이기 때문에 따라서 우리가 어떻게 공부하든지 공부가 사무쳐서 정말로 마음이 딱 모아져서 망상(妄想)이 줄어들면 그때는 그에 따라서 차근차근 빛이 비춰 옵니다.

그렇기 때문에 공부할 때도 역시 내가 공부해나가면 그 행복(幸福)한 기운의 진여불성(眞如佛性)의 빛이 비추어 오는구나, 이렇게 기대하고 하는 공부는 손해가 없습니다. 우리가 없는 허상(虛想)을 생각하면 모르겠지만 실제 빛이 있는지라 빛을 미리 생각하면 공부에 손해가 없는 것입니다. 그러기에 광명관(光明觀)이라 또는 일상관(日想觀)이라는 관법(觀法)이 있습니다.

또는 법계관(法界觀)이라. 법계관은 화엄경(華嚴經) 식인데 법계관은 우주(宇宙)가 모두가 다 진여불성(眞如佛性)의 순수(純粹)한 청정미묘(淸淨微妙)한 광명(光明)이라고 보는 것입니다. 따라서 이렇게 하는 것도 이제 공부에 손해가 없는 것입니다. 근본(根本)적으로 '내가 지금 한 치 앞의 진여불성자리를 못 본다 하더라도 일체존재가 어김없는 진여불성(眞如佛性)뿐이다', 이렇게 믿고 화두(話頭)를 하나 주문(呪文)을 하나 염불(念佛)을 하나 관법(觀法)을 하나, 어떤 공부도 다 무방한 것입니다.

다만 자기 스스로 마음이 혼침(惛沈)이 올 때는 마음을 추스르기 위해서 화두나 염불이나 관법을 애쓰고 하는 것이고, 또는 마음이 좀 들뜨면 가만히 놓아버리고서 그냥 호흡(呼吸)만 해도 무방합니다. 따라서 마음이 혼침이 올 때 일으키는 요령 또는 마음이 들뜰 때 마음을 가라앉히는 요령은 자기 스스로 해보시면 짐작이 됩니다.

이렇게 해야 이른바 정(定)과 혜(慧)가 쌍수(雙修)가 됩니다. 우리 진여불성자리는 원래 지혜(智慧)와 선정(禪定)을 온전히 갖추고 있어서 공부하는 방법도 역시 정혜쌍수(定慧雙修)라, 지혜와 선정의 공부가 같이 되어야 진여불성(眞如佛性)과 금세 하나가 됩니다.

따라서 항시 반야바라밀(般若波羅蜜)로 해서 모두가 다 허망(虛妄)한 것이고 있는 것은 결국은 청정미묘(淸淨微妙)한 진여불성(眞如佛性)뿐이다, 이렇게 비추어 보는 반야(般若)의 지혜(智慧), 거기에 우리의 마음을 산란하게 만들지 않고 진여불성을 생각하는 그 마음을 이렇게 이어간단 말입니다. 그 마음을 지속시키는 것이 이른바 참다운 삼매(三昧)로 우리 마음을 유도(誘導)하는 것입니다.

그렇게 해야 이른바 정혜쌍수(定慧雙修)가 됩니다. 보조국사(普照國師) 어록(語錄)의 대요가 돈오점수(頓悟漸修)라, 먼저 문득 본래 부처인 것을 깨닫고서 그 다음에 차근차근 거기에 입각해서 닦아라, 하는 것입니다. 돈오점수(頓悟漸修)나 돈오돈수(頓悟頓修)나 원래 똑같은 뜻입니다. 해석상의 차이뿐인 것이지. 그리고 정혜쌍수(定慧雙修)라. 도서(都序)나 화엄경(華嚴經)이나 보조국사(普照國師) 어록(語錄)

이나 모두가 다 대요(大要)가 무엇인가 하면 돈오점수(頓悟漸修)하고 정혜쌍수(定慧雙修)입니다.

우리가 문득 자기(自己)나 일체존재(一切存在)의 본래면목(本來面目)이 부처다, 이렇게 깨닫고 아직 범부(凡夫)이므로 증명(證明)은 못했겠지요. 그런 다음 능력에 맞게 그 자리를 닦아나간단 말입니다. 닦아나가되 정혜쌍수(定慧雙修)라, 모두가 부처라는 그런 반야의 지혜를 놓치지 않고서 그 지혜를 간직하면서 정(定)이라, 정은 선정(禪定)이라는 정(定)입니다. 반야의 지혜를 지속시키는 것을 보고 정(定)이라 합니다.

그렇게 되어야 이제 지관균등(止觀均等)이라, 지(止)와 관(觀)과 어우러지는 것이고 정(定)과 혜(慧)가 같이 어우러지는 것입니다. 그렇게 되어야 마치 부처님 경전(經典)이나 논장(論藏)에 있는

'새는 양쪽 날갯죽지가 있어야 잘 날고, 달구지는 바퀴가 양쪽에 있어야 잘 달리듯'

라는 비유처럼, 본래불성(本來佛性) 가운데는 지혜(智慧)와 자비(慈悲)와 선정(禪定)이 온전히 갖추어져 있어 거기에 맡게끔 공부를 해야 이른바 진여불성(眞如佛性)과 계합(契合)이 잘 된단 말입니다.

이렇게 해서 공부를 하시되 이제 음식(飮食)도 우리 공부에 굉장히 중요합니다. 음식을 많이 먹으면 그야말로 참 그런 원수가 없습니다. 공부할 때는 항시 우리 위장(胃腸)이 좀 빈 듯해야 혈액순환(血液循環)이 빠르고 몸이 가벼울 것인데, 위(胃)에 가서 무엇이 많이 들어 있으면 뇌(腦)에 있던 산소(酸素)가 음식을 소화(消化)시키려고 위장으로 가버립니다. 그러면 결국 머리도 무겁고 혼침(惛沈)도 오고 그럽니다.

그렇기 때문에 음식을 많이 먹어 놓으면 그 때는 으레 식곤증(食困症)이 옵니다. 음식과 우리 공부가 이렇게 중요한데 이런 관계를 잘 모른 사람들은 그냥 '아! 기운(氣運)을 타가지고 화두(話頭)를 많이 하려면 고기도 먹어야 하고 다른 음식도 많이 먹어야 한다' 고 하지만 그런 분들은 정말로 뜨겁게 생명(生命)을 내던지고 공부를 해본 경험이 없어서 그러는 것입니다.

또는 부처님 말씀은, 부처님 계율(戒律)은 모두 다 우리 중생들의 공부를 위해서 하신 말씀입니다. 부처님 말씀은 거짓말이 한 마디도 없습니다. 우리 중생을 앞서 제가 말씀드린 바와 같이 우리 중생의 허물을 벗겨서 성자(聖者)의 몸이 되고 성자의 마음이 되게끔 하기 위해서 있는 법문(法門)입니다. 따라서 부처님께서 적게 먹으라고 했으면 적게 먹어야 합니다. 따라서 될수록 배가 고플 정도로 잡수셔야 몸도 가볍고 마음도 가볍고 공부가 잘 되어갑니다.

굉장히 중요하기 때문에 우리가 계(戒)를 받을 때도 오계(五戒)에는 없지만 사미십계(沙彌十戒)에는 역시 불비시식(不非時食)이라, '때 아닌 때 먹지 말라' 라는 뜻입니다. 물론 지금은 그렇게 하기가 어렵지만, 모두가 계율(戒律)로 설해도 그냥 잊어버리고 설하시는 분들은 지금은 적당히 하면 되겠지, 하지만 부처님 경전(經典)에서 하신 말씀은 모두 다 우리 중생(衆生)을 성불(成佛)로 이끄는 말씀입니다.

'때 아닌 때' 라는 것은 결국 오후(午後)는 모두가 '때 아닌 때' 입니다. 때 아닌 때에 먹어 놓으면 무엇이 있는 것인가? 오후에 안 먹으면 어떠한 공덕이 있는 것인가? 소음(少淫)이라, 음탕(淫蕩)한 마음이 줄어들고, 소수(少睡)라, 잠이 줄어 들고, 득일심(得一心)이라, 마음이 하나로 빨리 모아지고, 무하풍(無下風)이라, 몸에 풍이 안 생기고, 신득안락(身得安樂)이라, 몸이 안락해지고, 이것이 다 중후불식유오복(中後不食有五福)이라 하여 부처님 경전에 명문화(明文化)되어 있습니다.

우리 젊으신 스님들은 이성(異性)의 음욕(淫慾) 때문에 항시 괴로움을 받습니다. 혈기(血氣)가 왕성할수록 더욱 그렇습니다. 따라서 어떻게 해서 내 음욕을 줄일 것인가? 이런 문제는 굉장히 중요한 문제입니다. 고기를 많이 안 먹고 기름기 있는 것을 많이 안 먹고 하는 것은 모두가 다 그런 데에 원인이 있는 것입니다. 음욕(淫慾)이 줄어들고, 욕심(慾心)이 줄어들고, 잠이 줄어듭니다.

우리가 백 근, 이백 근 무거운 짐을 지고 어디를 가려면 모르겠지만 우리가 공부하는 데엔 많은 활력이 필요하지 않습니다.

따라서 갑자기 오후불식(午後不食)을 하려면 장애(障碍)가 있을 것입니다만 아무튼 우리들은 그런 줄을 알아야 합니다. 알고서 공부를 해야 그래야 이제 손해가 안 가는 것이고 그래서 백장청규(百丈淸規)에도 역시 조죽중재(朝粥中齋)라, 아침에 죽을 먹고 낮 한 때 재를 먹고 말입니다.

오후(午後)엔 안 먹는다는 말입니다. 작업(作業)을 할 때는 우리가 조금 간식(間食)을 먹습니다만 그러나 오후불식(午後不食)이 원칙입니다. 그러나 지금 사람들은 근기(根機)가 약하니까 그래서는 안 된다고 합니다. 그런데 저는 지금 사람들이 옛날 사람들에 비해서 근기가 절대로 약하지 않다고 봅니다. 두뇌(頭腦)로 보나 무엇으로 보나 훨씬 더 영리합니다. 지금 장수(長壽)하는 것을 보십시오. 옛날에는 평균 수명이 40세 정도였는데 이제 한국(韓國)도 평균 수명이 70세라고 하지 않습니까. 그렇게 생각할 때에 지금 사람들이 근기가 절대로 약하지 않습니다. 다만 자기 몸 관리를 너무 과다하게 합니다. 너무 많이 먹고 함부로 합니다.

따라서 어디에서 공부하든지 간에 우리 불자님들이 금생(今生)에 성불(成佛)하려고 마음먹었다면 음식(飮食)은 항시 명심해서 우리가 염두에 두고 부처님 계율(戒律)을 따라야 하는 것입니다. 겁초(劫初)에 인간(人間)에게는 음식(飮食)이 필요가 없습니다. 왜 필요가 없는 것인가? 겁초 인간은 몸이 광명(光明)이기 때문에 이런 몸이 아니기 때문에 그 때는 음식의 섭취가 필요 없단 말입니다.

차근차근 오염(汚染)되어 이렇게 각 원소 집합체인 세포(細胞)가 우리 몸을 이루면서부터 에너지가 소모되므로 그것을 보충하기 위해서 음식이 필요하단 말입니다. 따라서 그것도 꼭 필요할 정도로 도인(道人)들이 우리 생리(生理)를 관찰(觀察)해서 계율(戒律)을 세웠던 것입니다. 우리는 부처님 법문(法門)에 대해서 어떤 면에 대해서든 생리(生理)나 심리(心理)나 모두 다 전폭적인 시비(是非)를 가려 합리적인 의미를 알아야 합니다.

이렇게 하셔서 꼭 앞서 제가 말씀드린 바와 같이 선오후수(先悟後修), 돈오돈수(頓悟頓修) 말입니다. 먼저 이것, 저것 모두가 다 타성일편(打成一片) 하나로 모아야 마음이 열립니다. 우리가 '마음 열어라' 고 하지만 우리 마음이 무엇인지 모르면 마음을 열 수 없습니다.

천지우주(天地宇宙)가 오직 물질(物質)이 아닌, 공간성(空間性)도 시간성(時間性)도 또는 인과율(因果律)도 초월(超越)해버리면 결국 모두가 마음뿐이고 모두 진여불성(眞如佛性)뿐입니다.

이것만이 실상(實相)인 것이고 딴 것은 모두 다 있지 않단 말입니

다. 이렇게 분명히 느껴야 하는 것입니다. 부처님 말씀입니다. 이렇게 느끼시고 공부하시면 몸이 좀 거북했다 하더라도 정말로 믿는다고 생각하면 꼭 가볍게 풀릴 것입니다.

  설사 우리 집안의 영가(靈駕)가 와서 우리를 침노한다 하더라도 그냥 제도(濟度)된단 말입니다. 정말로 영가의 몸도 공(空)이고 −분명히 모든 것이 다 빈(空) 것인데− 확실히 비었다고 믿고 되뇌고 공부를 한다면 자기 주변의 영가도 제도를 받는 것입니다. 이렇게 해서 자기 공부에 진일보(進一步)하시기를 간절히 바라 마지않습니다.

나무마하반야바라밀(南無摩訶般若波羅蜜)!

六. 불성광명(佛性光明)

> 진여불성(眞如佛性)자리, 여래자리, 또는 부처님자리, 이 자리는 하나의 빛입니다. 그 빛은 청정무비(淸淨無比)한 청정광명(淸淨光明)입니다.

　　　　　　　　봄 그리고 여름이 오고 이내 다시 가을이 오는 이치는 누가 막으려야 막을 수도 없을 뿐더러, 가장 쉬운 일인 동시에 하나의 우주(宇宙)의 섭리(攝理)입니다.

그와 마찬가지로 우리가 하는 참선(參禪) 공부도 그와 같이 가장 쉽습니다. 보통은 참선을 특별한 사람들만 하는 어려운 공부로 압니다.

그러나 참선(參禪)은 그렇게 어려운 것이 아닙니다. 가장 쉬운 공부입니다. 그래서 불교(佛敎) 용어로 안락한 법문, 즉 안락법문(安樂法門)이라고 합니다. 다른 것은 까다롭고 경(經)도 많이 외워야 하지

만 참선공부는 경을 많이 외울 필요가 없습니다.

왜냐하면 참선(參禪)은 어디서 빌려온 것도 아니고 또 다른 것을 보태서 하는 것도 아니며, 다만 우리가 본래(本來) 갖추고 있는, 본래 자기의 생명(生命) 자체인 마음을 깨닫는 법(法)이기 때문에 가장 쉽고 가장 경비(經費)도 들지 않는 공부입니다.

그렇게 가장 쉬운 것이 어려운 한문(漢文) 문화권(文化圈)을 거쳐 오면서 어렵게 되었습니다.

그러면 참선공부가 어째서 쉬운가? 이는 우리가 원래 갖추고 있는 생명(生命)의 보배를 찾는 것이기 때문입니다. 나한테 갖추어져 있는 마음자리, 나한테 갖추어 있는 보배 가운데 최상(最上)의 보배 마니보주(摩尼寶珠), 이것이 바로 마음입니다.

그래서 과거(過去)에 도인(道人)들은 자기 마음 찾는 공부를 비유(譬喩)해서 기우멱우(騎牛覓牛)라고 했습니다. 소를 타고 소를 찾는단 말입니다. 우리 중생(衆生)들은 소가 어디에 있는지 안보이니까 지금 소를 타고 있으면서도 소를 찾는 격이란 말입니다.

우리 중생(衆生)과 깨달은 도인(道人)과의 차이는 무엇인가. 깨달은 분들은 모든 현상(現象)의 본모습을 봅니다. 본성품(本性品)을 봅니다. 그러나 우리 중생들은 본성품을 못 보고 겉의 현상(現象)만 봅니다.

우리는 우선 깨달은 분과 중생과의 이런 차이를 분명히 알아두어야 합니다. 그리고 참선(參禪)이 쉽다는 이유는 어차피 현상적(現象的)인 것은 본성품으로 돌아가기 때문입니다.

봄이 가면 반드시 여름이 오듯이 우리 중생들은 본래(本來) 성품(性品)자리로 돌아가야 합니다. 방황(彷徨)하는 나그네가 결국은 고향(故鄕)으로 돌아가듯 그와 똑같습니다.

우리 중생(衆生)은 기왕이면 잘 먹고, 잘 입고, 많이 쓰고, 많이 놀고 또 높은 감투까지 쓰고 싶어합니다. 이렇게 현상적으로 거기에 얽매여 살아도 무방하다고 생각합니다. 그러나 그렇게 산 사람도 역시 어느 땐가는 죽어서 윤회(輪廻)하다가 결국은 본성품(本性品)자리로 돌아가야 합니다. 돌아갈 수밖에 없는 것입니다.

어떻게 돌아가야 할 것이며 또 우리가 돌아가야 할 고향(故鄕)은 어디입니까?

우리는 부처님이라고도 하고 여래(如來)라고도 합니다. 진리(眞理) 그대로의 성품(性品)을 보고 같을 여(如), 올 래(來), 여래(如來)라고 합니다. 진리에서 나와서 진리로 가고 같을 여(如), 바로 진여(眞如)라, 진리를 의미하는 것인데, 여래란 말은 진리에서 그대로 조금도 흠축(欠縮) 없이 왔다는 그런 뜻입니다. 따라서 진리에서 왔으니까 다시 진리로 갈 수밖에 없는 것입니다.

우리가 진리(眞理)를 생각할 때 진리는 고정 불변한 어떤 교리(教

理)가 아닙니다. 진리는 우리가 생각하는 이데올로기 같은 것도 아닙니다.

　진리(眞理)는 모든 생명(生命)을 다 감싸고 있는 일체존재(一切存在)의 근본자리입니다. 다시 확실히 말씀드리면 우주(宇宙)의 본체(本體)가 바로 진리입니다. 따라서 진리(眞理)는 과거(過去)도 없고, 현재(現在)도 없고, 미래(未來)도 없고 언제나 그대로 있습니다.

　우리는 지금 과학(科學) 만능시대에 살고 있습니다. 따라서 원자력(原子力)이 얼마나 위력이 있는지를 짐작할 수 있습니다. 원자(原子)라는 것이 어떤 것인지도 미흡하나마 약간은 알고 있습니다. 물리학적(物理學的)인 차원(次元)에서 우리에게 가르치는 것 역시 확실한 가르침을 못 주는 것입니다.

　그러기에 이른바 불확정(不確定)성의 원리(原理)가 있지 않습니까. 전자(電子)라는 것도 항시 그대로 있는 것이 아니라 순간순간 모습을 바꾼단 말입니다. 따라서 중생(衆生)들이 볼 수 없고 전자현미경(電子顯微鏡)보다 더 미세한 기계를 이용해 유추할 수 있는 미시적(微視的)인 단계에서는 무엇인지 모릅니다.

　다만 우리가 아는 것은 그런 한 원자력(原子力)의 위대한 힘을 우리가 편리하게 이용해서 쓰고 있다는 것입니다. 그런 원자력 세계(世界)는 광명(光明)의 세계(世界)입니다. 다시 말하면 모두가 다 방사능

(放射能)이 안 되는 것이 없습니다.

현재 살고 있는, 사람을 위시해서 다른 동물(動物)이나 식물(植物)이나 어떠한 것이나 모두 생물학적(生物學的)인 술어로 말하면 광합성(光合成), 즉 광명(光明)으로 이루어지지 않는 것이 없습니다. 어느 식물도 태양광선(太陽光線)이 들어가지 않는 것이 없습니다.

물질(物質)의 가장 미세(微細)한 저편 세계(世界)가 하나의 방사능(放射能) 같은 방사(放射) 광명(光明)입니다. 그러므로 빛으로 합성되는 광합성(光合成)이라는 말 이전에 사실은 모두가 다 광명(光明)으로 되어 있습니다.

따라서 진여불성(眞如佛性)자리는 바로 광명(光明)인 것입니다.

우리는 참선(參禪)을 해서 깨닫고자 합니다만 우리가 가고자 하는 곳은 분명히 알아야 합니다. 이른바 목적(目的)을 뚜렷이 설정을 해야만 그곳에 도달하려고 보다 더 열심히 노력할 것이고 또한 거기에 걸맞은 수행(修行)을 할 수 있는 것입니다. 그렇지 않고서 자기 목적의식(目的意識)이 희미하면 가고자 하는 열성도 적어지고 또 거기에 계합(契合)된, 걸맞은 공부를 하지 못합니다.

우리가 가고자 하는 진여불성(眞如佛性)자리, 여래자리, 또는 부처님자리, 이 자리는 그냥 무조건 어디에 인격적(人格的)으로만 있는 것이 아니라 아까 말씀드린 바와 같이 하나의 빛입니다. 그 빛은 우리가 볼 수 있는 태양광선(太陽光線)과 같은 가시적(可視的)인 광명(光明)만이 아니라 우리 중생이 볼 수 없는 청정무비(淸淨無比)한 청정광명(淸淨光明)입니다.

원자(原子) 속에 들어있는 기운(氣運)도, 우리가 알 수 있는 범위만 하더라도 굉장히 기기묘묘(奇奇妙妙)한 힘을 내지 않습니까? 하물며 원자력(原子力)보다도 더 순수(純粹)한 가장 근원적(根源的)인 광명(光明)이 부처님 광명인데 거기에는 무한(無限)의 가능성(可能性)이 들어 있습니다.

그런 광명(光明)에 가까워지면 질수록 우리는 자기도 모르는 가운데 신비로운 힘을 냅니다. 과거에 도인(道人)들이 삼명육통(三明六通)을 하고 신통자재(神通自在)를 하였습니다. 그곳까지는 미처 못 간다 하더라도 부처님 기도를 조금 모셔도 부사의(不思議)한 힘으로 아픈 것이 그냥 나아버리는 원리(原理)는 오염(汚染)된 생명(生命)이 차근차근 정화(淨化)되어 광명세계(光名世界)로 가까워지고 있기 때문입니다.

이렇게 되면 자기도 모르는 부사의(不思議)한 힘을 냅니다. 왜 그러는 것인가? 천지우주(天地宇宙)의 근본 생명(生命)인 광명(光明) 자체는 일체공덕(一切功德)을 다 갖추고 있기 때문입니다.

따라서 현상적(現象的)으로 잘나고 못나고 또는 학문적(學問的)으로 지식(知識)이 많고 적음은 마음의 본바탕을 닦아가는 생명의 본질인 광명을 향해가는 것과는 아무 상관이 없습니다. 일자무식도 상관이 없고 또 과거에 설사 죄를 지었다 하더라도 별 상관이 없습니다.

'앙굴리마라'는 나중에 부처님 제자가 되어서 아라한과(阿羅漢果)를 성취해 도인이 되었지만 그전에는 바라문교(婆羅門敎) 스승을 섬겨 공부를 했습니다. 그 바라문교(婆羅門敎) 스승이 상당히 유명한 분이어서 한 500명 이상의 제자(弟子)를 거느리고 있었습니다. 그런데 그 가운데서 앙굴리마라가 제일 미남이고 똑똑하고 또 능력이 제일 특출했습니다.

그 바라문 스승의 아내는 제법 잘나고 예쁘게 생긴 분인데 그 바라문 스승은 나이가 많으니까 그 아내는 젊고 똑똑하고 미남인 앙굴리마라에게 호감을 느꼈습니다. 그러다가 차근차근 호감(好感)이 짙어져서 애정(愛情)으로 바뀌었습니다.

그래서 바라문 스승이 외출하여 다른 곳의 제자들을 가르치고 있을 동안에 이 앙굴리마라에게 접근해 왔습니다. 앙굴리마라는 마음이 진실(眞實)한 분이고 또 스승의 아내이기 때문에 공정한 마음이 조금도 변치 않았습니다. 그래서 그 부인의 요구를 안 들어주었더니 부인은 원심(怨心)을 품었습니다.

그리하여 자기 남편이 돌아오니 일부러 자기 옷을 갈기갈기 찢어

놓고 또 자기 자신을 할퀴어 핏자국을 내놓고는 '앙굴리마라가 당신이 안 계실 때 저를 욕보이려고 해서 이렇게 되었습니다' 라고 하였습니다. 바라문 스승은 '내가 없다' 는 무아(無我)의 도(道)를 성취한 도인이 아니기 때문에 그냥 분기(憤氣)가 차올랐습니다.

그래서 앙굴리마라를 골탕을 먹이고 파멸(破滅)시키기로 작정하였습니다. 그래서 앙굴리마라에게 말하기를

"그대한테 내가 여태까지 아껴오던 신비스러운 비결인 비수(秘手)를 전수할 테니 그리 알아라!"

하고,

"그대가 백 명의 사람을 죽여 한 사람한테서 손가락 하나씩을 잘라 그 손가락으로 목걸이를 만들어 공부를 하면 공부가 결정적으로 잘 된다!"

고 하였습니다.

앙굴리마라는 매우 정직하고 단순할 뿐만이 아니라 자기 스승을 숭배하기 때문에 그 말을 곧이듣고 차례로 사람을 죽여나갔습니다.

그래서 99명까지 사람을 죽여 그 손가락으로 정말 목걸이를 만들었습니다. 그러나 전생(前生)에 선근(善根)이 있었기 때문에 부처님께서는 이 사실을 아셨습니다. 마지막에 부처님이 인연(因緣)이 도래했다는 것을 아시고 그 앞에 나섰단 말입니다.

앙굴리마라는 99명을 죽인 사람이라 다른 사람들은 모두 피해버리고 마을이나 거리에서는 사람을 찾으려야 찾을 수가 없었습니다. 그러자 부처님께서 앞에 나오시자 기운이 장사이고 용맹스러운 앙굴리마라는 혼신의 힘을 다해서 칼을 내려쳤지만 팔뚝을 딱 잡혀 꼼짝을 할 수 없었습니다. 그래서 결국 굴복(屈服)하여 부처님의 제자가 되었습니다. 본래 선근이 깊어서, 크게 죄를 범했다 하더라도 몇 년 안 가서 아라한과를 성취하였습니다.

우리가 이것을 본다 하더라도 현상적인 모양은 설사 사기(詐欺)를 치고 죄(罪)를 짓는다 하더라도 우리 본 성품(性品)은 조금도 오염되지 않습니다. 따라서 참선(參禪)은 교리로 하는 것이 아니라 본래 자기가 갖추고 있는 마음을 깨닫는 것이므로, 참선을 공부할 때는 군더더기나 복잡한 것은 필요가 없습니다. 단순하고 소박하게 오직 마음을 닦아나가야 합니다.

그러면 참선(參禪)하는 공부 가운데서 어떻게 해야 가장 빠른 것인가. 기왕이면 빠른 지름길로 가야 하겠지요. 그러나 사람의 근기(根

機)가 여러 계층이라서 과거세(過去世)에 학문(學問)을 많이 하고 경(經) 공부를 많이 한 분들은 금생(今生)에 경(經)을 보다가 깨닫기도 합니다.

석가모니 부처님이 새벽에 계명성(啓明星), 즉 금성(金星)을 보고 깨닫듯 당(唐)나라 때 영운대사(靈雲大師) 같은 분은 복숭아꽃을 보고 깨달았습니다. 또한 동산양개(洞山良介)스님은 무정설법(無情說法)이라!

무정(無情)은 인간(人間)이나 기타 동물(動物)처럼 식(識)이 있는 존재가 아닙니다. 따라서 무정설법이란 사람이 설법하는 것도 아니고 또는 다른 동물이 설법하는 것도 아닙니다. 나무나 흙이나 돌이 설법을 하는 것이 무정설법입니다.

우리가 생각할 때 그 말을 곧이듣기 곤란하겠지요. 그러나 밝은 눈으로 볼 때는 분명히 무정설법(無情說法)이 존재합니다.

부처님 경전(經典) 중 「화엄경(華嚴經)」에 보면 진진찰찰(塵塵刹刹)이 구설구청(俱說俱聽)이라고 했습니다. 하나의 티끌이나 어떠한 미물(微物)이나 흙이나 또는 모든 사바세계(娑婆世界)의 두두물물(頭頭物物)이 구설구청(俱說俱聽), 즉 함께 말씀도 하고 함께 듣는다는 것입니다.

우리 법사(法師)가 설법(說法)을 하고 사람들이 무슨 말을 한다고 생각하지만 그렇지 않습니다. 그런 소중한 설법(說法)은 사람도 아니고, 동물(動物)도 아닌, 나무나 흙이나 돌이나 어떤 것이나 다 같이 설법(說法)을 하는 동시(同時)에 같이 듣고 있습니다. 나무도 듣고, 소도 듣고, 다 듣고 있습니다.

이런 이야기는 상식 범위 밖의 일이어서 우리가 알기 어렵습니다. 그러나 부처님 법(法) 가운데는 분명히 그것을 긍정하지 않을 수가 없습니다. 왜 그러는 것인가?

우리 중생(衆生)의 눈에 보이는 현상적(現象的)인 차원(次元)에서는 동물(動物)이 있고 사람이 있고 식물(植物)이 있고 이렇게 구분이 있다 하더라도 본성품(本性品)에서 볼 때는 모두 다 생명(生命)입니다.

일체중생(一切衆生) 개유불성(皆有佛性)이라! 모든 중생(衆生)이 다 불성(佛性)이 있다고 했습니다.

우리는 쉽게 생각하면 사람이나 동물만 중생으로 생각할 수 있지만 부처님의 근본(根本) 도리(道理)에서 볼 때는 유정무정(有情無情), 식(識)이 있는 것이나 의식(意識)이 없는 것이나 또는 유상무상(有像無像), 모양이 있는 것이나 모양이 없는 것이나 모두 다 중생(衆生)입니다.

따라서 일체중생(一切衆生) 개유불성(皆有佛性), 즉 모든 중생(衆生)이 다 불성(佛性)이 있다는 말은 어떠한 것이나 사바세계(娑婆世

界)의 두두물물(頭頭物物), 천지만유(天地萬有)가 모두가 다 불성(佛性)이 있다는 뜻입니다. 그 불성은 어디에 있는가? 사람 같으면 가슴에 있을 것인가, 머리에 있을 것인가?

불성(佛性)은 우리 머리 가운데 있는 것도 아니고 가슴 또는 심장에 있는 것도 아니고 우리 몸 전체가 그런 불성의 화신(化身)입니다.

나무 핵심(核心)인 목심(木心)에 불성(佛性)이 있는 것이 아니라 나무 전체(全體)의 불성이 화신입니다.

가끔 말씀을 드립니다만 이 부처님 법(法)이 현대적(現代的)인 의미(意味)에서는 웬만한 것은 모두가 다 밝혀졌습니다. 물질(物質)이라는 것 역시 우리 중생(衆生)이 보아서 이것, 저것 하는 것이지 물리학도(物理學徒)가 생각할 때 물질은 종말(終末)에 가서는 공간성(空間性)과 시간성(時間性)이 없습니다. 공간성이 없다는 것은 물질이 아니라는 말이 됩니다.

따라서 우리 소박한 상식(常識)으로 보면 무슨 분자(分子)요, 산소(酸素)요, 수소(水素)요, 하지만 이런 것도 역시 어느 정도까지 대체적으로 말한 것이지 더욱 깊이 들어가서, 이른바 미시적(微視的)인 미세한 분야까지 들어가면 종당(終當)에는 텅텅 비어버리고 물질은 존재하지 않습니다.

그러나 이 과학(科學)이라 하는 것은 공간성(空間性)이 있는, 즉 모양이 있는 것은 알지만 모양이 없는 것은 알 수가 없습니다. 시간, 공간의 범주 내에 든 것만을 과학으로 아는 것이지 그 밖에는 알 수가 없습니다.

그 밖의 소식을 우리한테 가르치는 가르침도 모두가 그야말로 말씀들을 많이 했지만 분명하게 우리가 납득할 수 있도록 해석한 가르침은 없습니다.

하늘이요, 하나님이요, 태극(太極)이요, 음양(陰陽)이요, 물질을 떠나버린 저쪽 소식을 그렇게 여러 가지로 말들을 많이 하지만 확실하게 우리한테 명증적(明證的)으로 가르치는 가르침은 없습니다.

이것은 오직 부처님 가르침밖에는 없습니다.

물론 요즘엔 그냥 눈에 보이는 세계(世界), 이른바 공간성(空間性), 시간성(時間性)의 그런 세계에 대한 것은 불교(佛敎)가 아니더라도 밝혀져 있습니다.

왜 우리 현대 인간(人間)은 불안한가? 우리가 소중히 아끼는 물질도 분석해놓고 보면 별것도 아니고 텅텅 비어버리는데 그러면 물질밖의 소식, 가장 근원적(根源的)인 생명(生命) 자체는 무엇인가? 그것을 잘 모른단 말입니다.

공산주의(共産主義)가 왜 붕괴(崩壞)됐는가? 마르크스주의도 굉장히 치밀한 과학적(科學的)인 시도(試圖)를 여러 가지 했습니다. 대학(大學)도 나오고 박사(博士)도 나오는 그런 체제(體制) 가운데서 왜 그렇게 오래 못가고 붕괴가 되었는가? 이것은 아까 제가 말씀드린 바와 같이 물질 저쪽 소식, 아무리 물질적인 것은 이해를 잘 한다 하더라도 자기 마음이 무엇인가, 자기 생명(生命)에 대한 소식을 모르면 사람은 항시 불안한 것입니다.

따라서 아무리 물질을 평등(平等)하게 분배(分配)하고 또 생산(生産)을 한다 하더라도 생명(生命) 자체(自體)가 무엇인지 모르는 사람들은 인간(人間)의 존엄성(尊嚴性)도 제대로 확보할 수 없고 그리고 그런 사람들은 항시 자기 스스로 불안한 마음을 제거하지 못합니다.

우리 인간(人間)은 본래(本來)가 부처이니까, 부처가 되어야만 우리 마음의 불안의식(不安意識)을 해소시킬 수가 있습니다. 그러한 물질로서는 알 수 없는 세계가 이른바 성품세계(性品世界)입니다. 따라서 이 세계는 물질이 아닌 동시에 성품세계이기 때문에 바로 생명(生命)입니다.

불성(佛性)이라는 말이나 부처님이라는 말이나 또는 생명(生命)이라는 말이나 모두 똑같은 뜻입니다. 불교(佛敎)는 바로 생명(生命)의 종교(宗敎)입니다.

요즈음 생명(生命) 해방(解放) 운동을 부르짖고 있습니다만, 이 역시 생명(生命)이 무엇인가 하는 본질적(本質的)인 것을 알아야 합니다. 그러나 정말 모두가 다 생명(生命)뿐이라는 것을 알기 위해서는 공부를 해서 불교(佛敎) 언어로 견성(見性)을 해서 생명(生命)의 성품(性品)을 딱 체험(體驗)해버려야 비로소 안단 말입니다.

이렇게 하는 가장 지름길이 참선(參禪)공부입니다. 따라서 참선공부의 지름길은 어떤 것인가. 우리가 분명히 생명(生命)자리를 느껴야 합니다. 우선 이치(理致)를 얻어야 합니다. 내 생명의 뿌리와 네 생명의 뿌리가 다른 것이라면 문제가 복잡해지겠지요. 공간성도 있다고 생각하면 내 생명, 네 생명의 차이가 있을지 모르지만 그러나 물질이 아닌 것은 자취나 모양이나 그런 흔적이 없는 생명이기 때문에 내 생명, 네 생명 뿌리가 둘이나 셋이 될 수 없습니다.

따라서 생명(生命) 차원(次元)에서 보면 일체존재의 생명(生命)이 모두가 다 하나입니다. 일체존재 가운데는 사람뿐만 아니라 동물(動物)과 식물(植物)이 다 들어 있습니다. 그래서 천지우주(天地宇宙)는 바로 보면 생명(生命)뿐입니다.

그러므로 참선(參禪)을 공부할 때는 생명(生命)의 소재가 무엇인가, 생명이 무엇인가를 먼저 알아야 마음이 열립니다. 참선공부는 마음을 열고 하는 공부입니다.

　마음을 열고 하지 않으면 나무아미타불(南無阿彌陀佛)을 외우고 또는 관세음보살(觀世音菩薩)을 외우고 또는 화두(話頭)를 들고 하더라도 참선(參禪)공부가 아닙니다.

　다시 바꿔서 말하면 선오후수(先悟後修)라, 먼저 선(先), 깨달을 오(悟), 먼저 이치(理致)나 이해(理解)로 깨닫고 닦아야 참선(參禪)공부라고 할 수가 있습니다.

　어떻게 마음을 열 것인가? 아까 제가 말씀드린 바와 같이 물질(物質)이라 하는 것은 종당에는 텅텅 비어버리고 생명(生命)으로 돌아간단 말입니다.

　만법귀일(萬法歸一)! 만법(萬法)은 일체존재(一切存在)를 가리킵니다. 만법이 모두가 다 하나의 생명(生命)으로 돌아갑니다. 생명은 무엇인가, 생명은 한계가 있는 것이 아닙니다. 물질이 아니기 때문에 종당에는 하나입니다.

　따라서 천지우주(天地宇宙)는 하나의 생명(生命)뿐입니다. 그 생명(生命)은 바로 빛입니다. 하찮은 생명같으면 그 생명(生命)으로 해서 저 태양(太陽)이 나오고 은하계(銀河系)가 나오고 사람이 나오고 하겠습니까.

　일체공덕(一切功德)을 갖춘 자리이기 때문에 일체지혜(一切智慧)를 갖춘 빛이기 때문에 그와 같이 이것저것 다 나오는 것입니다. 그래서 그 생명(生命)자리를 여의주(如意珠)로 비교해서 말합니다. 모든 것을 뜻대로 하는 마음 구슬이 여의주(如意珠)입니다.

따라서 생명(生命), 그 자리에서 모든 것이 다 나옵니다. 달도 나오고 해도 나오고 모두 다 나옵니다. 어떻게 나오는 것인가, 인연(因緣)따라서, 연기법적(緣起法的)으로 나옵니다. 그 생명 자체는 완전(完全)하고 완벽(完璧)한 것이기 때문에 모든 가능성(可能性)이 다 들어 있습니다.

지옥(地獄), 아귀(餓鬼), 축생(畜生), 아수라(阿修羅) 세계나 또는 인간(人間)세계, 천상(天上)세계나 성문(聲聞) 연각(緣覺)의 성자(聖者)세계, 보살(菩薩)세계, 부처의 세계가 생명(生命) 가운데는 다 들어 있습니다.

부처님께서는 고구정녕(苦口叮嚀)으로 생명(生命)의 세계를 말씀하셨습니다.

그 세계는 광명정토(光明淨土), 그야말로 광명세계(光名世界)이고 무량세계(無量世界)입니다. 또한 광명장(光明藏)이고 공덕장(功德藏)입니다. 하여튼 좋은 말은 다 들어 있습니다.

여러분들이 대체로 아시는 바와 같이 보살(菩薩)의 이름도 얼마나 많습니까. 무장애보살(無障碍菩薩), 미륵보살(彌勒菩薩), 지장보살

(地藏菩薩)…, 부처님 이름도 굉장히 많습니다. 천지우주에 부처님 이름 아닌 것은 하나도 없습니다. 부처님 이름을 적은 책이 「삼천불명경(三千佛名經)」이듯 부처님 이름이 삼천 가지나 됩니다.

소박한 사람들은 그런 부처님들이 뿔뿔이 다 인격적(人格的)으로 있다고 생각하기 쉽습니다. 그러나 그렇게 있다고 생각할 때는 이미 불교가 아닙니다. 공간성(空間性)이 있고 어떠한 형체(形體)가 있는 것은 불교가 아닙니다.

그렇게 뿔뿔이 있지 않고 생명체(生命體) 내에 들어있는 무량공덕(無量功德)입니다. 그러기에 무장무애(無障無礙), 조금도 장애가 없는 것이고 거리낌이 없습니다. 그런 세계까지 가야 이른바 불교에서 말하는 견성(見性), 즉 성품(性品)을 보았다고 할 수 있습니다.

그러나 성품(性品)을 보기까지가 쉬운 일인가? 단박에 되어버리는 것인가? 일언지하(一言之下)에 확철대오(廓徹大悟), 즉 말 한마디에 깨달아버린다는 말씀도 있습니다만 사실은 우리가 깨달음을 얻으려면 해오(解悟)가 앞서야 합니다. 이치로 아는 해오 정도는 재주 있는 분들은 단박에 깨달을 수 있겠지요.

정말 따지고 보아도 별것 아니고 물리학에서도 종당에는 다 비었다고 하는데 결국은 남는 것은 생명뿐인지 유추해서 영리한 사람들은 그냥 모두가 생명뿐이구나, 이렇게 해서 마음을 모을 수가 있겠지만 증명(證明)을 하려고 하면 쉽지 않습니다.

증명(證明)을 해야만 온전히 자기(自己) 생명(生命) 가운데 들어 있는 무량공덕(無量功德)을 우리가 다 쓸 수가 있는 것이고 좀 맛을 볼 것인데 증명(證明)을 못 하면 아무런 맛을 볼 수 없습니다.

팔만사천 경전(經典)을 앞으로 뒤로 외운다 하더라도 그것으로 해서는 별맛을 못 느낀단 말입니다.

금생(今生)에 우리가 태어나서 잘못 배우고 잘못 생각하고 잘못 느낀 것이 얼마나 많습니까? 그런 것이 우리 잠재의식(潛在意識)에 꽉 차 있습니다. 우리 생명 가운데는 아까 말씀드린 바와 같이 지옥(地獄), 아귀(餓鬼), 축생(畜生), 아수라(阿修羅) 등의 요소가 다 포함되어 있기 때문에 무량 세월 동안에 어떠한 인간(人間)이나 모두 다 과거(過去) 어느 생(生)엔가는 아수라 세계로 갔다가 지옥으로 갔다가 했을 것입니다.

지금 우리 생명 가운데는 지옥에 들어가서 지은 업장(業障) 또는 아수라 세계에 가서 지은 업장 또는 개나 소나 돼지가 되어서 지은 업장 등 많은 업장(業障)들이 꽉 들어 있습니다.

따라서 그런 업장(業障) 때문에 이치(理致)로 해서 조금 안다 하더라도 생명의 본바탕인, 본 고향(故鄉)자리인 진여불성(眞如佛性)을 쉽게 증명(證明)할 수 없습니다. 증명을 쉽게 못하니까 사흘, 한 달 또는 일 년의 별시수행(別時修行)이 필요합니다.

홍인(弘忍)스님 같은 분들은 60년 동안 산에서 나오지 않고 공부했습니다. 과거 중국 당(唐)나라 때, 신라(新羅) 때, 고려(高麗) 때는 위대한 신통묘지(神通妙智)를 갖춘 분들이 많이 나왔습니다. 그런 때는 자기 생명의 본바탕인 진여불성(眞如佛性)을 확철대오(廓徹大悟)했습니다.

그러나 아까 제가 말씀드린 바와 같이 단박에는 못 된다 하더라도 우리 갈 길은 오직 외길뿐입니다. 우리 본래가 바로 부처이기 때문에 부처가 되는 길밖에는 참다운 안심입명(安心立命)자리는 없습니다.

그 길을 알아야만 가정, 사회, 국가, 세계의 참다운 평화를 추구할 수 있고 누릴 수 있습니다.

여러분이 다 아시는 영국(英國)의 유명한 역사가(歷史家)인 토인비(Toynbee, A.J.)는 불교(佛敎)를 숭상(崇尙)했으며 '현대 원자력(原子力) 시대에 있어서 인간(人間)들이 집단(集團) 자살(自殺)을 않고 살아 남기 위해서는 석가모니(釋迦牟尼)나 예수, 칸트나 플라톤, 이런 분들이 목적(目的)으로 했던 인생관(人生觀)으로 돌아가는 일 밖에는 없다' 라고 말했습니다. 원자(原子) 무기(武器)라는 것은 다 아시는 바와 같이 대량(大量) 살상무기(殺傷武器) 아닙니까. 우리가 참다운 자유(自由), 참다운 평화(平和)를 누리기 위해서는 이 길밖에는 없습니다.

그 길을 걷기 위한 가장 핵심적(核心的)인 것, 공자(孔子)의 가르침이나 노자(老子)의 가르침의 핵심은 '나'와 일체존재가 모두 다 허망(虛妄) 무상(無常)하다는 것입니다.

우리는 공부를 빨리 하고 싶습니다. 용(龍)이 제 아무리 용맹스럽고 힘이 세다 하더라도 구름이 없으면 승천(昇天)을 못하고, 물이 없으면 힘을 못 씁니다. 호랑이도 영악스러운 동물이지만 언덕이 있고 산이 있어야 비비는 것이지 그렇지 않으면 힘을 못 씁니다.

그와 같이 우리가 성불(成佛)하고 싶어서 몸부림치고 애쓰지만, 내가 있고 네가 있고 내 소유(所有)가 있다는 관념(觀念)이 있으면 성불(成佛)을 못합니다. 자기 자신이 무엇이며 자기 존재가 무엇인가 하는 바른 존재(存在)의식이 있어야 성불의 길로 갑니다. 좀 어려운 말로 하면 우리 중생(衆生)들이 반야(般若)의 지혜(智慧), 즉 반야바라밀(般若波羅蜜)을 얻어야 공부가 속빠르게 바르게 됩니다.

그런데 공부하는 분들을 보면 염불(念佛)만 많이 하면 된다 또는 화두(話頭)만 의심(疑心)하면 쉽게 깨달아 버린다, 하는데 아무 것도 안 하는 것보다 일심(一心)으로 하면 마음은 모아지겠지만 그렇게 하는 것은 성자(聖者)의 가르침이 아닙니다.

그러기에 원효(元曉)스님이나 보조국사(普照國師)가 말씀하셨듯이 정혜쌍수(定慧雙修), 즉 항시 부처님 공부는 지혜(智慧)를 더불어 해야 합니다. 지혜라는 것은 제법공(諸法空)의 지혜, 즉 모든 것은 허망하다는 지혜입니다.

현대의 불교는 생활불교(生活佛敎)이고, 생활불교를 하려면 있는 것, 즉 현상적인 것을 좋게 해야 되는데, 모두 허망하다고 하면 어떻게 생활불교가 될 수 있을 것인가, 이렇게 반문하시는 분도 계실 것입니다.

그러나 아까 제가 말씀드린 바와 같이 불교는 실존(實存) 따라서, 있는 것은 있다고 하고 없는 것은 없다고 하는 자리에서 이루어지는 것입니다. 그런 자리에서 봄이 오고 여름이 오는 것입니다.

그렇게 바로 느끼는 실존적인 자리, 사람이 분명히 비었으면 비었다고 생각하는 그 자리에 입각해야, 공부도 되고 자기 마음도 편하고 몸도 편하고 가정, 사회(社會), 국가(國家), 세계(世界)도 편합니다.

토인비는 천재(天才)이기 때문에 비록 불교인(佛敎人)은 아니지만 바른 말을 했습니다. 예수나 석가(釋迦)나 공자(孔子) 등 성인의 인생관(人生觀)을 자기 인생관(人生觀)으로 하고, 행동(行動)을 그렇게 함으로써 비로소 개인적으로, 사회적으로 참다운 평화(平和)와 참다운 행복(幸福)이 있습니다.

'나'라는 것은 분명히 비어 있단 말입니다. 왜 비어 있는 것인가?

인연(因緣) 따라서 잠시 합(合)해 있기 때문에 비어 있는 것입니다.

인(因)과 연(緣)은 무엇인가? 인과 연도 역시 비어 있습니다. 사바세계(娑婆世界)에 있는 것은 모두가 다, 물질이 아닌 생명체(生命體)가 그때그때 상(相)을 내는 것에 불과합니다. 본래(本來) 물질(物質)이라면 물질이 이렇게 변(變)하고 저렇게 변해도 그대로 물질이 되겠습니다만, 물질이 아닌 것이 제아무리 상(相)을 이리저리 낸다 하더라도 물질이 될 수는 없습니다. 제로를 몇 천 번 곱하고 더해도 제로인 것처럼, 물질이 아닌 것이 구름 같은 모양을 내나 개 같은 모양을 내나 결국은 다 물질이 아닙니다.

다만 진동(振動)과 운동(運動)의 차이(差異)로 해서 이 모양, 저 모양, 나요, 너요, 하는 것이지, 본바탕인 진여불성(眞如佛性)자리는 조금도 변동(變動)이 없습니다.

앙굴리마라가 99명의 사람을 죽였다 하더라도 본성품자리는 조금도 오염이 안 되어 있습니다.

우리가 지옥(地獄)으로, 아귀(餓鬼)로, 또는 축생(畜生)으로 사람으로 와서, 우리 업장(業障)이 잠재의식(潛在意識)에 차곡차곡 축적(蓄積)되어 있다 하더라도, 본성품(本性品)에서 볼 때는 조금도 오염되어 있지 않습니다.

따라서 비관(悲觀)할 필요는 없습니다. 그러나 버릇을 한 번 붙여 놓으면 떼어 내기가 어려워서 그 버릇 때문에 시간을 오랫동안 끌게 됩니다. 시간을 단축하여 빨리 떼기 위해서는, 비록 지금 내가 사람 모양을 하고 금생(今生)에 나와서 잘못 배우고 잘못 느끼고 해서 업장(業障)이 많다 하더라도 내 머리카락 끝에서 발끝까지 부처님 성품(性品)으로 충만해 있다. 다시 말하면 내 머리카락부터 발끝까지 광명으로 충만해 있습니다. 천지우주의 광명과 하나가 된 분, 조금도 흠이 없이 천지우주의 생명 자체가 되신 분이 부처 아닙니까. 따라서 부처의 견해(見解), 즉 부처님의 안목(眼目)인 불안(佛眼)으로 볼 때는 아무 것도 차별(差別)이 있을 수가 없는 것이고, 천지우주(天地宇宙)가 모두 다 심심미묘(甚深微妙)한 부처님의 광명(光明)으로 보입니다.

그런 세계에서 무슨 욕심(慾心)을 낼 것이며, 무슨 미움과 사랑, 즉 애증(愛憎)을 낼 것입니까. 우리 인간은 그 곳까지 꼭 가는 것입니다. 지금은 생물(生物)이 살 때인 주겁(住劫)인데 이대로 있는 것이 아니라 얼마 안 가서, 차차 파괴(破壞)가 되는 시기인 괴겁(壞劫)이 옵니다.

지금 기독교(基督敎) 종말론(終末論)에서 서기 천구백 몇년 며칠에 지구가 종말을 한다 하고, 기독교를 믿는 사람만 휴거라 해서 하나님이 들어 올려서 공중(空中)으로 구제(救濟)를 받는다고 말합니다.

불교(佛敎)는 이러한 비과학적(非科學的)인 말은 사용하지 않습니다. 부처님 가르침은 철두철미(徹頭徹尾)하며 합리적(合理的)입니다.

지구(地球)나 다른 천체(天體)가 오랫동안 주겁(住劫)을 거치다 보면 차츰차츰 불가역(不可逆)의 에너지(Energy)인 엔트로피(Entropy)가 증장(增長)하여 다 불타고 마는 것입니다.

이것은 현대 물리학(物理學)이 증명(證明)하고 있습니다. 따라서 영국(英國)의 호킹(Stephen W.Hawking; 1942 ~)박사 같은 분도 약 100억 년 정도 되면 우주(宇宙)가 점진적으로 파괴된다는 말을 했습니다.

이와 같이 천지우주 물질 세계는 결국은 다 파괴가 되고 그 후에는 텅텅 비어버린단 말입니다. 허공무일물(虛空無一物), 즉 그 때는 물질이라는 것은 아무 것도 없습니다. 그러나 물질은 없다 하더라도 모두가 다 생명(生命) 자체인 진여(眞如) 불성광명(佛性光明)으로 환원(還元)되어버립니다.

그 때는 성불(成佛)하기 싫어도 성불하는 것이고 그러기에 불경(佛經)을 보면 겁진소시(劫盡消時) 일체중생(一切衆生) 개당선정(皆當禪定)이라 했습니다. 즉 괴겁(壞劫)이 다해서 천지(天地)가 파괴(破壞)될 때는 모든 중생이 다 깊은 삼매(三昧)에 든다고 했습니다. 따라서 우리가 싫든 좋든 간에 종당에는 꼭 성불(成佛)해야 합니다. 다만 성불을 빨리 못 하면 사람으로 태어나고 결혼해서 아이를 낳고 또 가르치고 아프고 죽고 이별하곤 합니다.

앞서 말씀드린 바와 같이 참선(參禪)공부는 제일 쉬운 안락(安樂)공부입니다. 왜냐하면 우주(宇宙)의 도리(道理)에 따르기 때문입니다. 어차피 성불할 것이라고 하여 지금 낮잠을 자고 게으름부리고, 또는 망상(妄想)을 한다 하더라도 성불로 가고 있는 것입니다. 다만 더디게 간단 말입니다. 다시 말하면 우주의 섭리(攝理)에 편승해서 성불하는 것입니다. 가만 두어도 몇 억 년 뒤에는, 우주가 다 파괴될 때는 깊은 선정(禪定)에 들어갑니다.

그러나 그때까지 윤회하면서 고생을 한없이 하겠지요. 기왕이면 금생에 석가모니 같은 도인이 나왔을 때 성불을 해버려야 합니다.

마음을 열고 하는 공부 선오후수(先悟後修)가 되어야 합니다. 성자(聖者)만이 실상(實相)을 봅니다. 성자의 청정안목(淸淨眼目)에서 보는 것만이 진실(眞實)이고 사실(事實)이며, 범부(凡夫)가 보는 것은 설사 학문을 많이 했다 하더라도 바로 온전히 실상(實相)을 못보고 가상(假相)만 봅니다. 따라서 우리는 지금 안보이지만 성자의 가르침 따라 '너요, 나요, 이것이요, 저것이요' 가 없이 천지우주가 모두 다 진여불성(眞如佛性)이며 본래 부처라고 느끼고 공부를 해야 합니다.

화두(話頭)도 그러기 위해서 있는 것이고 염불(念佛)도 그러기 위해서 하는 것입니다. 이렇게 해야 참선(參禪)공부가 되는 것이지, 아미타

(阿彌陀) 부처님은 저 극락세계(極樂世界)에 계신다, 또 화두(話頭)만 의심(疑心)하면 깨달아버린다는 식으로 해서는 지름길이 못됩니다.

선오후수(先悟後修)라! 석가모니(釋迦牟尼)나 각 성자가 말씀한 이치를 우리 마음에 딱 두고서 공부를 해야 합니다. 그래서 우리 마음이 그렇게 이치를 여의지 않는다는 것은 다른 말로 바꾸면 본체(本體)를 여의지 않는다는 것입니다. 주인공(主人公)을 여의지 않는다는 말입니다. 우리 마음의 고향(故鄉)을 여의지 않는다는 말입니다.

고향(故鄉)을 떠난 사람들이 고향을 가고 싶을 때에 고향 소재도 모르고 갈 수가 있겠습니까.

그와 마찬가지로 우리가 갈 곳은 성불의 길이므로 부처가 되기 위해서는 길목을 알아야 합니다. 길목이 화두(話頭)요, 염불(念佛)이요, 주문(呪文)입니다. 길목을 안다 하더라도 고향(故鄉) 생각을 수시로, 끊임없이 해야 빨리 간절히 가진단 말입니다.

공부하면 차근차근 자기 몸도 마음도 맑아 옵니다. 마음과 몸이 둘이 아니기 때문에, 계행(戒行)을 잘 지켜서 몸이 청정(清淨)하면 마음도 청정해지고, 그 역으로 마음이 청정하면 몸도 따라서 청정해집니다. 절대로 둘이 아닙니다.

그렇게 마음이 더욱 익어져 정말 어느 날 갑자기 마음이 확 트일 때가 있습니다. 확 트일 때가 되서는 자기 몸에 대해 아무런 부담이 없습니다. '이 몸이 내 것인가? 이것이 내 몸인가?' 이만큼만 되어도 자기 몸을 위해서 남을 희생(犧牲)시킨다거나, 자기가 당선되고 싶어서 다른 사람을 비방한다거나 할 수가 없습니다.

금생(今生)에 우리가, 확철대오(廓徹大悟)하여 석가모니(釋迦牟尼) 부처님 정도는 못 된다 하더라도, 공부를 해서 마음이 일념(一念)이 되면 자기 몸도 마음도 쏙 빠져 버립니다. 이것이 불교용어로 신심탈락(身心脫落)이며, 그러한 때의 기분은 허망한 것이 아니라 환희충천(歡喜衝天)하는 것입니다.

우리가 생각할 때는 잘 입고 잘 먹고 좋은 집에서 살아야 행복(幸福)한 줄 알지만 참다운 행복은 그렇지가 않습니다. 자기 몸에 대해서 아무런 부담 없이 마음은 더욱더 맑아지고 또 모든 사람이 다 귀엽게 보이고 천지우주(天地宇宙) 모두 생명(生命)으로 보이게 합니다.

이런 행복(幸福)은 어디에 비할 수가 없습니다. 이런 행복을 우리가 놓치고 안 찾을 수가 있겠습니까. 이렇게 되어가다가 더 밝아지면 그때는 정말로 빛을 보는 것입니다.

전기(電氣)에서 나오는 빛도 원래 우주에 빛이 있으니까 나오는 것이지, 무(無)에서 나오는 것이 아닙니다. 따라서 정말로 빛을 보는 것입니다. 광명(光明), 즉 빛을 보고 몸이 가벼워지면 유연선심(柔軟善心)이 되어 착한 마음이 차근차근 깊어집니다. 애매하게 자기를 비방한다 하더라도 별로 책망하고 싶지 않습니다.

부처님 당시에 타사비 왕비는 그야말로 못난 얼굴이었는데 빛을 봄으로써 졸지에 미인(美人)이 되었습니다. 부처님 법(法)에는 아름다움도 예술(藝術)도 다 들어 있습니다.

따라서 정말로 온전히 빛을 볼 때가 가까워지면 가까워진 만큼 우리한테 그것이 온단 말입니다. 공부를 해도 실제 얻을 것이 없는 것이 아니라, 실제로 얻은 것이 무궁무진(無窮無盡)한 것입니다.

그렇기 때문에 우리가 지금 그런 광명(光明)이 안 보인다 하더라도 천지우주가 생명(生命) 자체이고 광명(光明)이며, 나나 너나, 이것이나 저것이나 우주(宇宙)에는 빈틈도 없이, 눈부신 광명이 아니라 청정무비(淸淨無比)한 적광(寂光)이 충만(充滿)해 있다고 생각하면서 화두(話頭)도 의심하고 염불도 하면 이른바 도인들이 말씀하신 선정(禪定)과 지혜(智慧)가 쌍수(雙修)가 되어서 지혜와 선정이 같이 어우러져 공부가 속빠른 것입니다.

염념상속(念念相續)

필명위기자(畢命爲期者)

십즉십생(十卽十生)

백즉백생(百卽百生)

그러기에 도인들 말씀에도 염념상속(念念相續) 필명위기자(畢命爲期者), 생각 생각에 부처님 경계, 생명(生命)의 광명(光明)인 부처님의 본 성품(性稟)을 놓치지 않고서, 내 밖에나 안이나 충만한 광명자리를 훤히 느끼면서 염불(念佛)이나 화두(話頭) 참구(參究)를 한다면, 필명위기(畢命爲期)라! 자기 생명이 다할 때까지 한다면, 십즉십생(十卽十生) 백즉백생(百卽百生), 열 사람 하면 열 사람 다 성불하고, 백 사람이면 백 사람 다 성불한다는 그 뜻입니다.

정말로 우리 생명은 위대한 것입니다. 잘나고 못나고, 가난하고 부자이고 상관이 없습니다. 우리한테 다 갖추어져 있습니다. 그런 생명을 믿고 화두를 참구하고 염불도 하면 참 쉬운 것입니다.

왜 그러는 것인가? 천지우주의 섭리에 따르는 것이기 때문입니다. 그렇게 할수록 마음도 편하고 몸도 편하고 다 편한 것입니다.

자비심(慈悲心)이 더 우러나와서 집안도 평화(平和)로와집니다. 특히 우리 보살님들은 집안에서 정말로 자비로운 보살의 화신(化身)이 되셔야 합니다. 아무 말씀으로나 하실 것이 아니라, 정말로 자비심으로 자기 남편이나 자식이 참으로 자기 자신을 따를 때까지 하셔야 합니다.

공부를 참으로 했다면 유연선심(柔軟善心)이 되어 부드러워져서 누구하고 시비(是非)할 필요가 없습니다. 모두가 다 부처같이 차근차근

보이니 어떻게 시비가 되겠습니까.

공부가 깊어지면 일체공덕(一切功德)이 다 드러납니다. 꼭 금생에 자기 생명(生命)의 본 고향(故鄕)자리를 가셔야 합니다. 다소 제대로 못 간다 하더라도, 몸도 마음도 잊을 정도의 아주 쾌적한 경안심(輕安心) 또는 광명(光明)이 눈 앞에 보일 수 있는 정도까지는 공부를 하셔야 합니다.

그렇게 해서 무량공덕(無量功德)을 누리시기를 간절히 바라 마지않습니다.

나무석가모니불(南無釋迦牟尼佛)! 나무마하반야바라밀(南無摩訶般若波羅蜜)!

부처님 계율은 우리를 꽁꽁 묶고 구속하는 그러한 계율이 아닙니다. 부처님 계율은 우리를 참다운 자유(自由), 참다운 평등(平等), 참다운 행복(幸福)으로 인도하는 해방의 가르침입니다. 우리 생명(生命)이 다 할 때까지 능히 지킬 수 있어야 합니다. 그렁저렁 금생(今生)을 살면 다시 업장(業障)에 묶여서 다시 윤회하고 맙니다. 따라서 금생에 바르게 살아야 할 것이거늘 금생에 잘못 살아서 내생에 다시 우리가 중생이 되고 또는 못된 사람이 될 수 있습니다. 따라서 우리가 금생에 성불을 하지 못하면 미래에 어느 생에 가서라도 꼭 지켜야 하는 것입니다. 금생뿐만 아니라 내생에 가서도 성불을 할 때까지 우리 불자들은 능히 지킬 수 있어야 합니다.

七. 참선의 바른 길

1992년 4월 19일, 흥륜사에서 삼년결사 중인 스님들을 대상으로 실참실구에 말씀하신 귀중한 법어(法語)입니다.

八. 光明金剛寶戒 광명금강보계

1993년 5월 23일, 광주 금륜회(金輪會) 태안사(泰安寺)에서 거행했던 보살계(菩薩戒) 수계식(受戒式)에서 설법하신 법어(法語)입니다.

九. 一大事因緣 일대사인연

1993년 7월 28일에서 8월 1일까지, 4박 5일 간 있었던 곡성 태안사(泰安寺) 금륜회(金輪會) 하계 용맹정진(勇猛精進) 입제식(入制式)에서 설법하신 법어(法語)입니다.

十. 歸依自性佛 귀의자성불

2001년 11월 29일, 성륜사(聖輪寺) 법성당에서 제방스님과 재가불자에게 설법하신 법어(法語)입니다.

七. 참선의 바른 길

내 몸도 공(空)이요, 모두가 공이요, 오온개공(五蘊皆空)이라. 제법공(諸法空) 자리, 오온개공자리를 느끼고 공부를 하여야 참선(參禪)이 됩니다.

소참법문

밥만 좀 얻어 먹고 가려고 맘 먹은 것인데, 삼년결사(三年結社)를 하신 스님들이 계신다기에 감동한 나머지 말씀을 좀 드리고자 들어왔습니다.

저도 삼년결사를 몇 번이나 해보았습니다.

태안사(泰安寺)에 들어와서 정식으로 대중과 더불어서 한 적도 있고, 그 전에는 혼자 묵언정진(黙言精進)을 여러 해를 했습니다. 삼년결사를 하시는 여러분들을 대하니 더욱더 가깝고 친밀한 감동을 느낍니다.

 달마(達磨)스님의 관심론(觀心論)에 보면 -지금은 돈황(敦煌) 문서들이 발견된 뒤로 달마스님이 쓰신 관심론이 아니라 신수(神秀) 대사가 썼다는 설도 있습니다만- 약능요심수도(若能了心修道)면 즉생공이이성(則省功而易成)이라. 깨달을 요(了), 마음 심(心), 마음을 깨닫고 마음이 무엇인가를 알고 닦으면 생공이이성이오. 생략할 생(省), 공들일 공(功), 공을 별로 들이지 않고 이성이오. 쉴 이(易), 이룰 성(成), 쉽게 이룰 수가 있는 것이고, 그 반대로 약불요심수도(若不了心修道)면 내비공이무익(乃費功而無益)이라. 그 반대로 마음이 무엇인가를 모르고 닦으면 헛수고만 할 뿐 이익이 없느니라, 그런 법문이 달마스님 관심론에 있습니다.

 마음이 무엇인가를 모르고 닦으면 증사작반(烝砂作飯)이라. 마치 모래를 쪄서 밥을 짓는 것과 마찬가지로 밥이 될 수 없습니다.

 따라서 우리가 공부할 때는 꼭 요심수도(了心修道)하는 그런 쪽으로 공부를 하여야 이제 공부도 더 쉽고 또 성취도 빠른 것입니다.

 우리가 무슨 일을 하던지 간에 먼저 이론적인 체계가 서야 합니다.

277

아인슈타인이 자기 제자인 하이젠베르그에게 한 말도 실험을 하려고 하면 정확한 이론(理論)이 먼저 앞서야 실험이 제대로 성공할 수 있다는 말을 했다는 기록이 있습니다.

참선(參禪)공부, 우리 불도(佛道)를 찾는 공부도 마찬가지입니다. 그러기에 우리 팔정도(八正道) 가운데도 정견(正見)이 앞선단 말입니다. 정견이 먼저 앞서지 않으면 바른 공부가 못되는 것입니다.

정견만 명확히 확립이 된다고 생각할 때는 자동적으로 말도 여법(如法)하게 하는 것이고 생각도 바르게 할 수 있는 것입니다. 몸으로 하는 행동과 생활도 여법하게 바르게 하는 것입니다.

우리 불법(佛法)의 대요(大要)라는 것은 공부해 보면 팔정도(八正道) 가운데 다 들어 있습니다. 참선공부하는 내용이 다 들어 있습니다. 정견자리에 가서 우리 공부의 갈림길이 있는 것입니다.

우리가 근본불교(根本佛敎) 쪽으로 정견을 생각할 때는, 정견을 그냥 사제법문(四諦法門)으로나 말하고 인생고(人生苦)의 원인과 또는 고의 소멸과 고를 해탈하는 방법이 팔정도 정도로 알고 있습니다.

이렇게 되는 것이 근본불교 소승적인 팔정도의 해석이지만 대승불법(大乘佛法)으로 생각할 때는 차원이 그렇지가 않습니다.

정견자리에서 본래시불(本來是佛)자리, 본래 바로 부처의 자리를 우리가 느껴야 합니다. 본래시불자리, 본래 바로 부처라! 닦은 뒤에 부처가 아니라 본래 바로 부처라! 이렇게 느껴버려야 이른바 참다운 대승적인 정견이 됩니다.

따라서 본래 부처이므로 무한의 불성공덕(佛性功德)을 우리가 다 갖추고 있어야 합니다. 자기에 대한 자기 공덕이, 가령 보조(普照) 어록대로 말하면 과불공덕(果佛功德)이 분호불수(分毫不殊)라. 과불공덕이 분호불류(分毫不謬)란 말입니다.

이 말은 무슨 말인가 하면 석가모니불(釋迦牟尼佛)께서나 삼세제불(三世諸佛)이 성취하신 불과(佛果), 그런 공덕이 우리 중생과 더불어서 분호불수라, 조금도 차이가 없단 말입니다.

석가모니 부처님만 삼명육통(三明六通)을 다하고 무량한 신통(神通)을 갖춘 것이 아니라 우리한테도 호리불차(毫釐不差)라, 호리도 차이가 없이 갖추고 있다는 것입니다.

그와 같이 과불공덕이 분호불수라. 불과를 성취한 그런 공덕이 만중생(萬衆生)과 더불어서 조금도 차이가 없는 것입니다. 그렇게 알아야 방성신야(方成信也) 응당 정신(正信)이라. 신심(信心)도 참다운 믿음이란 말입니다.

따라서 참다운 믿음도 바른 견해, 정견이 있어야 참다운 믿음이 생기는 것입니다.

찬선(參禪)할 때는 바른 믿음이 앞서야 하고, 또 용맹심(勇猛心)과 참구(參究)하는 마음이 곁들어야 하는 것인데, 바른 믿음이 전제가 되기 위해서는 방금 말씀드린 바와 같이 바른 견해, 바른 가치관, 바른 철학이 앞서야 하는 것입니다.

바른 철학(哲學)은 무엇인가?

앞서 언급한 본래시불자리, 당래(當來) 부처가 되는 당래성불(當來成佛)이 아니라, 본래 바로 부처가 되어 있다는 자리, 그 자리를 분명히 느껴버려야 이른바 돈오돈수(頓悟頓修)가 됩니다. 그 자리를 느끼지 못하면 돈오(頓悟)도 못되고 돈수(頓修)도 될 수 없는 것입니다.

따라서 특히 삼년 동안이나 공부하시는 스님들은 그때그때 선지식(善知識)들 한데서 법문(法門)을 많이 들으시겠지만 그래도 자기 공부하는 길에 관해서 확연히 견해와 신(信)이 차 있어야 합니다.

그래서 선행적으로 본래시불자리를 느낀 다음에는 무엇이 필요할 것인가?

그 다음에는 우리 범부 중생이 본래 부처라 하더라도 자기 숙세 누겁(累劫)의 숙업(宿業) 때문에 습기(習氣)가 우리한테 끼어 있으므로 습기를 녹여서 성불(成佛)까지 가는 길목, 수도(修道)의 위차(位次)를 알아야 하는 것입니다.

길목을 잘 모르면 공부하는 경계가 많기 때문에 더러는 자기 몸뚱이가 텅텅 비어오기도 하고, 더러는 공중으로 떠올라가는 듯 경쾌한 마음을 느끼기도 하고, 가지 가지 경계가 많이 있습니다.

부처님 같은 모양이 나오기도 하고, 또는 빛이 훤히 이렇게 밝아서 나오기도 하고, 방안도 훤해지고, 벽을 뚫고 저 편도 보인단 말입니다. 그런 때가 있는 것인데 그런 때를 당할 때 기분이 나쁠 때는 모르거니와 쾌적하고, 상쾌하고 자기 몸에 부담을 느끼지 않을 때는 '아! 견성오도(見性悟道)가 이런 자리가 아닌가?', 이렇게 우리가 혼돈(混沌)을 느끼는 것입니다.

따라서 우리 공부하는 경계에 대해서 분명히 알아야 이른바 암중모색(暗中摸索)이 안 되고 동시에 증상만(增上慢)이라, 못 통하고 통했다, 하고 또 못 증(證)하고 증했다, 하는 그런 증상만을 내지 않는 것입니다.

증상만을 한번 내버리면 공부를 할 수가 없습니다.

그러한 수도(修道)의 과정, 수도의 위차가 그것이 비록 한번 깨달으면 다 된다, 이렇게 하더라도 깨닫기 자체도, 앞서 말씀과 같이 깨닫는 과정에 경계가 많아서 참다운 깨달음이라 하는 것은 우리가 점검하기가 쉬운 것도 아니고, 설사 초견성(初見性)을 했다 하더라도 성불까지 가는 길은 또 요원한 길입니다.

그러기에 본래시불자리에서 본다고 생각할 때는 분명히 돈오(頓悟)이지만 우리가 부처까지 간다고 생각할 때는 습기를 녹이는 과정을

생각할 때는 또 역시 점수(漸修)란 말도 옳단 말입니다.

따라서 따지고 보면 돈오돈수(頓悟頓修)나 돈오점수(頓悟漸修)가 거리가 먼 것이 아닙니다.

중생과 부처가 둘이 아니라 모든 중생들이 부처와 더불어서 본래로 성불이 되어있다, 이런 자리에서 본다고 생각할 때는 분명히 돈오인데 그렇다고 그 자리를 분명히 좀 느끼고 안다고 해서 그것이 끝난 것이 아닌 것입니다.

이른바 해오(解悟)라. 풀 해(解), 깨달을 오(悟), 해오로 해서 이치로는 안다 하더라도, 자기가 정작 자기 자성(自性)을 증명 못 할 경우에는 불공덕(佛功德)이 나오지 않는 것입니다.

부처님 명호(名號) 가운데, 여래십호(如來十號) 가운데 명행족(明行足)이란 것이 있습니다. 밝을 명(明), 행할 행(行), 족할 족(足)입니다.

이것은 무엇인가 하면 '밝음', 이것은 바로 지혜(智慧)를 말합니다. 그런 지혜를 부분적으로 아는 것이 아니라 완벽한 지혜를 다 갖추고 있다는 것이 명행족입니다.

따라서 참말로 깨달으면 그때는 그런 모든 지혜를 완벽하게 갖추어야 합니다.

마음만 좀 개운하고 무엇에 막힘이 없고 그 정도가 참다운 깨달음이 아니라 명행족이 되어야 합니다. 삼명육통(三明六通)을 다 갖추어야 합니다.

　우리가 성불하는 길이 본래의 자리에서 본다고 생각할 때는 한 걸음도 옮기지 않고 본래 부처가 되어 있지만 습기를 녹여서 간다고 생각할 때는 요원(遙遠)한 길입니다.

　그러므로 십지경(十地經)에 보살초지(菩薩初地), 이지(二地), 삼지(三地), 사지(四地) 등이 있는 것입니다.

　그런 도리(道理)를 잘 모르는 사람들은

'그것 교(敎) 아닌가? 선법(禪法)에서는 그런 것이 필요 없지 않는가?'

라고 생각할 수도 있습니다. 하지만 선(禪)과 교(敎)는 원래 둘이 아닌 것입니다.

　우리는 분명히 앞서 허두에서 말씀드린 요심수도, 마음이 무엇인가, 마음이 본래 부처인 것을 깨닫고 닦으면 생공이이성(省功而易成)이라, 본래 공(功)을 많이 안 드리고도 성불(成佛)하기가 쉽다는 것입니다.

　그러나 부처와 나와 나누어 생각하고, 마음 밖에서 도(道)를 구하고 진리(眞理)를 구하고 부처를 구한다고 생각하면 공부가 굉장히 더던 것입니다.

그러기에 불요심수도(不了心修道)면 증사(烝砂)가 작반(作飯)이라. 다만 자기 마음이 무엇인가를 모르고서 암중모색(暗中摸索)으로 애쓰고 닦는 것은 모래를 삶아서 밥을 짓는 것과 같아서 밥이 될 수 없는 것입니다.

그렇기 때문에 응당 본래시불자리를 분명히 느끼고, 느꼈다고 생각하면 그 자리를 여의지 않고 공부를 지속적으로 해야 하는 것입니다.

그러기에 참선 공부나 일반 공부나 한말로 말하면, 「육조단경(六祖壇經)」의 맨 나중에 있습니다만 무슨 경(經)이나 부촉품(咐囑品)이 경의 결론(結論)인데, 부촉품에 보면 이런 대목이 있습니다.

그대들이 만약 여래(如來)의 일체종지(一切種智)를 성취하고자 하면 마땅히 일상삼매(一相三昧)와 일행삼매(一行三昧)를 증(證)할지니라.

4조(四祖) 도신(道信) 대사의 법문이나, 또는 5조(五祖) 홍인(弘忍) 대사의 법문이나, 6조(六祖) 혜능(慧能) 대사의 법문이나, 그와 같이 일관되어왔던 것입니다. 일상일행(一相一行)이란 말입니다.

일상삼매(一相三昧)는 무엇인가 하면 천지우주(天地宇宙) 모두를 진여불성(眞如佛性) 하나로 보는 것입니다. 천지우주에는 다른 것이 있는 것이 아니라, 이른바 불성 일원론(一元論)입니다.

물(物)과 신(神)이 따로 있는 것도 아니고, 부처와 나와 따로 둘이 있는 것도 아닌 것이고. 천지우주를 하나의 불성(佛性)으로 보는 것입니다.

그것 보고 일상삼매라고 하고, 그렇게 분명히 느끼는 것 보고 해오(解悟)라고 하는 것입니다. 풀 해(解), 해오입니다.

그래서 그런 자리, 일체존재가 다 진여불성 아님이 없다, 그런 자리를 놓치지 않고 염념상속(念念相續)으로 공부를 이어간단 말입니다. 그래야 참다운 참구(參究)가 됩니다.

그러기에 다들 아시는 바와 같이 남악회양(南嶽懷讓) 선사, 6조 혜능 대사의 정법을 받은 스님입니다.

남악회양 선사 휘하에서 마조(馬祖)가 공부할 때에 마조가 키도 팔척 장신이고 장부다운 사람이라 공부도 열심히 하겠지요. 밤낮을 가리지 않고 가부좌(跏趺坐)를 틀고 앉아만 있단 말입니다.

남악 선사가 보아하니 그릇은 좋은데 법(法)의 한계를 잘 모른단 말입니다. 법을 잘 모르고 닦는다고 생각할 때에는, 다시 말하면 마음이 무엇인가? 마음과 일체존재의 관계가 무엇인가?

이런 것을 모르고 닦는다고 생각할 때는 힘의 낭비를 많이 합니다.

따라서 저 사람의 마음을 이제 깨우쳐 주어야 되겠구나, 해서 마조가 공부하는 방 앞에 가서 조사스님이 벽돌을 뜨르륵 뜨르륵 갈았단 말입니다. 벽돌을 가는 소리가 몇 시간 동안 계속된단 말입니다. 마조 역시 공부하는 학인이지만 이상하기도 해서 은사스님께 물어 보았습니다.

"대관절 무엇 때문에 그렇게 벽돌을 갈고 계십니까?"

남악선사의 대답이

"벽돌을 갈아서 거울을 만들려고 그런다."

그러니까 마조가 웃으면서

"노장님도 참 망령이 드셨습니다. 벽돌을 갈아서 어떻게 거울이 된다고 그렇게 갈고 계십니까?"

라고 말하자, 남악선사의 대답이

"가부좌 틀고 앉아가지고서 무슨 놈의 부처가 되겠는가. 가령 소가 끌고 가는 달구지가 있다고 하자. 달구지가 움직이지 않으면 달구지를 때릴 것인가? 소를 때릴 것인가?"

라고 하셨단 말입니다.

마땅히 채찍질을 소한테 해야 달구지가 잘 굴러가겠지요. 그와 마찬가지로 마음이 주인공(主人公)인데 몸뚱이만 애쓰고 앉아본들 그걸로 해서는 큰 공덕이 없다는 것입니다.

먼저 주인공자리를 분명히 느끼고 앞 세워야 하는 것입니다. 따라서 주인공인 마음이 앞선다고 생각할 때 몸뚱이는 존재가 아닌 것입니다.

우리가 부처님 할 때는, 마음은 부처거니 하지만 몸뚱이는 부처라고 생각을 잘 안 한단 말입니다.

그러나 이 몸뚱이나 일체존재, 일체물질 모두 다 부처 아닌 것이 없습니다. 내 몸뚱이까지도 물질이 아닌 바로 부처라고, 불성이라고 생각을 해야 하는 것입니다.

우리 마음은 물질이 아니라서 불성(佛性)이 되겠지만, 내 몸은 물질이 아닌가, 하루에 몇 칼로리를 먹어야 하지 않는가, 이렇게 생각할 때는 그 몸뚱이를 강하게 하려고 굉장히 노력을 많이 합니다. 잘 먹어야 하고, 잘 입어야 하고, 그러나 이 몸뚱이가 존재가 아닌 물질로 있는 것이 아니란 말입니다. 그림자같은 것입니다.

그림자를 천만 개를 곱하고 보태고 한다 하더라도 그림자는 그림자 아닙니까. 제로를 역시 천만번 곱하고 보태도 제로는 제로입니다.

똑같이 마음이라는 것은, 마음이 인연(因緣) 따라서 상(相)을 내어 사람 같은 상을 내고, 또는 해 같은 상을 내고, 달 같은 상을 낸다 하더라도 역시 그것은 상에 불과한 것이지 실제 있는 것이 아닙니다.

요즈음 철학에서 말하는 실존(實存)이 아닌 것입니다.

분명이 이 몸도 그림자와 마찬가지입니다. 있지 않는 것입니다. 허망한 상이 계속되는 것이니까, 허망상이 계속되는 것을 보고 우리가 잘못 생각해서 나라고 하고, 너라고 하고, 금(金)이라고 하고, 다이아몬드라고 하는 것이지 그런 상이 실존하는 것이 아닌 것입니다. 이것을 분명히 느껴야 합니다.

이것만 잘 느껴도 이 몸뚱이는 항시 가볍단 말입니다. 먹어도 그만, 안 먹어도 그만, 자도 그만, 안자도 그만, 이 몸뚱이가 실재한다고 생각하기 때문에 거기서 생기는 피해가 얼마나 많습니까. 그리고 누가 한번 때리면 금방 진심(嗔心)을 낸단 말입니다.

그러기에 「아함경(阿含經)」을 보면 '그대가 공부할 때 양날톱으로 그대 목을 슬슬 자른다 하더라도 표정을 굳히면 불자가 아니다', 이런 말씀이 있단 말입니다.

내 것이 아닌 것이고, 네 것도 아닌 것인데 몸뚱이를 누가 해친다고 하여 불법적(佛法的)으로 여법(如法)하게 생각할 때는 성을 낼 필요가 전혀 없습니다.

그래서 앞서 말씀 드린대로 본래시불(本來是佛), 본래 바로 부처라고 생각할 때는 내 마음만 본래 부처가 아니라, 내 몸도 일체존재, 일체 물질이 다 본래 부처란 것입니다. 삼천 대천세계 부처 아닌 것이 하나도 없습니다. 부처 아닌 것은 아무것도 없습니다.

그렇게 느껴서 마음을 먼저 열어야 하는 것입니다. 마음을 열고 닦아야 돈오돈수(頓悟頓修)입니다. 그래야 돈오점수(頓悟漸修)란 말입니다.

돈오돈수라고 해서 금방 다 된 것이 아니라, 습기가 있어서 금생에 지은 번뇌, 금생에 나와서 잘못 배우고, 잘못 듣고, 잘못 생각하고, 이런 번뇌가 우리 잠재의식에 꽉 끼어 있고, 또 무수 생(生) 동안 윤회(輪廻)의 과정에서 이루어진 우리 습관성(習慣性), 이런 것은 갑자기 녹일 수가 없습니다.

그것을 못 녹이면 마음이 좀 열렸다 하더라도 아무런 힘을 못 내는 것입니다.

석가모니와 더불어서, 원효(元曉)와 더불어서, 보조(普照)와 더불어서, 우리가 갖추고 있는 것도 원만구족(圓滿具足)이라. 똑같지만 다만 그 분들은 습관성을 녹여버렸기 때문에 명행족이라, 참다운 법력(法力)을 갖춘 도인(道人)이 되고, 우리는 그런가 보다, 하는 것이지 증명(證明)을 아직 못 한 것입니다.

증명(證明)을 제대로 했다고 한다면 분명히 삼명육통(三明六通)을 다 해야 하는 것입니다.

우리한테는 그러한 소중한 불성이 깃들어 있습니다. 요즈음 잘못 생각한 사람들은 '신통, 그것은 외도(外道)나 하는 것이 아닌가?' 하고 생각합니다.

신통의 본 고장이 불가(佛家) 아닙니까. 외도는 기껏해야 5통 밖에는 못합니다. 그러나 우리 불자는 바르게 닦으면 반드시 6통까지 나와야 합니다.

그러기에 불교가 위대한 것이고 불심(佛心)이 위대한 것입니다. 앞으로는 그렇게 위대한 도인들이 굉장히 많이 나올 것이지만, 그렇게 나와야 과학을 온전히 제어하고 과학을 굴릴 수 있는 것입니다.

만약 우리 불교인들이 항시 아는 것으로만 그쳐버리면 과학을 우리가 굴릴 수 없습니다.

현대 물리학(物理學)도 모두가 하나라는 것을 증명하고 있습니다. 물리학도 모두가 에너지뿐이다, 에너지라는 것은 물질이 아닙니다. 하나의 정기(精氣)란 말입니다.

물리학적인 측면에서만 보더라도 일체존재는 물질이 아닌 우주에너지의 활동이 형상화된 것입니다. 따라서 현대 물리학이 부처님 도리를 차근차근 밝히고 있습니다.

물질은 본래가 없는 것이고, 일체가 에너지뿐이다, 현대과학도 이렇게 증명을 하는 것인데 하물며 우리 불자들이 상(相)에 걸리고 물질에 걸린다고 생각할 때는 불교인이 아닌 것입니다.

물질은 하나도 없고, 눈곱만큼도 없고, 따라서 절대공간 절대시간이 원래 없는 것입니다. 절대물질(절대공간, 절대시간)이 없는 것입니다.

없는 것을 우리 중생이 삼독심(三毒心)에 가려서 있다고 잘못 보는 것뿐입니다.

그렇기 때문에 우리 불자님들은 꼭 부처님께서 말씀하신 그런 바른 말씀을 분명히 믿어야 합니다. 그래야 불교 신앙이 되는 것입니다.

절대공간, 절대시간, 절대물질은 절대로 없습니다. 있는 것은 불성(佛性)뿐인데, 우주에는 불성뿐인데, 우리 중생이 업에 가려서 잘못 본다는 그런 차이뿐입니다.

따라서 우리가 공부를 할 때는 내 몸도 공(空)이요. 모두가 공이요, 오온개공(五蘊皆空)이라. 제법공(諸法空)자리, 오온개공자리를 느끼고 공부를 하여야 참선(參禪)이 되는 것입니다. 반야지혜(般若智慧)가 없으면 불법(佛法)이 되지 않습니다.

반야지혜 없이 남한테 베풀고 보시(布施)하고 하는 그런 것은 기독교나 다른 종교에도 다 있는 것입니다.

불교가 불교인 점은 무엇인가? 반야지혜가 전제가 되는 가운데서 불법이 불법다운 것입니다. 불교의 도리가 반야지혜에 있습니다. 반야지혜로 닦아야 참다운 공부가 되고 참다운 참선이 됩니다.

'판치생모(板齒生毛)'를 많이 하고, '무(無)'와 관련한 화두(話頭)나 '이 뭣꼬(是甚麼)'를 많이 한다 하더라도 반야지혜(般若智慧)가 없이 할 때는 단순한 의심(疑心)인 것이지 참다운 참선이 못되는 것입니다.

마땅히 체(體)와 더불어서, 용(用)을 거두어서, 상(相)을 거두어서 본 성품으로 가는 그런 자리에 참선이 있는 것입니다.

일반 방편공부는 현상적인 상에 걸려 있지만, 참선공부는 우선 나라는 상을 걷어 처부수고, 무아(無我) 무소유(無所有)라. 삼천대천세계(三千大千世界)가 텅텅 비어서 공공무대천(空空無大千)이라. 모두가 텅텅 비어 있다는 것을 느껴야 합니다.

분명히 비어 있는 것이고, 공부를 많이 하신 노장 스님들께서는 다 느끼셨을 것입니다만 공부를 하다 보면 정말로 자기 몸뚱이고 무엇이고 다 비워져 버립니다.

그런 때는 정말로 이러니까 오온개공(五蘊皆空)이라고 했겠구나. 그때야 공이 좀 느껴지는 것입니다. 그러나 우리 중생들은 그걸 잘 못 느낀단 말입니다.

'관세음보살(觀世音菩薩)' 이나, '옴마니반메훔' 이나, 또는 화두나 애쓰고 하다 보면 자기도 모르는 가운데 업장(業障)이 녹는 정도에 따라서 차근차근 비워옵니다. 욕심도 줄어들고 차근차근 비워온단 말입니다.

이 몸뚱아리가 비워오는 것을 느껴버려야 정말로 '이러니까 무아(無我)라고 했구나' 라고 느끼는 것입니다.

삼년결사(三年結社)하시는 거룩한 우리 스님네들, 장하십니다. 사람을 피해서 산속에 가서 몇 년이나 있어 보면, 사람을 피해서 왔지만 사람들이 그립단 말입니다. 삼년 세월이 절대로 쉬운 것이 아닙니다. 해보지 않은 사람들은 모릅니다.

참선을 우리가 결사할 때는 될수록 신구의(身口意) 삼함(三緘)이라. 몸으로 될수록 활동을 삼가고, 입으로 말을 많이 않고, 뜻으로 헤아리지 않아야 합니다. 삼함이라, 석 삼(三), 봉할 함(緘), 신구의 삼함을 해야 삼매(三昧)에 들어갑니다. 삼매에 들어가야 습기가 녹습니다.

우리 공부는 쉬운 대로만 그냥 편하게 하는 것이 아닙니다. 마당에 한가롭게 앉아서 참선을 하는 것이 아니지 않습니까. 참선은 무서운 결단이 필요한 것입니다. 자기 생명(生命)을 걸고 하는 공부입니다.

그러기에 대사일번(大死一番) 대활현전(大活現前)이라, 한번 크게 죽어야 하는 것입니다. 범부생(凡夫生)을 꼭 죽어야 하는 것입니다.

그러려면 앞서 말씀 드린 봐와 같이 신구의 삼함이라. 몸으로 망동, 몸을 될수록 차분히 하고, 말도 필요 없는 말은 절대로 하지 말아야 합니다. 말 한마디 하면 한마디 한 만큼 우리 마음이 무거워오는 것입니다.

신구의 삼함을 명심하고 하셔서 꼭 한사코 삼매에 드십시오. 삼매에 들어서 멸진정(滅盡定)을 통해야 이른바 아(我)가 녹는 것입니다.

멸진정을 못 통하면 아(我)라 하는, 원수 가운데 가장 원수가 아(我) 아닙니까. 아(我)가 녹지 못하면 범부입니다. 결국은 속한(俗漢)이란 말입니다.

금생에 못 녹이면, 몇 만생을 지나도 아(我)를 녹여버려야지 윤회(輪廻)를 않는 것입니다.

자기가 하는 공부, 관음보살을 하면 관음보살을 수없이 많이 자나 깨나 앉으나 서나 그 한 생각 훤히 열려 있는 그 자리 말입니다.

앞서도 말씀 드렸지만 마음을 열고 해야 합니다. 마음은 원래 열려 있는 것인데 우리가 스스로 마음을 꼭 붙잡고서 구속을 받는 것입니다. 나라는 것도 없고, 너라는 것도 물질도 없단 말입니다.

우주 끝까지 다 볼 수 있는 힘이 우리에게는 다 있습니다. 다만 그 번뇌(煩惱)에 가려서 못 한단 말입니다.

저도 삼년결사를 성공한 사람은 아닙니다. 산문 밖에는 한 발도 안 나가고 삼년을 제대로는 다 채웠지만 그렇게 형식은 다 취했다 하더라도 마음을 제대로 못 다스렸기에 아직도 공부를 다 마치려면 천리만리입니다. 부디 습기를 녹이고 멸진정을 성취하여 삼년결사에 성공하시기 바랍니다.

너무 많이 말씀을 드리면 밥값이 비싸지므로 이대로 끝내겠습니다.

나무아미타불

八. 광명금강보계(光明金剛寶戒)

우리는 세상을 반드시 부처님의 지혜로 비추어 보아야 합니다. 인생과 우주의 근본 도리에서 비추어 보고 불성에 따르는 행동을 해야 비로소 참다운 보살계가 되는 것이고, 참다운 윤리가 되는 것입니다.

우리가 신앙하는 부처님은 가장 지혜(智慧)로우시고, 가장 복(福)이 많으시고, 가장 정당(正當)하신 분입니다. 따라서 부처님 가르침은 중생들이 복도 제일 많이 받고, 또 제일 슬기롭고 정당하게 살아가는 그런 가르침입니다. 우리는 어느 누구나 위없는 행복(幸福)을 바라지만 지혜나 정당성이 없으면 참다운 행복은 있을 수가 없습니다.

우리는 항시 법회(法會)의 허두에서 삼보(三寶)에 귀의(歸依)하는 의식을 합니다. 삼보 역시 방편적인 가르침으로 해서는 참다운 궁극적인 지혜가 아닙니다. 방편을 떠나 참다운 지혜로운 그런 경계에서 보는 삼보는 어떠한 것인가?

삼보는 대체로 다 아시는 바와 같이 부처님이라 하는 불보(佛寶), 부처님의 가르침인 법보(法寶), 부처님 가르침에 따라서 행동하는 불자(佛子)가 삼보 아니겠습니까.

세상에서 보배, 보배 하지만 다른 보배는 허망 무상한 것입니다. 부처님과 부처님의 가르침, 부처님 가르침을 따라서 실천하고 행동하는 우리 불자님들, 이와 같은 세 가지보다 더 귀중한 보배는 이 세상에 없습니다.

그런데 그냥 소승적(小乘的)인 차원에서는 석가모니(釋迦牟尼) 부처님인 불조, 석가모니 부처님 가르침인 법보, 그 법보에 따라서 실천 행동하는 불자님들을 승보, 이와 같은 말씀이 됩니다.

그러나 대승적(大乘的)인 가르침은 소승적인 그런 가르침을 다 포함하면서 보다 더 궁극적(窮極的)이고 보편적(普遍的)인 의미가 있습니다. 우주 자체의 참다운 생명(生命)이 바로 부처 불(佛), 보배 보(寶), 불보입니다.

그리고 법보라는 것은 무엇인가? 이것은 바로 우주의 법칙(法則)입니다. 우주의 법칙이 바로 법보입니다.

그러면 승보라는 것은 무엇인가? 승보는 앞서 말씀과 같이 좁은 의미에서는 부처님 가르침에 따르는 분만이 승보입니다만 궁극적인,

297

본질적인 의미의 승보는 바로 우주의 현상계(現象界) 모두 다 승보입니다.

왜 그럴 것인가? 조금 생각해보십시다. 가령 별(星)이나 달(月)이나 해(太陽) 또는 우리 인간이나 다른 동물이나 식물이나 또는 공간에 있는 공기라든지, 이러한 것들도 우주의 법칙에 따라서 움직이는 것이지 우주의 법칙을 떠나서 이루어지는 것은 아무것도 없습니다. 어느 것도 우주에 있는 것은 두두물물(頭頭物物), 산하대지(山河大地), 산천초목(山川草木) 모두가 다 우주의 법칙을 따라서 움직입니다.

그런 의미에서 보면 앞서 말씀과 같이 천지우주의 어느 것도 모두가 다 본질적으로 볼 때는 사실은 승보에 다 해당합니다.

제가 이와 같이 철학적인 말씀을 드리는 이유는 부처님 법을 본질적으로 대승적으로 알지 않고서는 부처의 뜻을 제대로 다 알 수 없는 것은 물론이고, 현대적인 인간의 고뇌(苦惱)를 다 제거할 수 없기 때문입니다.

현대인들이 앓고 있는 병이 굉장히 무거운 병이기 때문에, 우리 심장에까지 침투해 있는 병이기 때문에 그런 소승적인 가르침으로는, 또 다른 종교의 가르침으로 해서는 현대적인 인류의 무서운 병폐(病弊)를 다 제거할 수 없습니다.

우주의 법칙 그대로 가장 궁극적인 동시에 보편적이고 본질적인 진리에 따르는 그러한 가르침이 아니고서는 현대인들의 고뇌를 다스릴 수 없습니다.

따라서 우리 불자님들은 좀 어렵더라도 사실은 각자 반드시 불교철학자가 되셔야 합니다. 잡다한 팔만장경의 불교경전을 다 읽으실 필요는 없습니다만 앞서 말씀드린 바와 같이 가장 중요한 것은 알아두셔야 현대를 살아가는 데 오류를 범하지 않고, 시행착오를 하지 않고 바르게 우주의 법칙에 따라서 살 수 있습니다.

우주 자체가 바로 부처님인 불보이고, 또 우주의 법칙이 바로 법보, 참다운 진리인 것이고 또 우주의 모든 것은 진리에 따라서 운행되기 때문에 일체존재 모두 다 승보입니다.

부처님 가르침을 따라서 우리가 실천, 행동하는 계율이라든지 여러 가지 수행 방법은 마땅히 팔만사천(八萬四千)의 법문(法門)에 다 나와 있습니다.

그런데 그런 가운데서도 특히 우주의 법칙을 그대로 따르는 행위, 이것이 바로 보살계(菩薩戒)입니다.

그냥 소승적인 그런 계율은 그대는 살생하지 말라, 훔치지 말라 또는 삿되고 음란한 짓을 말라, 이렇게 우리한테 금지하는 그러한 것으로만 되어 있습니다.

그러나 대승적인 가르침은 그렇지 않고서 표현은 엇비슷하더라도 근본 뜻은 보살계를 바로 불성계(佛性戒)라! 부처 불(佛), 성품 성(性), 불성에서 오는 바로 거기에 따르는 계(戒)라는 말입니다. 불성은 바로 우주의 생명입니다. 따라서 보살계는 바로 불성계 우주의 도리를 그대로 따르는 계율입니다.

다시 바꿔서 말씀 드리면 광명금강보계(光明金剛寶戒)라! 나나 일체존재의 근본생명인 진여불성(眞如佛性)자리, 이것은 그냥 그렁저렁한 자리가 아니라 바로 생명의 빛입니다. 하나의 광명(光明)인 것입니다.

따라서 광명의 금강이라, 금강(金剛)은 파괴할 수 없는 가장 견고 부동한 것이 금강 아니겠습니까. 따라서 보살계라 하는 것은 어느 것도 다 그 속에 포함되어 있고, 동시에 과거나 현재나 미래나 어느 때나 파괴할 수 없는 영생불멸(永生不滅)한 보계(寶戒)라, 보배로운 법칙이 이른바 금강계, 보살계, 불성계입니다.

오늘 여러분들께서는 보살계를 받으시는 것입니다. 따라서 부처님 가르침은 그냥 금지하는 가르침만이 아니며 반드시 부처님 가르침은 지혜가 앞서야 하는 것입니다.

지목행족(智目行足)이라! 어두운 길을 걸을 때에 등불이 밝아야 길을 잘 갈 수가 있듯 우리가 지혜의 등불로 바르게 비추고 가야 행동도 바르게 하고, 우리 생활도 바르게 나아갈 수가 있는 것입니다.

다른 종교나 윤리 같은 것은 지혜를 잘 모른다 하더라도 바른 행동만 하면 된다, 이런 식이지만 부처님 가르침은 그렇지가 않습니다. 특히 앞서 말씀과 같이 보살계는 꼭 인생과 우주의 근본 도리에서 비추어 보고 불성에 따르는 행동이 되어야 비로소 참다운 보살계가 되는 것이고, 참다운 윤리가 되는 것입니다.

우리가 다 아시는 바와 같이 남한테 베풀어라, 남을 용서해라 또는 화해를 해라 등 여러 가지 사회적인 덕목이 많이 있습니다. 누구나 베풀고 싶기도 하고, 베풀면 기분도 좋고, 남한테 칭찬도 받고 하겠지요. 또 화해를 하면 그만큼 자기 마음도 편하고 좋겠지요.

그러나 우리는 그러한 것들이 옳다고 생각은 하면서도 제대로 바르게 행동으로 옮길 수가 없습니다. 그것은 왜냐하면 남한테 베푼다는 그것이 신념화가 미처 되어 있지 않습니다. 어려운 말로 하면 철학적인 뒷받침이 안 되어 있다는 것입니다.

참다운 윤리·도덕이라 하는 것은 하나의 당위(當爲)가 되어서 내가 하지 않으면 안 된다, 하지 않으면 안 된다는 그런 당위성(當爲性)이 있어야 하는 것인데, 본질적인 깊은 철학이 없으면 그런 당위적인 꼭 하지 아니하면 안 된다는 생각은 보통 하지 않는단 말입니다.

그렇기 때문에 앞서 말씀드린 바와 같이 소승계는 그냥 무엇 무엇을 해라 하는 정도로 나오고, 또 기독교의 십계명이나 유교의 삼강오

륜도 모두가 무엇은 하고 무엇은 하지 말라는 식입니다.

그러나 부처님의 가르침 가운데 대승보살계(大乘菩薩戒), 이것은 우리가 갖추고 있는 진여불성자리, 우주의 생명자리, 우주의 생명은 바로 우주의 법칙인데, 우주의 법칙을 우리 인간 사회에 그대로 적용하는 것이 보살계입니다.

그렇다면 우주의 법칙은 어떠한 것인가? 우주의 법칙을 법회 때마다 말씀을 드립니다만 그것은 '둘이 아닌 자리' 입니다. 우주는 하나의 원융무애(圓融無碍)한 원만한 생명자리입니다.

우리 불자님들이 우주의 법칙에 대해서 우선 간략하게나마 개념 정립을 하지 않으시면 앞서 말씀 드린 바와 같이 보살계를 받으신 보람이 없습니다. 왜냐하면 보살계는 지혜와 더불어서, 본질적인 반야지혜와 더불어 있는 윤리·도덕입니다. 부처님의 참다운 지혜와 더불어 윤리·도덕이 보살계이기 때문에 부처님의 지혜가 무엇인가, 이것을 먼저 알아야 하는 것입니다.

우리 중생은 상대적인 것 밖에는 모르는 것이고 절대적인 경계를 미처 이해하지 못합니다. 그렇다 하더라도 꼭 나, 너, 일체존재라 하는 것은 모두 다 본질적으로 하나의 생명입니다. '하나의 생명이다' 하는 그 자리를 천 번, 만 번, 되뇌어서 자기 신념(信念)으로 만들어야 하는 것입니다. 그래야 참다운 신앙심(信仰心)이 되고, 또 정견(正見)이라. 참다운 불교의 견해가 되는 것입니다.

바른 철학이 서지 않고서는 이렇게 혼란스러운 세상에서 자기를 온전히 지탱해갈 수가 없습니다. 우리는 지금 사회에서 얼마나 많이 보고 있습니까. 매일 매일 우리가 신문지상과 같은 매스컴에서 나오는 것들이 무엇입니까. 자기 철학이 없기 때문에 교육자나 또는 정치인이 그렇게 형편없이 죄를 범한단 말입니다.

이것은 다른 데에 원인이 있는 것이 아닙니다. 바른 철학이 없기 때문입니다. 칸트 철학을 알고, 니체나 헤겔 철학을 아는, 그런 철학적인 지식을 알고 모르는 것이 문제가 아니라, 기본적인 생명 자체의 도리를 훤히 아는 철학이 없기 때문입니다.

우리가 교육자를 두고 생각해 봅시다. 교육이라 하는 것은 바람직한 인간성을 가르쳐야 하는 것인데 교육자 스스로 바람직한 인간상이 무엇인가, 어떤 사람이 바람직한 사람인가, 인간이라는 것은 대체 어디에서 와서 어디로 가는 것인가, 인간의 삶의 뜻은 무엇인가, 이러한 것을 모르고 바람직한 인간을 만들 수가 있겠습니까?

우리는 지금 그렁저렁 살아갈 때가 절대로 아닙니다. 본질적으로 근본 뿌리부터 다시 반성하고 다시 자기비판을 하여, 꼭 자신이 우주의 법칙인 우주의 궤도(軌道)에 들어가야 하는 것입니다.

그렇게 되기 위해서는 부처님의 가르침의 핵심인 참다운 지혜를 먼저 알고 행해야 하는 것입니다. 알지 못하면 말도 바르게 못하고, 행동도 바르게 못하고, 사고(思考)도 바른 생각을 할 수가 없습니다.

따라서 바른 지혜 문제에 관해서는 우리 불자님들이 두고두고, 이 것이나 저것이나 또는 나나 너나 모두가 다 하나의 생명이다, 미운 사람이나 고운 사람이나 더러운 것이나 또는 더럽지 아니한 것이나 또는 공기나 흙이나 자연이나 인간이나 또는 부처님이나 중생이나 모두가 다 하나의 생명이다, 이 하나의 생명자리를 신앙과 철학과 과학이 바탕이 되어서 당위적으로 아셔야 하는 것입니다.

우리 중생들은 억울하게도, 원통하게도 무지(無知), 무명(無明)에 가려 잘못 살아서 '우리는 하나의 생명이다' 라는 것을 잘 못 느낍니다. 설사 잘 못 느끼더라도 이 세상에서 가장 거짓말을 아니 하시고 꼭 참 말씀만 하신 분이 부처님이기 때문에 부처님 말씀 따라서 하나의 생명자리를 철저하게 믿으셔야 합니다.

공자나 예수나 마호메트나 소크라테스나 그분들의 가르침도 내내야 따지고 보면 부처님의 가르침과 방향성은 똑같습니다.

그러나 그런 분들은 완벽한 성자가 되지 못했기 때문에 부처님같이 철두철미하게, 어려운 말로 통념명변(通念明辯)이라, 명백히 진리 말씀을 다 못 했단 말입니다. 그러나 다른 종교의 가르침도 생명이라 하는 것은 근본적으로 절대로 둘이 아니라고 하는 그러한 가르침들입니다.

　제 아무리 자기를 핍박도 하고 자기한테 손해를 끼친 사람이라고 하더라도 그 사람의 생명과 마음도 내 생명과 마음과 하나입니다. 우리 인간들이 마음대로 훼손(毀損)도 시키고, 마음대로 파괴도 하는 자연(自然)도 역시 근본 생명은 우리와 똑같이 하나의 생명입니다. 같은 것도 그냥 닮은 것이 아니라 불교 부처님 말씀대로 원융무애(圓融無碍), 조금도 다름이 없는 하나의 생명입니다.

　하나의 생명의 바다 위에서 그때 그때 인과(因果)의 법칙에 따라서 자연이 되고 내가 되고 하늘의 별이 되고 했던 것입니다.

　따라서 성인(聖人)들은 그 하나의 자리, 생명이 나오기 이전의 자리, 현상적인 자연계나 우리 인간이 나오기 이전의 그 세계의 소식을 훤히 안단 말입니다. 근본 성품을 다 아시는 것입니다.

　성인과 우리 중생과의 차이는 어디에 있는가 하면은 우리 중생들은 현상적인 가짜 모습만 봅니다. 가상(假相)만 보고 있습니다. 성인들은 현상적인 것도 보지만 현상을 이룩한 실상(實相)의 근본 모습을 보는 것입니다.

　따라서 우리가 성인이 미처 못 되었다고 생각할 때는 우리는 모두가 다 지금 바로 보고 있지 않습니다. 불교의 어려운 말로 해서 변계소집성(遍計所執性)이라! 우리 중생은 번뇌에 비추어서 봅니다. 번뇌에 가리어서 굴곡(屈曲)시켜서 보는 것입니다.

아내가 남편을 볼 때나 남편이 아내를 볼 때나 부모가 자식을 볼 때나 스승이 제자를 볼 때나 성자가 아닌 중생들인 한에는 모두 다 왜곡(歪曲)시켜서 보는 것입니다. 바로 실상 그대로 못 보는 것입니다.

우리 중생들은 자기 한계성(限界性)을 먼저 느껴야 하는 것입니다. 그런데 자기 한계를 느끼지 못하고 자기가 금생에 지은 업장(業障)에 가려진 관념으로, 업장에 가려진 자기 범부심(凡夫心)으로 남을 질타도 하고, 책망도 하고, 미워도 합니다.

부처님 가르침은 어느 때나 자기 비판, 자기 한계성을 분명히 느끼고 그 자리에서부터 출발을 해야 합니다. 한계성을 느끼고 한계성을 초월(超越)하는 데에 부처님의 가르침의 핵심(核心)이 있습니다.

내가 범부이니까, 내가 잘 못 보니까, 그 범부의 껍데기를 벗어나서 성자가 되어야 하겠다는 그러한 마음이 생기는 것이지, 자기가 금생에 무던히 잘 살았으니까 내가 보는 것은 대체로 옳다, 이렇게 되면 곤란합니다.

우리 종교인도 마찬가지입니다. 설사 본사 주지가 되고, 큰스님이 되고 했다 하더라도, 그래도 역시 부처님의 지혜를 자기 지혜로 해서 부처님의 그런 영롱한 지혜로 비추어 판단하고 말을 해야지 그렇지 않고 자기 이욕심(利慾心)에 가려 말을 할 때는 그것은 제아무리 승복을 입었다 하더라도 참다운 승려라고는 볼 수가 없는 것입니다. 불자님들도 마찬가지입니다.

따라서 우리 불자님들은 과거에는 그냥 그렁저렁 자기가 배운 대로 행동을 하면서 내가 불교를 믿는다, 설사 그랬다 하더라도 보살계(菩薩戒)를 받은 뒤에는 그래서는 안 됩니다.

부처님의 마음을 내 마음으로 하고 부처님의 마음은 바로 우주의 법칙에 따르는 마음이기 때문에 그런 자리에서 말도 행동도 생각도 하셔야 하는 것입니다.

이렇게 말씀 드리면 그것은 굉장히 어려운 것이 아닌가, 특정한 사람들만 그렇게 할 수 있는 것이지 저마다 할 수 없는 것이 아닌가, 이렇게 어렵게들 생각을 하십니다. 그러나 사실은 절대로 그렇지 않습니다. 그 길만이 우리 인간을 행복(幸福)으로 이끌어가는 길입니다. 그 길만이 우리를 해탈(解脫)로 이끌어가는 가르침입니다.

우리는 지금 해탈의 길을 가는 것입니다. 그래서 계율(戒律)이라 하는 광명금강보계(光明金剛寶戒)를 받는 것입니다. 계율을 우리말로 풀이하면 청량(淸凉)이라. 어둡고 때묻어 그 끈끈하고 그 지저분한 마음을 아주 맑고 깨끗하게 한다는 말입니다. 계율은 그와 같이 흐리멍덩한 우리 마음을 본래 불심자리인 청정(淸淨)한 마음으로 환원시키는 것입니다.

또 번뇌(煩惱)에 구속된 마음을 번뇌를 가닥가닥 풀어서 해탈의 경계로 인도하는 그런 가르침입니다. 따라서 계율은 해탈이라, 청량이라, 그렇게 우리말로 풀이가 되는 것입니다.

우리를 고통스럽게 하는 그러한 구속을 다 풀어서 위없는 행복으로 인도하는 그런 계율을 받아야 합니다.

참회(懺悔)와 연비(燃臂)

산승(山僧)이 이제 본사석가모니(本師釋迦牟尼) 부처님을 대신해서 보살계를 설(說)합니다.

앞서 말씀드린 바와 같이 보살계는 우주의 도리에 따르는 길인데 지금 우리 중생들은 우주의 도리에 따라서 생활하지 못했습니다. 말도 자기 나름대로 금생에 배운 대로 느낀 대로 함부로 했습니다.

우리 행동도 마찬가지입니다. 우리 사고방식도 내내야 자기가 금생에 버릇대로 자기가 배운 대로 했습니다. 따라서 우리가 먼저 이러한 잘못된 것들을 먼저 참회(懺悔)해서 참다운 우주의 법칙 자체인 부처님 법을 받으셔야 합니다. 참회하는 의미에서 먼저 연비를 하십시다.

연비라는 것은 과거의 허물을 다 불살라버리고 새로운 출발, 우리 중생들은 새로운 출발을 그때그때 하셔야 하는 것입니다. 오늘도 하고, 내일도 하고, 꼭 그렇게 하여야 합니다. 먼저 연비로 해서 자기 팔을 지지는 참회 의식으로 해서 과거에 지었던 모든 허물을 다 불태워버리시기 바랍니다.

여러분들께서는 부처님 법에 따라서 참회하는 연비를 하셨습니다. 부처님 가르침에 따라서 우리가 이렇게 계율을 받을 때는 굉장히 지키기 어려운 것이 아닌가? 난해한 생각을 하십니다만 사실은 제일 쉬운 것입니다.

우리가 나쁜 버릇을 너무나 많이 붙여 놓았기 때문에 버릇을 가닥가닥 푸는 것이지 절대로 우리 인간을 구속시키는 것이 아닙니다. 구속을 푸는 것이 바로 계율입니다. 이런 점을 아셔서 계율에 대해서 절대로 어려운 생각을 갖지 마시기 바랍니다.

앞서도 말씀 드린 바와 같이 우리가 기본적인 지혜(智慧)를 갖추고 있으면, 말하면 말도 지혜에 걸맞은 도리에 맞는 말을 할 것이고, 행동도 마찬가지로 그러합니다. 그러나 기본적인 철학이 없으면 사사건건 다 비틀어져 갑니다.

생명이 본래 하나이고, 본래 하나인 그 자리는 만공덕(萬功德)을 다 갖춘 자리입니다. 우리 행복이 다른 데에 있는 것이 아니라, 우리 생명의 근본인 마음의 본 고향(故鄕)을 알고 그 생명의 본 고향과 하나가 되는 것이 가장 위없는 행복인 것입니다.

성자(聖者)의 길은 다 그렇습니다. 천지우주와 더불어서 둘이 아닌 자리, 그 자리와 하나가 되어버려야 생의 헤아림이나 인생의 방황(彷徨)이 끝납니다.

우리 인생은 정말로 하나의 허무한 나그네 길입니다. 어쩌다가 인연 따라서 금생에 태어나서 가지가지 고초를 겪다가 또 역시 사라지고 맙니다. 사라지면 우리 몸뚱이는 아무것도 없습니다.

그러나 우리 생명 자체는 본래로 죽음이 없는 바로 지혜 자체이고, 행복 자체인 것입니다.

다만 우리 중생(衆生)들이 잘못 살아서 그 몸뚱이 때문에 몸뚱이의 노예가 되어서 몸뚱이 때문에 죄(罪)를 범합니다. 우리가 무지(無知)하기 때문에 몸뚱이, 이것이 꼭 내 것이다, 그러는 것입니다. 부처님 가르침의 핵심은 그와 같이 무명심(無明心), 무지(無知)를 여의는 것에 있습니다. 무지를 여의는 지혜가 아니고서는 불법은 성립되지 않습니다.

무지를 여읜 참다운 지혜에서 본다면 모든 존재가 생명 자체인, 행복 자체인, 지혜 자체인, 하나의 생명으로 다 통일됩니다. 그 자리가 참다운 법신(法身) 부처님이고, 참다운 진리입니다.

따라서 여느 성인들도 참다운 나는 바로 진리요, 생명이요, 빛이요, 이렇게 말씀을 했습니다. 우리는 그 자리에 항시 마음을 두고 그 자리의 도리에 비추어서 행동해야 하는 것입니다.

나와 남이 둘이 아니므로 자기 때문에 다른 사람에게 불이익을 줄 수가 없습니다. 우리 몸뚱이는 성자가 볼 때 이것 때문에 죄를 범하고 고생을 받는 것이므로 이 몸뚱이 보고 원적(怨賊)이라, 원수 원(怨), 도적 적(賊), 원적이라 합니다. 다른 사람을 미워할 것이 절대로 아무것도 없습니다. 자기 몸뚱이 때문에 죄를 범하니까 자기 몸뚱이가 사실은 가장 미운 대상인 것입니다.

또 적실한 몸뚱이 풀이를 공취(空聚)라, 우리 몸뚱이 보고 공취라. 빌 공(空), 모을 취(聚), 공취라 합니다. 텅 빈 것이 모여 있다는 것입니다. 공취라는 이 소식도 깊이 느끼시기 바랍니다. 왜 공취라 했는가?

우리 세포(細胞)가 연기법(緣起法) 따라서, 인과율(因果律) 따라서 잠시 이와 같이 상(相)을 나투고 있습니다. 그러면 이 세포는 무엇인가? 우리 몸을 구성하고 있는 세포를 차근차근 분석해 들어가면 결국은 물질이라고 하는 것은 텅텅 비어버리는 것입니다.

저희 법회 때마다 이런 말씀을 드립니다만 이것은 우리가 공(空)이라는 소식을 알기가 어려워서 그러는 것입니다. 우리 몸뚱이, 금 쪽 같은 귀한 우리 몸뚱이가 왜 공이란 말인가? 그러나 공이란 소식을 모르면 바르게 행동을 할 수 없습니다.

어떠한 누구라도 범부 중생에게는 자기 몸뚱이가 제일 중요하지 않겠습니까? 그런데 몸뚱이, 이것이 바로 공취란 말입니다. 텅 빈 것이 그대로 인연을 따라서 잠시 세포를 구성해서 이와 같이 모여 있단 말입니다.

일체유심조(一切唯心造)라! 성자의 지혜에 의해서 본다고 생각할 때는 물질이라는 것은 본래 없는 것입니다. 이것은 가장 정밀한 실험 과학인 현대 물리학이 증명하고 있습니다.

물질의 가장 궁극적인 미세한 알갱이가 전자(電子)나 양자(陽子)나 중성자(中性子)가 아니겠습니까. 다 아시는 바와 같이 물질의 가장 미세한 가장 작은 알갱이가 전자나 양자나 중성자란 말입니다. 이러한 것들을 더욱 미세한 초소립자(超素粒子)로 파괴시키면 결국은 에너지 기운만 남고 텅텅 비어버리는 것입니다.

원자핵을 구성한 양자나 그 주위를 뱅뱅 도는 전자하고 부딪히면 텅텅 비어버리는 것입니다. 텅텅 비어버리고 단지 에너지, 힘만 남는 것입니다.

물질이라는 것은 그와 같이 본래로 없는 것입니다. 그렇기 때문에 공간성(空間性)도, 시간성(時間性)도 없는 것입니다. 그러한 것들이 잠시간 이렇게 진동(振動)하고 저렇게 진동하고 운동하고 그렇게 결합되어 이와 같이 가상(假相)된, 헛된 그런 상만 보인단 말입니다. 과학적으로 보아도 금쪽같이 아끼는 내 몸뚱이가 그런 것입니다.

항시 말씀드린 바와 같이 제로를, 영(零)을 몇 번 곱하나 더하나 영은 영 아닙니까. 그와 똑같이 그런 공(空)이 우주의 정기인 순수 에너지 공(空)이 이렇게 운동하고 저렇게 진동하고 그래서 전자 같은 마이너스 에너지를 내나 또는 양자 같은 플러스 에너지를 내나 그것도 내내야 우리 물리학자들이 이렇게 저렇게 양자요, 전자요, 이와 같이 이름을 붙인 것이지 본래에서 본다고 생각할 때는 전자고, 양자고, 산소고, 수소고 텅텅 비어 있습니다.

텅텅 비어 있는 것들이 모여서 이러한 모양을 지었기 때문에 부처님의 그 밝은 지혜, 근본 성품자리에서 보는 지혜로 본다고 생각할 때는 공취(空聚)라, 공(空)이 모여 있습니다. 공(空)이 모여 있는 것을 우리 중생은 겉만 보기 때문에, 상(相)만 보기 때문에 이 몸뚱이를 금쪽 같이 아낍니다.

거기에서 죄악(罪惡)이 생깁니다. 인류의 싸움이 어디에서 일어납니까? 가정의 불화, 단체의 불목 또는 국가와 민족적인 여러 가지 갈등, 당과 당의 그런 분열 등의 원인이 어디에 있겠습니까? 모두가 다

313

자기 몸뚱이 때문입니다. 그렇기 때문에 성자가 볼 때 몸뚱이 때문에 집착하는 것을 보고 원수, 원적이라 합니다.

미운 사람이나 고운 사람이나 모두 다 하나인 부처님 생명 위에서 이루어진 것입니다. 다 그립고, 다 자기 몸을 남한테 바쳐도 아깝지 않고, 그러는 것입니다. 진리에만, 부처님한테만 내 몸을 바쳐도 무방하겠지, 사랑하는 이에게는 내 몸을 바쳐도 무방하겠지, 그런 정도가 아니라 사실은 현상적인 의미에서 제일 미운 사람한테도 알고 보면 자기 몸뚱이 바쳐도 아까울 것이 없는 것입니다. 왜냐하면 자기나 남이나 생명의 근본은 똑같기 때문입니다.

그 한용운(韓龍雲; 1879~1944) 스님의 '님의 침묵' 가운데도 있지 않습니까.

'님만 님이 아니라 그리는 것은 다 님이다'

그리운 님만이 님이 아니라 바로 보면 다 님이란 말입니다. 모두 다, 어느 것이나 두두물물(頭頭物物)이 다 부처님이 아님이 없는 그런 자리에서는 우리가 가르고 그와 같이 구분해서 더 좋게 생각하고 더 나쁘게 생각하고 그럴 만한 것이 아무것도 없습니다.

앞서 말씀드린 바와 같이 우리는 부처님의 지혜로 꼭 비추어 보아야 하는 것입니다. 남이 미울 때에, 사회적인 여러 가지 문제가 있어서 반박하고 갈등하고 그럴 때에도 서로 죽이네, 살리네, 할 때에도 어떻게 해결해야 할 것인가?

그런 때는 이 세상에서 가장 지혜로운 분이 부처님 아닙니까. 부처님 지혜로 비추어 보아야 하는 것입니다. 그러면 그냥 술술 다 풀리는 것입니다.

이렇게 근본적인 도리만 아신다고 할 때는 사실은 죽이지 말라, 훔치지 말라고 할 필요도 없습니다. 벌써 근본적인 도리에 비추어 보면 나와 남이 둘이 아니므로 살생을 할 필요도 없는 것이고, 훔치고 할 필요도 없는 것입니다.

십중계(十重戒)

제일(第一) 살계(殺戒)라!

죽이지 말라. 부처님께서 말씀하시되. 너희 불자들이여, 스스로 죽이거나, 남을 시켜서 죽이거나, 방편을 써서 죽이거나, 찬탄(讚嘆)하여 죽게 하거나, 죽이는 것을 보고 기뻐하거나, 주문으로 죽이는 이 모든 짓을 하지 말지니라. 죽이는 인(因)이나, 죽이는 연(緣)이나, 죽이는 법(法)이나, 죽이는 업(業)을 지어서 일체 생명이 있는 것을 짐짓 죽이지 말아야 하느니라.

보살(菩薩)은 응당 상주하는 자비심(慈悲心)과 효순심(孝順心)을 일으켜 우주의 도리에 효순(孝順)해야 합니다. 우주의 도리에 따르는 효순심을 내어 방편으로 일체 중생을 구원(救援)해야 할 것임을 도리어 방자한 마음과 쾌(快)한 뜻으로 살생을 하는 자는 보살의 가장 무거운 죄를 짓는 것입니다.

앞서 말씀드린 바와 같이 생명(生命)이 본래 하나이거든 자기 생명, 남의 생명이 본래 한계가 없는 것인데 우리 중생들이 자기 생명을 한계를 지어서 봅니다. 하나의 생명이 진여불성(眞如佛性)인 우주에는 충만해 있는 것입니다. 바다에 바닷물이 충만해 있듯 우주에는 공간이나 어디에든 부처님의 진여불성(眞如佛性)이라 하는 우주의 정기(精氣)가 충만해 있습니다.

따라서 그런 자리에서 연기법(緣起法)을 따라서 나 같은 상(相)이 나왔고, 너 같은 상(相)이 나왔습니다. 그렇기 때문에 다른 생명(生命)을 해치면 그때는 바로 자기 생명(生命)이 그만큼 거기에 상응된 훼손을 받는 것입니다.

물이나 흙이나 또는 자연도 마찬가지입니다. 하나의 생명(生命)에서 인연(因緣) 따라 나온 자연이므로 자연을 해치면 자기도 그와 동시에 그만큼 자기 생명도 훼손을 받습니다.

따라서 참말로 바른 불교철학(佛敎哲學), 부처님 가르침이 우리 마음에 있다고 생각할 때는 자연을 파괴도 못하고, 훼손도 못하고, 어느 것도 함부로 못하는 것입니다. 물도 함부로 오염시킬 수가 없습니다.

금생(今生)에 명(命)이 짧거나 병(病)치레를 많이 하는 분들은 꼭 전생에 낚시질을 많이 했다든가 다른 생명을 해친 분들입니다. 이 가운데서 낚시질을 여태까지 하셨던 분도 절대로 하지 마시기 바랍니다. 낚시질 많이 하다 종당에 가서 말로가 좋지 않은 분들을 제가 여러 분을 보았습니다.

인과(因果)라는 것은 조금도 차착(差着)이 없습니다. 꼭 그대로 받습니다. 생명이 본래 하나이거니 비록 미물(微物)이라 하더라도 자기 생명과 본래 둘이 아니거니, 다른 생명을 해치면 꼭 거기에 상응된 과보를 받는 것입니다. 금생에 병치레를 많이 하는 분들도 이것도 다른 사람들을 절대로 원망해서는 안 됩니다. 과거 전생에 꼭 자기가 다른 생명을 함부로 했던 것입니다.

인과(因果)라는 것은 꼭 그러는 것입니다. 가령 우리가 교통사고를 당해서 그 자리에 쓰러진다 하더라도 그냥 우연은 절대로 없습니다. 꼭 자기 생명을 함부로 했기에 어느 고비에선가 그대로 받습니다.

저는 전번 몇 개월 전에 느꼈습니다만 어느 분이 어느 분을 무단히 때렸단 말입니다. 때려서 맞은 그분이 유혈이 낭자했습니다. 그런데 단 한 달도 미처 못 가서 때린 그분이 그에 상응된 상처를 입고서 유혈이 낭자하여 쓰러지는 것을 보았습니다.

우리 중생의 눈에는 안 보이지만 천지 우주라는 것은 눈에 안 보이는 가운데도 나쁜 마음을 먹으면 먹은 만큼 그때는 우리 잠재의식에 흔적을 둡니다. 우주에 흔적을 두는 것입니다.

금생에 다른 생명을 함부로 하신 분들은 과거 전생에 지은 선근(善根)으로 해서 설사 금생에는 그렁저렁 넘기는 경우가 있다 하더라도 죽은 뒤에는 틀림없이 그에 상응된 벌(罰)을 받는 것입니다.

제이(第二) 도계(盜戒)라!

훔치지 말라. 너희 불자들이여, 스스로 훔치거나, 남을 시켜서 훔치거나, 방편을 써서 훔치거나, 주문으로 훔치지 말지니, 훔치는 인과, 훔치는 연과, 훔치는 법과, 훔치는 업을 짓지 말지니라. 그리고 귀신의 것이거나 주인 있는 것이거나 도둑이 훔친 것이거나 일체의 재물을 바늘 하나 풀 한 포기라도 짐짓 훔치지 말지니라.

보살은 마땅히 진여불성(眞如佛性)에 효순(孝順)하는 마음과 자비심(慈悲心)을 내어 항상 모든 사람을 도와 복이 되고 즐거움이 되게 해야 할 것이거늘 도리어 남의 재물을 훔치는 것은 보살의 무거운 죄이니라.

정당한 수입이 아닌 것은 갖지 말라. 자기 몸도, 부처님의 지혜, 우주의 법칙에서 본다고 생각할 때는 내 것이 아닌데 내 집, 내 공장, 내 돈, 이러한 것들은 부처님 진리에서 본다고 생각할 때는 내 것이 될 수가 없습니다.

우리 불자님들 어렵더라도 보살계를 받으신 분들은 꼭 근본적으로 문제를 생각하셔야 합니다. 자기 몸도 자기 것이 아닌데 그렇게 애쓰고 번, 땀 흘려 번 자기 집도 원칙은 내 것이라고 고집할 것이 없습니다. 우리가 이 몸이 인연이 다해서 사라질 때에 집도 가지고 못가고, 아무것도 가지고 못가지 않습니까.

또 우리 목숨은 어느 때 죽음이 올지 모르는 것입니다. 순식간에 오지 않습니까. 인간의 목숨은 호흡지간이라, 한번 내쉬는 숨을 들이마시지 못하면 죽음입니다. 들이마신 숨을 내쉬지 못하면 죽음입니다. 자기한테는 그것이 안 온다, 그럴 것이 아닙니다.

예수가 어떻게 살았던가, 석가모니가 어떻게 살았던가, 각 성자들이 어떻게 살았던가, 참다운 수행자들이 어떻게 살았던가, 말입니다.

신라(新羅)의 왕자로 태어나서 중국에 가서서 고생하신 무상대사(無相大師)는 어떻게 살았던가. 무상스님은 중국 촉(蜀)나라 산중에서 황토(黃土)흙으로 연명하시면서 공부를 하셨습니다. 성자(聖者)의 길이란 것이 그렇게 준엄한 길입니다. 성자라는 것은 자기를 위해서 자기 편의를 위해서 아무것도 없어야 성인입니다. 그 분들은 자기를 자기로 안 보았습니다.

우리 재가 불자님들은 가정이 계시니까 이제 안정된 가정을 꾸려가서야 되겠지요. 마땅히 의식주(衣食住)를 무시할 수 없습니다. 그러나 의식주는 꼭 분수에 맞게 자기 정당한 노동의 대가로 해서 의식주를 만들어야지, 그렇지 않고 부당한 방법으로 얻었다고 하면 벌써 우주의 진리(眞理)를 범하는 것이요, 우주에 죄를 범하는 것입니다. 자기는 하루에 세 끼를 먹고 자기 이웃 사람은 한 끼를 먹는다면 그대로 보아 넘긴다고 생각할 때는 그것도 우주의 도리에 배반되는 것입니다.

부처님 가르침을 믿는 분들은 확실히 믿어야 합니다. 확실히 믿어야 참다운 정토(淨土)가 오는 것이지 말로만 정토가 오는 것은 아니지 않습니까. 절도 많고, 교회도 많고 거기에 따르는 신도도 많습니다. 그런데 왜 사회는 갈수록 어두운 사회가 돼갑니까? 이것은 성자들의 가르침을 잘 못 따라서 그러는 것입니다. 예수가 자기 집이 있었습니까, 석가모니가 자기 집이 있었습니까.

　석가모니(釋迦牟尼)부처님께서는 나무 밑에서 성도(成道)하시고, 나무 밑에서 우주의 진리를 깨달으시고 또한 나무 밑에서 열반(涅槃)에 드셨습니다. 부처님의 소유는 아무것도 없었습니다.

　저까지도 다 포함해서 우리 불자들은 보다 자기 비판을 준엄하게 해야 합니다. 설사 당장에 내일 죽는다 하더라도 이 몸뚱이의 노예가 될 필요는 없습니다. 죽어도 손해가 조금도 없는 것입니다. 죽어도 죽지 않는 것입니다. 생명 자체는 영생(永生)하는 것이기 때문에 허망한 몸뚱이만 바꾸는 것이지 우리 생명은 죽자마자, 몸뚱이가 끝나자마자 일초의 시차도 없이 다시 새로운 몸을 받습니다.

　우리 불자님들은 과거, 현재, 미래를 비추어 보는 안목(眼目)이 있어야 합니다. 우리 눈에는 안 보이겠지요. 그러나 성자는 과거, 현재, 미래를 분명히 다 내다보는 것입니다. 따라서 그런 성자의 지혜를 우리가 믿어야 합니다. 안 보인다 하더라도 믿는 것이 우리 신앙(信仰)입니다. 믿는다고 생각할 때에 현재의 자기 고통은 틀림없이 과거 전생에 지은 것입니다. 영남과 호남과의 갈등도 과거 신라, 백제 시절의 싸움에 원인이 있습니다.

　지금 우리 세상의 온당하지 못한 것들은 어느 누구만의 허물이 아닙니다. 우리가 똑같이 모두가 다 지었던 것입니다. 우리가 공업(共

業)으로 해서 지었던 것입니다. 성자(聖者)만 책임이 없는 것이지 성자가 아닌 한 우리 중생들은 자기 몸을 자기라고 생각하고 그에 따라서 욕심(慾心)을 내고, 그러한 우리 중생들만이 산다고 하면 우리 중생들은 이 사회에서 일어나는 모든 것에 대해서 다 공동의 책임이 있습니다. 직접, 간접의 차이는 있겠지요.

우리는 톨스토이, 소크라테스 또는 공자나 예수나 석가나 이러한 분들이 어떻게 살았던가? 이런 분들이 남의 죄를 다스릴 때 어떻게 다스렸던가? 이러한 것들을 꼭 깊이 생각해야 합니다. 이분들이 우리의 스승입니다.

기분이나 감성적으로 생각해서는 안 됩니다. 또 감성적으로 행동하는 그런 사람들의 말에 우리가 휩쓸릴 필요도 없습니다. 왜냐하면 성자의 가르침만이 참다운 해결이기 때문입니다. 우리 불자님들, 깊이 생각을 해보십시오. 우리 중생들 마음으로 또는 정치인들 마음으로 또는 젊은이들 마음으로 했다가는 올바르게 해결될 수 없는 것입니다. 예수가 어떻게 했던가, 석가가 어떻게 했던가, 가장 지혜롭고 가장 바르게 사신 분들이 석가, 예수, 공자, 그분들 아닙니까. 그분들이 우리 스승입니다.

우리는 허두에 제가 말씀드린 바와 같이 각자가 철인(哲人)이 되셔야 합니다. 철인이 돼야 참다운 어버이가 되고, 참다운 스승이 되고,

참다운 사회인이 되는 것입니다. 자기 몸도 자기 것이 아닌데 정당한 노력의 대가가 아닌 것을 자기 것으로 하는 오늘날 사회는 얼마나 혼란스럽습니까. 장군(將軍)이 무엇을 하는 것이며, 정치가(政治家)가 무엇을 하는 것입니까. 마땅히 장군이나 누구나가 다 꼭 기본적인 철학이 앞서야 합니다. 오늘날은 꼭 그래야 하는 것입니다. 과거 소박한 때는 모르지만 현대와 같이 각 정보(情報)가 착종(錯綜)하고 혼란스러운 때는 부처님 가르침으로 해서 우리가 바르게 비추어봐야지, 그렇지 않고서는 장군도, 정치가도, 스승도, 어버이도 바르게 살 수 없습니다.

우리가 정당한 수입으로 갖지 않으면 복덕(福德)의 종자(種子)는 없습니다. 복덕의 종자를 없애는 부당한 수입을 가지면 금생에 다 내보입니다. 인과정면(因果正面)이라, 바로 눈앞에 다 내보이는 것입니다.

행복(幸福)으로 가는 길은 절대로 어려운 길이 아닙니다. 앞서 말씀드린 바와 같이 우주(宇宙)의 도리(道理)에 따르면 되는 것입니다. 성자(聖者)를 우리 스승으로 하면 되는 것입니다.

제삼(第三) 음계(淫戒)라!

삿된 음란한 행위를 하지 말라. 너희 불자가 스스로 음행하거나, 사람을 가르쳐서 음행하거나, 그리고 일체 연인과 짐짓 음행하지 말지어다. 음행의 인과, 음행의 연과, 음행의 법과, 음행의 업을 짓지 말지니라.

보살은 마땅히 효순심을 내어 일체 중생을 구원하고 제도하여 청정한 법을 일러 주어야 할 것이거늘 도리어 모든 사람들에게 음욕심을 일으켜 음란한 행위를 하는 자는 보살의 무거운 죄이니라.

자기 몸뚱이도 그와 같이 허망한 것이거늘 금생에 인연을 따라서 내외간 만났으면 되는 것이지, 내외간 만나서 같이 동지간이 되어 더불어 성불(成佛)의 길로 가면 되는 것입니다. 자기 내외간이나 자기 자식이나 부모나 형제간이나 친척이나 친구나 모두에게 다 우리가 그 분들을 가장 좋게 하는 것이 무엇인가, 가장 훌륭한 선물이 무엇인가? 부처님 가르침을 보다 더 명확히 알아서 더불어서 영생(永生)으로 가는 동반자가 되는 것입니다.

제 사(第四) 망어계(妄語戒)라!

망령된 말을 하지 말라. 너희 불자들이여, 스스로 거짓말을 하거나 남을 시켜서 거짓말을 하거나 방편으로 거짓말을 하지 말지니, 거짓말하는 인과 거짓말하는 연이나, 거짓말하는 방법이나 거짓말하는 업을 짓지 말지니라. 보지 못한 것을 보았다고 말하거나 본 것을 보지 못했다고 말하지 말 것이며, 몸과 마음으로 거짓말하지 말지니라.

보살은 항상 바른 말을 하고 바른 소견을 가져야 하며 또한 일체 중생들에게도 바른말과 바른 소견을 갖게 해야 할 것이거늘 도리어 다시 일체 중생들에게 삿된 말과 삿된 소견으로 삿된 업을 일으키게 한다면 이는 보살의 무거운 죄이니라.

거짓말이나 욕설이나 또는 이간하는 말이나 꾸며서 하는 말 등을 하지 말라. 이러한 짓을 하면 우리한테 있는 진실한 품성(品性)을 해치는 것입니다. 진실하고, 진실하고, 다시 진실해서 더할 수 없이 진실해야 하는 것인데, 불성이라 하는 우주의 성품은 조금도 오류도 없고 또는 위선도 없습니다. 그렇게 청정(淸淨)하고 진실한 자리인데 거짓말을 함부로 하면 우리 소중한 불성을 오염을 시키는 것입니다. 마땅히 자기 스스로 자기를 손해 보게 하는 그러한 짓을 마셔야 합니다.

진심(瞋心)을 내는 순간 우리 몸을 구성하는 세포는 조화를 잃어버립니다. 우리 몸을 구성하는 세포가 조화되어야 병도 안 걸리고 혈액 순환도 좋을 것인데, 성내는 순간 우리 세포는 조화를 상실해 버립니다. 따라서 암(癌)이라든지 에이즈(AIDS)나 그런 병도 모두가 다 정답게 살면 그렇게 안 되는 것입니다. 괜히 우리가 필요 없이 성내고 자기 분수 넘게 욕심을 내곤 합니다.

뉴욕에서 동성연애(同性戀愛)하는 그런 무리들이 30만 명이나 모여 데모를 했다고 합니다. 그 선진 도시라 하는 뉴욕에서 말입니다. 동성연애를 하는 무리들이 시내를 다니면서 자기들의 결혼을 허락하라고 하는 데모를 했단 말입니다.

인간(人間)이라는 것이 잘못 살면 짐승이나 똑같습니다. 우리 본성(本性)은 부처이건만 우리 본래 생명은 틀림없이 부처이건만 잘못 살면 무명심(無明心)에 가리면 짐승과 똑같습니다. 무슨 필요로 동성끼리 그와 같이 합니까. 그러기에 무서운 에이즈 같은 병이 생기는 것입니다. 그러한 것이 모두가 다 천벌(天罰)입니다.

제오(第五) 고주계(酤酒戒)라!

술을 팔지 말라. 너희 불자들이여, 스스로 술을 팔거나 남을 시켜서 술을 팔거나, 술을 파는 인과 술을 파는 연과 술을 파는 법과 술을 파는 업을 짓지 말며, 일체의 술을 팔지 말지니라. 술은 죄를 일으키는 인연이 되느니라.

보살은 마땅히 일체 중생들에게 밝고 통달한 지혜를 내게 할지언정 도리어 일체 중생들에게 전도된 거꾸로 된 마음을 내게 하는 자는 보살의 무거운 죄이니라.

우리 중생(衆生)은 지금 전도몽상(顚倒夢想)에 걸려 있습니다. 반야심경(般若心經)에서 말하는 전도몽상이 개인의 이기심(利己心)이나 집단 이기심, 그런 마음입니다. 따라서 우리가 성자가 미처 되지 못했을 때는 나는 지금 전도몽상하고 있다, 이렇게 생각을 하셔야 합니다. 이렇게 생각할 때는 남을 함부로 나무랄 수가 없는 일 아닙니까.

욕심(慾心)을 지독하게 낸다고 생각할 때에 욕심내는 순간에 자기 몸의 세포가 순간에 조화를 잃어버립니다. 자기 마음을 반반하게 우리 마음을 불심(佛心)쪽으로 돌이켜서 회향(廻向)을 시킨다고 생각할 적에 부조화된 우리 몸도 그냥 조화롭게 되는 것입니다. 건강과 우리 마음은 절대로 둘이 아닙니다.

과거 전생에 자기 마음먹은 대로 자기 머리카락 색깔, 자기 머리카락 수(數)가 다 그대로 규정되는 것입니다. 따라서 지금 현재 마음먹은 대로 설사 과거 전생에 마음을 잘못 먹어서 금생에 몸을 잘못 받았다 하더라도 지금부터 마음을 잘 먹으면 자기 몸도 바뀌는 것입니다. 세포가 바뀌는 것입니다.

그래서 신유(神癒)라. 귀신 신(神), 병 나을 유(癒), 신앙의 힘으로 병을 치유한다는 말입니다. 신유란 인도(印度)에서부터 유포되었고 과거부터 내려온 것입니다. 우리 정신 수양으로 우리 몸을 맑게 한다는 말입니다. 약을 안 쓰고 또 물리적인 치료를 안 하고 정신 수양으로 몸의 병을 낫게 하는 것이 신유입니다.

우리는 이 몸뚱이가 우리 주인이 아니란 것을 알아야 합니다. 우리 마음이 주인인 것이고, 전생에 우리 마음을 어떻게 썼는가에 따라서 이 몸을 받았고 과거에 그랬으니, 미래에도 똑같이 현재 어떻게 마음을 쓰는가에 따라서 몸도 바뀌지고 내생(來生)을 규정한단 말입니다.

우리는 참회(懺悔)할 때 정말로 눈물로 참회를 해야 합니다. 정말로 참회할 때는 자기 눈에서 피눈물이 튀어나온다고 합니다. 과거 전생에 이 원수 같은 몸뚱이 때문에 얼마나 많은 죄를 범했던가, 금생에 나와서도 잘못 생각하고 잘못 행동하고 잘못 말하고 얼마나 많은 죄를 범했던가, 하고 말입니다.

이것이 내 생명을 위해서 무슨 필요가 있었던가, 이것으로 해서 우리 사회를 얼마나 오염을 시켰던가, 말입니다. 공해(公害) 가운데서 우리가 잘못 먹은 마음, 악심(惡心) 또는 거친 말들, 험악한 표정들, 이러한 것이 가장 큰 공해입니다. 명랑하고 밝은 얼굴을 대해 보십시오. 우리 마음이 얼마나 편안한가 말입니다. 찌푸린 사람을 대해 보십시오. 우리도 찌푸려 옵니다.

 제육(第六) 설사중과계(說四衆過戒)라!

사부대중(四部大衆)의 허물을 말하지 말며, 남을 시켜서

허물을 말하게 하지도 말라. 그리고 교단 안의 허물을 말하는 사람이 있거든 자비심으로 그들을 교화하여 대승법(大乘法)을 믿게 할지언정 도리어 교단 안의 허물을 스스로 들추어서 말하는 것은 보살의 무거운 죄이니라.

인생(人生)의 행복(幸福)은 가장 쉬운 것입니다. 가장 쉬운 것인데 억울하게도 우리 중생들이 우주의 법도(法道)에 따르지 못하는 것입니다. 마땅히 정다운 우주의 법에 따르면 생명이 본래 둘이 아니므로 다른 사람한테 거짓말이나 욕설이나 이간하는 말이나 꾸며서 하는 위선적인 말이나 이런 말을 할 아무런 필요가 없습니다.

누구한테나 '본래적인 자기로 돌아가서 본래의 불심으로 돌아가서 빨리 성불합시다', 더불어 성불하는 방향으로 개인의 의식을 바꿔야지 의식을 바꾸지 않고는 정토(淨土)가 안 되는 것입니다. 정토는 무엇이 정토입니까? 집단적으로 정토가 되는 것은 아닙니다. 각자 각자가 바뀌어야 정토가 됩니다.

제 칠(第七) 자찬훼타계(自讚毁他戒)라!

자기를 칭찬하지 말고 남을 훼방하지 말라. 너희 불자들이여, 자기를 칭찬하고 남을 비방하거나 또한 남을 시켜 자기를 칭찬하고 남을 비방하게 하지 말지니라.

보살은 응당 일체 중생을 대신하여 남의 비방을 받아서 나쁜 일은 자기에게 돌리고 좋은 일은 다른 사람에게 양보해야 할 것이거늘 도리어 자기 공덕(功德)만을 드러내고 남의 착한 일을 숨겨서 다른 사람으로 하여금 훼방을 받게 하는 것은 보살의 무거운 죄이니라.

  여러 불자님들, 깊이 생각을 하셔야 합니다. 보살은 어떠한 것인가? 보살은 부처님 법을 그대로 따르는 분이 보살입니다. 보살의 근본정신은 대수고(代受苦)라, 남의 고통을 대신 받는 것을 말합니다. 보살의 근본정신은 남의 고통을 대신 받는 것입니다.

  좋은 사람의 고통만 그대로 받는 것이 아니라 나쁜 사람들의 고통도 그대로 받는 것입니다. 예수가 십자가에서 못 박혀 죽을 만한 죄를 지었습니까? 우리 중생의 죄 때문에 그렇게 된 것입니다. 우리는 깊이 생각해야 합니다.

  자기 몸뚱이 때문에 인연 따라서 같이 태어난 우리 동포들입니다. 우리 동포들 어느 누구도 우리가 다 사귀어야 하는 것입니다. 그렇다고 생각할 때는 모든 문제가 다 순식간에 풀려 버립니다.

  자기란 대체로 무엇인가? 본래 부처인데 금생에 태어나서 과연 자기가 옳은 가르침을 받았던가? 설사 받았다 하더라도 자기가 말을 바르게 하고, 행동을 바르게 했던가, 라는 것을 생각해 본다면 우리는 대체로 전도몽상(顚倒夢想)이라, 거꾸로 생각합니다. 거꾸로 생각해서는 어느 문제든 절대로 못 풀어갑니다. 바르게 풀 수 없습니다.

우주의 법도에 따라야지 궤도를 벗어나면 행복은 없습니다. 참다운 극락세계로 갈 수도 없습니다. 우주의 진리인 부처님의 법의 궤도에 따라야만 극락세계 광명정토(光明淨土)에 이르는 것입니다.

앞서 누누이 말씀 드린 바와 같이 현대에는 꼭 곧이곧대로 부처님 법을 본질적으로 믿어야 합니다. 이 어려운 정보화 시대에 종교(宗敎)도 많고 주의(主義)도 많고 학설(學說)도 많은 이 시대에 각자가 중생 차원에서 볼 때는 천차만별(千差萬別)입니다. 십인십색(十人十色), 만인만색(萬人萬色)입니다. 다 같이 자기 생각이 옳다고만 하겠지요. 오늘날 사회가 그렇지 않습니까. 그런데 이러한 것을 다 수렴(收斂)해서 바르게 해결하는 것은 무엇입니까?

그것은 예수, 석가, 공자 이분들의 가르침입니다. 이 분들의 가르침을 떠나서 절대로 바르게 해결될 수 없습니다. 우리는 역사를 배웠지 않습니까. 조선시대에 당쟁(黨爭)을 몇 번이고 되풀이해서 승자는 패자를 완전히 패망시키고, 패망시킨 뒤 자기는 또 온전할 수가 있었습니까? 꼭 거기에 상응한 보(報)를 받았습니다.

용서는 우리가 잘나고 똑똑하고 잘해서 용서가 아니라, 본래 하나의 생명이기 때문입니다. 용서를 함으로써 우주의 법도에 따르는 것입니다. 용서함으로써 사회의 어려운 문제가 다 풀리는 것입니다.

우리는 나쁜 사람을 보면 원래 종자가 나쁘다, 이렇게 생각하면 불교인이 아닙니다. 일체중생(一切衆生) 개유불성(皆有佛性)이라. 모든 중생이 다 부처의 성품을 온전히 갖추고 있고 따라서 일체중생(一切衆生) 개당작불(皆當作佛)이라. 모든 중생이 다 꼭 성불이 된다는 말입니다.

따라서 어쩌다가 나쁜 짓을 한 사람들은 실은 불쌍합니다. 나쁜 짓, 그것만 벗기면 그것만 참회하면 나와 똑같이 좋은 분입니다. 이래야 불교인의 도리입니다.

부처님 도리는 천지우주의 일체존재가 만공덕을 갖춘 하나의 생명입니다. 이렇게 믿어야 불교의 바른 신앙입니다. 그래야 불교의 정견(正見)입니다.

정견으로 해결해야지 자기가 대학 나오고 박사가 되고 정치인이 되고 해서 금생에 배운 상대적인 그런 지식으로 무슨 일을 한다고 생각할 때는 잘 안 되는 것입니다.

보살(菩薩)들, 불교인들은 대수고(代受苦)라. 이웃들의 마음의 고통이나 몸으로 받는 고통을 스스로 대신해서 받을 마음이 있어야 보살입니다. 그래야 대승적인 불교인입니다. 그렇게 하는 것이 어려운 것이 아니라 그렇게 하는 것이 가장 편한 것입니다. 설사 남이 하루에 세 끼를 다 먹고 자기는 한 끼 죽만 먹는다 하더라도 편한 것입니다.

몸뚱이 이것은 꼭 음식으로 지탱되는 것이 아닙니다. 생명 자체가 지탱하는 것이지 몇 칼로리의 음식이 우리 몸을 지탱하는 것이 아닙니다. 일체유심조(一切唯心造) 아닙니까. 몸뚱이 이것은 우리 마음으로 구성되어 있습니다. 마음이 지탱하는 것이지 마음이 돌아서면 몸뚱이는 하나의 송장에 불과한 것입니다.

예수가 요단강 하반에서 세례를 받고 맨 처음에 외친 말이 무엇인가 하면,

'그대들이여 회개하라'

였습니다. 요단강 강하에서 '그대들이여 참회하라, 회개하라,' 라고 외쳤습니다. 우리 중생들은 전도몽상(顚倒夢想)하는 것을 회개해야 합니다.

그렇게 해서 꼭 새로운 출발을 하셔야 합니다. 부처님 가르침을 우리 지혜(智慧)로 하고, 부처님만이 가장 바른 지혜를 갖추셨고, 가장 복(福) 있는 분이고, 제일 덕(德) 있는 분입니다.

다 같이 참회해서 새로운 출발을 하고, 우리도 역시 금생뿐만 아니라 부처님 같이 영생의 행복을 누립시다. 이것이 우리의 근본 목적이고 우주의 본래 목적입니다.

제 팔(第八) 간석가훼계(慳惜加毁戒)라!

인색(吝嗇)하지 말며, 헐뜯지 말지니라. 너희 불자들이여, 스스로 인색하거나 남을 인색하도록 가르치지 말 것이며, 인색의 인과 인색의 연과 인색의 법과 인색의 업을 짓지 말지니라.

보살은 일체 가난한 사람이 와서 구걸하거든 그가 구하는 온갖 것을 주어야 할 것이거늘, 보살이 나쁜 마음과 미워하는 마음으로 돈 한 푼, 바늘 하나, 풀 한 줄기도 보시해주지 아니하며, 법을 구하는 이에게 한 구절의 법문과 한 마디의 게송과 작은 법 하나도 가르쳐 주지 아니하고 도리어 나쁜 말로 욕설을 하는 것은 보살의 무거운 죄이니라.

마땅히 보시를 해야 할 것인데 도리어 인색해서, 본래로 진리에서 보면 인색할 것도 없는데 잘못 생각해서 우리가 인색합니다.

여러분들이 다 아시지 않습니까. 도안보시(挑眼布施)라, 자기 눈알도 달라고 하면 빼서 주어야 하는 것입니다. 눈알을 빼서 줄 수 있는 그 마음이 보살심(菩薩心)입니다.

보살계(菩薩戒)를 받을 때는 원칙은 대승계십인(大乘戒十忍)이라, 할육식응(割肉食鷹), 살신아호(殺身餓虎), 작두사천(作頭謝天), 절골출수(折骨出髓), 도신천등(挑身千燈), 도안보시(挑眼布施), 박피사경(剝皮寫經), 자심결지(刺心決志), 소신공불(燒身供佛), 자혈쇄지(刺血灑地))이라. 열 가지 다짐을 받고 주는 것입니다. 여러분들은 너무나 쉽게 받으시려고 하는 것입니다.

도안보시(挑眼布施)라, '그대 눈을 누가 달라고 할 때 눈을 빼서 줄 수가 있는가, 없는가?', 이렇게 다짐을 받습니다.

호랑이가 새끼를 많이 낳아서 굶주려서 무엇을 먹고 싶어할 때에 그대 몸을 회한(悔恨)이 없이, 즉 아낌없이 줄 수가 있는가? 줄 수가 있다고 해야 보살계를 받습니다.

절골출수(折骨出髓)라, '그대의 뼈를 분질러서 골수를 내서 남한테 줄 수가 있는가?', '예!' 그래야 보살계를 받는 것입니다.

이렇게 하면 인생을 너무나 각박하게 만드는 것이 아닌가? 이렇게 생각하지 마십시오. 정말로 진정으로 나와 남이 둘이 아닙니다. 남을 행복하게 해주어야 자기가 행복합니다.

우리 사회를 생각해 보십시오. 슬롯머신인지, 빠칭코인지, 그런 걸 보십시오. 그런 것을 왜 허락할 것인가? 그런 것을 구태여 허락해 놓

335

고서, 많이 배웠다는 분들이 모인 국회에서 다 허락을 해 놓고서, 허락해 놓으면 일반인은 중생인지라 그런 사행심(射倖心)이나, 그런 요행을 다 바라고서 도박을 하겠지요. 그러한 것들이 모두가 거꾸로 보는 전도몽상(顚倒夢想) 때문에 허락도 하고 허락했다고 해서 그것을 한다는 말입니다.

무슨 장군이나 무슨 의원이나 본래로 나쁜 분들은 아니지 않습니까. 나쁜 분이 아닌데 그런 여건이 그렇게 만들었단 말입니다. 그런 여건에 부딪히면 다른 사람들도 그와 유사한 허물을 범합니다. 우리 중생은 환경과 조건이 맞지 않아 그런 것이지 돈을 공으로 벌 수 있고, 권력을 휘두르면 벌 수 있고, 그런 경우가 되면 중생들은 대부분 죄를 범합니다.

우리는 엄격히 자기를 비판하고 사회의 모든 문제를 정말로 부처님 법에 맞게 꼭 우리가 다스려야 합니다. 그렇게 하는 일 이외는 우리 민족을 위한 참다운 길이 못됩니다.

지금 서구 공동체를 보십시오. 독일, 프랑스, 영국 등 열두 나라가 하나로 통합해서 공동체를 만들고 있지 않습니까. 이른바 EC공동체 말입니다.

다른 나라끼리도 그와 같이 공동체를 만들어서 하나의 경제 블록을 만듭니다. 그런데 아시아는 어떻습니까. 이 원통한 동북아시아,

중국이나 한국이나 일본이나 뿔뿔이 흩어져 있지 않습니까. 한국은 또 남북(南北)이 무엇입니까. 남북은 그만두고도 우리 남한은 또 어떻습니까. 남한 속에서도 서로 헐뜯고 그럽니다. 이렇게 해서 우리가 어떻게 살자는 것입니까. 우리 남한이 하나가 되서 똘똘 뭉쳐도 어려울 때가 아닙니까.

자유경쟁 시대에서 우리는 보다 더 시야를 넓혀야 합니다. 부처님 도리에 따른다고 생각할 때는 그냥 순식간에 화합(和合)되고, 순식간에 우리는 번영(繁榮)한 나라가 될 수가 있는 것입니다. 우리가 행복(幸福)한 길로 가는 것이 그렇게 어려운 일이 아닙니다. 그 못된 마음만 풀어버리면 됩니다. 못된 마음은 본래 자기 마음이 아닙니다. 이것은 악마의 마음입니다. 자기 마음은 불심(佛心)입니다.

제구(第九) 진심불수회계(嗔心不受悔戒)라!

진심을 품고서 남의 허물을 용서 못하는 그런 죄를 범하지 말라. 너희 불자들이여, 보살은 마땅히 일체 중생들에게 착하게 대하여 다투는 일이 없게 하며, 항상 자비심과 효순심을 내야 할 것이거늘 도리어 일체 중생에게나 중생 아닌 물질에 대해서도 나쁜 말로 욕설을 하고 폭행과 구타를 하고도 마음속의 성을 풀지 아니하고, 또 설혹 그런 사람이 진실한 말로 참회하고 사과하여도 성내는 마음을 풀지 않는 것은 보살의 무거운 죄이니라.

제 십(第十) 방삼보계(謗三寶戒)라!

불법승(佛法僧) 삼보(三寶)를 비방하지 말지라. 너희 불자들이여, 자신이 삼보를 비방하거나 남을 시켜 비방하게 하지 말지어다. 보살은 한 마디라도 부처님을 비방하는 말을 듣거든 마치 삼백 대의 창검으로 자기의 심장을 찌르는 것처럼 여겨야 할 것이거늘 하물며 자기 입으로 비방하리요. 신심과 효순심을 내지 아니하고 도리어 악인과 사견인을 도와서 비방하는 것은 보살의 무거운 죄이니라.

사견(邪見)은 삿된 견해입니다. 삿된 견해는 앞서 말씀드린 바와 같이 이것은 나와 남이 둘이다, 자연과 내가 따로 있다, 이러한 서구적인 생각이라던가, 다른 사람의 마음을 우리가 괴롭힌다든지, 다른 사람의 이익을 돌보지 않는다든지, 이러한 것은 모두 삿된 견해입니다. 삿된 견해를 도와서 비방하는 자는 보살의 무거운 죄입니다.
잘 배우는 모든 불자들이여, 보살의 열 가지 계목을 응당 배워서 그 가운데에 낱낱이 티끌만큼도 범하지 말지니라. 만약 범하는 자는 현신(現身)에 보리심을 발하지 못할 것이며, 또한 국왕의 자리나 전륜왕(轉輪王)의 지위를 잃을 것이며, 비구, 비구니의 지위를 잃을 것이며, 십발취(十發聚), 십장양(十長養), 십금강(十金剛), 십지(十地)와 여러 가지 불성이 상주하는 묘과(妙果)를 모두 잃어버리고 삼악도에 떨어져서 -지옥, 아귀, 축생의 그런 나쁜 갈래에 떨어져서- 2겁 또는 3겁을 지내도록 부모와 삼보의 이름도 듣지 못하리라. 이러한 까닭에 한 가지라도 범하지 말아야 합니다.

일체 보살들이 지금 배우며 당래에 배울 것이며 이미 배웠으니, 이와 같은 열 가지 부처님의 청정계율을 응당 배워서 공경하는 마음으로 받들어 가지십시오. 팔만위의품(八萬威儀品)에 말씀하시기를 부처님께서 모든 보살들에게 고하여 말씀하시되 이미 열 가지 무거운 계율을 설하였으니, 이제 마흔여덟 가지 가벼운 계를 설할 차례입니다.

48경계(四十八輕戒)

이제 마흔여덟 가지의 가벼운 계율을 말하는데 그 가운데 중요한 대목만 몇 가지 말씀을 드리겠습니다. 마흔여덟 가지 가벼운 계율을 공경스럽게 받들어 외우시기 바랍니다.

사실은 부처님 당시나 불교가 빛날 때는 한 달에 두 번씩 대중들이 모여서 이 10가지 무거운 계와 48가지 가벼운 계를 스스로 반성하고 다시 마음에 익혀서 마음으로 다짐하는 이른바 포살(布薩)의식을 다 하는 것입니다. 허나 지금은 불법이 쇠(衰)해서 않습니다만 원칙은 그래야 하는 것입니다.

　보름날과 그믐날 부처님의 보살계, 즉 광명금강보계(光明金剛寶戒)를 외웁니다. 생명의 광명인 동시에 또는 금강같이 가장 위대한 우주의 법칙을 꼭 우리가 따라야 한다는 그런 의미에서 보름마다 보름과 그믐에 한 번씩 포살의식을 밟아서 꼭 스스로 읽고 다짐하여 우리 마음을 부처님 마음으로 돌이키는 것입니다.

❊ 제일(第一) 불경사우계(不敬師友戒) ❊

너희 불자들이여, 응당히 먼저 보살계를 받을 지니라. 모든 선신들이 보살계 받은 자를 구호할 것이며, 모든 부처님께서도 환희하시니라. 이미 계를 받았거든, 효순심(孝順心)과 공경심(恭敬心)을 가지고 상좌(上座)와 화상(和尚)과 아사리(阿闍梨)와 대덕(大德)과 동학(同學), 동견(洞見), 동행자(同行者)를 보거든 마땅히 일어나 맞이하여 예배하고 문신(問訊)해야 할 것이거늘, 보살이 도리어 교만한 마음과 미워하는 마음, 귀찮은 마음으로 공경하지 않는 자는 경구죄(輕垢罪)를 범하느니라.

❀ 제이(第二) 음주계(飮酒戒) ❀

너희 불자들이여, 짐짓 술을 마시지 말지니라. 술에서 생기는 과실이 한량없나니 자기 손으로 술잔을 들어 다른 이에게 권하여 마시게 하고서도 5백세 동안 손 없는 과보를 받았거늘, 하물며 스스로 마시리요. 온갖 술을 마시지 말지니, 만약 짐짓 마시거나 다른 이에게 마시게 하는 자는 경구죄(輕垢罪)를 범하느니라.

❀ 제삼(第三) 식육계(食肉戒) ❀

너희 불자들이여, 짐짓 고기를 먹지 말지니라. 고기를 먹는 자는 대자비 불성종자(佛性種子)가 끊어져서 일체 중생들이 보고는 도망하여 가느니라. 고기를 먹으면 한량없는 죄가 되나니, 만일 짐짓 먹는 자는 경구죄(輕垢罪)를 범하느니라.

고기를 먹지 마십시오. 재가 불자님들은 대체로 잡수고 계시겠지요. 그러나 될수록 고기를 잡수지 마시기 바랍니다. 고기 장사를 하

시는 분한테는 참 안된 말씀입니다만 설사 좀 구차할지라도 다른 장사를 하십시오. 이 고기라는 것이 앞서 제일 허두에 불살생(不殺生)이라, 죽이지 말라고 했지 않습니까. 고기를 먹는 자체가 벌써 죽이는 것이나 다를 바 없습니다.

짐승을 죽이는 것은 남이 죽이고 먹기는 자기가 먹고 그런다고 생각할 때에 도리어 얼마나 그 행동이 이기적이고, 그야말로 참 죄스럽고 잔인한 마음입니까. 짐승을 죽이는 어려운 것은 남한테 시켜 놓고서 자기는 그 성과만 따먹는단 말입니다. 마땅히 고기를 잡수지 마십시오.

살로 안 가고, 피로 안 갑니다. 앞서 말씀과 같이 우리 생명이라는 것은 생명 자체, 우리 불성(佛性) 자체가 바로 이것이 영생의 생명입니다. 30년, 50년 한계가 있는 것도 아닌 것이고 말입니다. 영생불멸(永生不滅)한 생명인 것입니다. 따라서 정말로 생명 자체에 철저할 때는 100일 동안 아무것도 안 먹어도 사는 것입니다. 우리가 생명 자체에 철저하지 못하니까 괜히 지레 겁나서 배고프고 하는 것이지 정말로 내 생명은 내 마음입니다. 이렇게 생각할 때는 그렇게 사무치면 몇 십 일 동안 안 먹어도 상관이 없는 것입니다. 그러기에 몇 십 일 동안 단식을 해도 무방하지 않습니까.

고기를 먹으면 우리한테 무슨 도움이 될 것인가? 고기를 먹으면 돼

지나 소나 닭이나 이들이 우리보다 업장이 무거운 것입니다. 생명 자체는 다 똑같은 것인데 업장이 더 무겁기 때문에 개가 되고, 소가 되고 했습니다. 그런 그 죽은 썩은 세포가 보다 더 업장이 가벼운 우리 세포에 들어온단 말입니다. 고기를 먹는다는 것은 업장이 무거운 세포가 내 몸뚱이에 들어오는 것입니다. 따라서 내 세포에 좋겠습니까?

우리 눈에는 안보이겠지요. 그러나 우리 피는 그만큼 오염됩니다. 성자의 피는 육근(六根) 청정(淸淨)이라, 청정합니다만 범부의 피는 인간 정도로 오염되어 있습니다. 그런데 거기다 더 오염된 개, 소, 돼지의 세포가 우리 몸에 들어온단 말입니다. 훨씬 더 가속도로 우리 몸이 오염되는 것입니다.

당뇨병, 심장병, 또 무슨 병, 그런 병들이 다 대체로 그런 것들을 많이 먹어서 그렇다는 것은 저만이 아니라 현대 의학도(醫學徒)들도 하는 말입니다.

고기를 잡수시다가 안 잡수시기가 어려우시겠지요. 그러나 참 별 것이 아닙니다. 이렇게 50년 가까이도 한 점 안 먹고도 이렇게 살아 있지 않습니까. 정말로 우리 불자님들, 고기라는 것이 모두 다 과거 전생에 지금 개요, 소요, 돼지요, 그런 것이 다 과거 전생에 어느 생엔가 우리 부모였던 것입니다. 무수 만생 동안 지내오면서 지금 눈앞에 있는 짐승들이 우리하고 같은 겨레였던 것입니다.

따라서 우선 생리학적으로 먹어도 살로도, 피로도 안 가는 것이고 동시에 우리 생리가 오염되고 말입니다. 뿐만 아니라 우리 정신적으로 과거 전생에 우리가 같은 겨레의 고기를 먹는단 말입니다.

될수록 먹지 마십시오, 돈도 많이 들고, 아무런 얻은 것이 없습니다. 애들한테도 고기없이 정말로 깨끗이 해서 먹여 보십시오. 나중에 고기를 주어도 도리어 못 먹습니다. 미국 사람들이나 서구 사람들 옆에 가 보십시오. 노린내가 풍기지 않습니까. 자기는 미처 몰라도 귀신들은 다 냄새를 맡는 것입니다. 옛날 고기를 가지고 밤길을 가다가 도깨비를 만나서 크게 봉변을 당했다는 얘기도 있지 않습니까.

그런 것이 절대로 미신이 아닙니다. 나쁜 귀신들은 그 고기 썩은 냄새를 다 좋아하는 것입니다. 그러나 선신(善神)들은 싫어합니다. 그러기에 고기를 먹는 죄로 해서 나찰습기(羅刹習氣)라, 나쁜 귀신들이 우리에게 덤벼들고, 천성원리(天聖遠離)라, 착한 신들은 우리 옆에서 멀리 떠난단 말입니다. 또 학술불성(學術不成)이라, 마음 닦는 공부는 하기가 어렵고, 또 사타악도(死墮惡道)라, 죽어지면 악도에 떨어지고 그런 것이 명백히 부처님 계율에 있습니다. 부처님 가르침은 곧이곧대로 믿어야 합니다.

제 사(第四) 식오신계(食五辛戒)

너희 불자들이여, 마늘이나 부추나 파나 달래나 흥거(興渠), 이 오신채(五辛菜)를 일체 음식에 넣어 먹지 말지니, 만약 짐짓 먹는 자는 경구죄(輕垢罪)를 범하느니라.

오신채까지 먹지 말라. 여기까지 말씀드리면 '모두가 이렇게 스님이 되라는 말인가?', 하고 생각을 하실 정도로 마음으로 저항을 느끼시는 분도 계실 것입니다. 그러나 우리는 지금 성불을 할 사람들입니다. 성불하는 길은 우리가 가는 길 가운데서 가장 최고로 위대한 길이고, 우리를 최상의 행복으로 인도하는 길입니다.

따라서 부처님께서 하신 것은 모든 걸, 음식이나 다른 것도 우리를 성불의 길로 인도하는 가장 확실한 말씀입니다. 우리 몸도, 마음도 가장 가벼운 것이고, 우리 몸도 마음도 가장 건강하게 하는 가르침입니다. 고기를 먹지 않는 것이 우리 건강을 위해서 도리어 제일 좋은 것입니다.

또는 파나 마늘이나 그런 냄새가 나는 것을 안 먹는 것이 사실은 우리 몸에도 가장 좋은 것입니다. 다행히 파, 마늘을 냄새가 나지 않게 조리해서 먹을 수가 있으면 그건 무방하겠지요.

그러나 냄새가 나는 채로 오신채를 먹으면 앞서도 말씀드린 바와 같이 나쁜 신들은 그런 냄새를 좋아합니다. 나쁜 신들은 그 냄새 맡고 좋아서 우리 주변에 덤벼올 것이고, 좋은 선신들은 우리한테서 다 도망가는 것입니다.

그리고 우리 마음이 오염이 안 되고 청정한 마음이 되어야 부처님한테로 가까이 갈 것인데, 이러한 것들을 먹으면 우리 마음이 정화되는 정도가 그만큼 흐려지는 것입니다. 부처님께서 그냥 공연히 하신 말씀이 아닙니다.

부처님 말씀은 모두가 우리 중생의 허물을 벗겨서 성불의 길로 인도하는 말씀입니다. 몸도 마음도 가볍고, 남한테도 좋고, 파나 마늘이나 많이 잡수시고 치아를 닦지 않고 남한테 말씀을 해 보십시오. 치약으로 몇 번이고 치아를 닦아도 파나 마늘을 많이 먹은 사람들은 그냥 냄새가 풍깁니다.

부처님 가르침은 가장 과학적입니다. 옛날 2500년 이전에나 있을 법한 것이지 지금 현대가 어느 시대라고 지킬 것인가, 파나, 마늘이 다 정력제가 아닌가? 그 알량한 스태미나, 그것은 좋을는지 모르겠지만 그런 것은 별것이 아닙니다. 우리 불성의 힘은 불성의 에너지, 이것은 무한의 에너지입니다. 따라서 불성의 힘을 자아내야지, 우리 중생이 하찮은 파나 마늘이나 고기나 그러한 걸로 해서 에너지를 낸다고 할 때에 정말로 참 못난 짓입니다.

우리가 본래 갖추고 있는 불성은 무한의 에너지입니다. 원자력보다도 더 강한 무한의 에너지입니다.

가급적이면 마약이나 담배, 이것도 먹거나 피우지 마시기 바랍니다. 어려우시겠습니다만 이것이 우리 건강을 위해서나 누구를 위해서나 좋은 것이 아닙니다. 매서운 의지로 해서 그렇게 지키시기 바랍니다.

어느 통계를 보면 중국이나 저쪽 독일, 프랑스에서도 마리화나 같은 마약을 복용하는 젊은이들이 대략 15% 이상이 된다고 들었습니다. 우리나라도 상당한 숫자가 마약을 복용하는 사람들이 있겠지요.

따라서 그런 짓은 해서는 절대로 안 됩니다. 무슨 필요로 합니까? 그런 짓이 버릇이 되면 습관성, 즉 습기라는 것이 무섭기 때문에 사회적으로 잘못 버릇이 되면 버릇을 우리가 따라갑니다. 버릇을 고치는 것이 부처님 법 아니겠습니까. 꼭 주의하셔서 필요없는 것은, 성불에 필요없는 것은 일도양단(一刀兩斷)을 하시기 바랍니다.

그리고 한 가지 더 말씀 드릴 것은 6재일(六齋日)을 가급적이면 지키시기 바랍니다. 한 달에 여섯 날인 6재일을 다 못 지키시면 한 달에 다만 이틀이라도, 하루라도 지키시기를 바랍니다. 왜냐하면 6재일을 지키심으로써 우리가 일상적인 생활로 해서 몰랐던 점을 6재일에 참회를 할 수 있는 좋은 기회를 얻습니다.

하루 세 끼 다 먹고 그것도 부족해서 간식도 하고, 이것저것 다 하지 않습니까. 그런데 6재일에는 하루에 한 끼만 먹는 것입니다. 하루 한 끼를 먹을 때는 조금 고통이 생기겠지요. 그러나 그 정도의 고통은 감내하셔야 합니다. 그러시면 평소에 간식도 먹고 또는 변비증이 생기고 그러한 것도 정말로 여러분들께서 6재일을 꼭 지키시면 웬만한 변비증은 저절로 나을 것이라 생각합니다.

그 우리 위장은 함부로 혹사해서 너무나 포만되게 먹어왔기 때문에 몇 일만에 한 번씩, 한 끼씩 먹고 다른 부정한 것을 안 먹어서 우리 위장을 청소를 시키는 것입니다.

부처님께서 행하시고 가르치신 것은 우주의 지혜입니다. 우리 인간이 어떻게 하면 가장 건강할 것인가? 어떻게 하면 우리 마음이 부처님 마음 같이, 거울 같이 맑을 것인가? 이러한 데에 초점을 맞추었습니다. 6재일은 음력(陰曆)으로 8일, 14일, 15일, 23일, 29일, 30일입니다. 따라서 음력으로 해서 적은 달은 다섯 번뿐입니다. 큰 달만 6일간입니다.

이것을 지키셔서 담배고, 술이고, 고기고 다 끊으셔야 합니다. 내외간도 이 날은 청정하게, 출가한 셈 치고 지내야 합니다.

이성간의 음심이나 또는 물욕이나 잠욕이나 이러한 것은 우리 중생이 생사 윤회하는 욕계(欲界), 색계(色界), 무색계(無色界) 하는 그런 삼계 가운데서도 가장 밑에 있는 욕계에 해당합니다. 사실은 별로 좋지 않은 그러한 욕심들 때문에 인간이 욕계에서 고(苦)를 받고 수십만 생을 윤회하고 있는 것입니다.

따라서 이 날만은 재가 불자라 하더라도 출가한 셈치고, 사실은 어느 누구나 다 출가하면 좋겠지요. 그러나 보통은 그렇게 할 수가 없어서 세속적인 가정을 두었다 하더라도 이 날만은 출가한 셈 치고 지키셔야 합니다.

하루 한 끼 잡수시고 술도 마시지 않고 고기도 안 잡수시고 허튼 말씀도 안 하시고 그날만은, 기독교인들이 주일이라 하여 주와 더불어서 온전히 주 하나님한테 귀의하는 날이 있지 않습니까. 본래 그것이 부처님 법입니다. 다른 종교는 부처님한테서 배운 것을 가지고 자기들 날로 하는데 우리 불교는 원래 불교의 재일(齋日)인데도 우리가 그걸 지키지 못합니다.

따라서 우리 부처님 날로 해서 그날만은 부처님과 더불어서 그날만은 꼭 지키셔야 한다는 그런 각오를 가지시기 바랍니다. 그렇게 하시면 그렁저렁 일상적인 방만한 허물을 범했다 하더라도 6재일을 지킴으로 해서 우리 생활이 다시 긴장되고, 범했던 우리 허물이 소멸되며, 다시 불심으로 새로운 출발을 하게 됩니다. 따라서 6재일(六齋日)은 새로 출발하는 날입니다.

할 수만 있다면 한 달에 두 번 씩 불자(佛子)는 원칙적으로 포살(布薩)을 해야 하는 것입니다. 우주(宇宙)의 도리에 입각한 앞서 말씀과 같이 광명금강보계(光明金剛寶戒)라. 우주의 도리에 입각하는 우주의 법칙에 따르는, 우주의 법칙을 인간의 윤리(倫理)에 적용하는 그런 도리가 보살계인데 이 보살계를 꼭 한 달에 두 번씩 다 읽고 '내가 이 계에 어긋남이 있는가, 없는가', 이렇게 자기 스스로를 점검해 보아야 합니다.

이렇게 함으로 해서 부처님한테로 한 걸음, 한 걸음, 다가서게 하셔야 합니다.

나머지 계율(戒律)은 중복도 되고, 또 제가 이만큼 말씀드려도 보살(菩薩)의 열 가지 무거운 계(十重戒) 전체와 48 가벼운 계(四十八輕戒)의 중요한 점을 다 말씀 드린 것입니다.

이 보살계는 부처님 가르침의 핵심 도리(道理)이고 동시에 우주의 법칙이기 때문에 이 보살계는 인간(人間)이나 천상(天上)이나 또는 귀신(鬼神)이나 신장(神將)이나 다 받아야 하는 것입니다.

인간만이 받는 것이 아니라 보살계를 설(說)할 때는 욕계 천상도,

색계 천상도, 무색계 천상도 다 이 자리에 모이는 것입니다. 신장도, 귀신도 다 듣고 있는 것입니다. 우리가 지금 받는 것은 그런 신장(神將)이나, 그런 선신(善神)들이 우리를 다 지키고, 우리를 가호(加護)하는 것입니다.

삼보(三寶)에 귀의(歸依)하면 삼보에 귀의하는 그것으로 해서 36부 신장이 우리를 지키시는 것입니다. 보살계를 받고 지니고 지키는 불자님들은 천상의 무수한 신장들이 가호하시는 것입니다.

따라서 우리가 정말로 바르게 살고, 보살계를 잘 지키면 여러 가지 인간적인 행복(幸福)은 물론, 무루(無漏)의 복(福)으로 해서 부처님의 무한한 가피력(加被力)을 입는 것입니다.

우리 불자님들 참다운 부처님의 지혜를 떠나서 하는 것은 모두가 때묻은 행복입니다. 남한테 베풀어도 이것은 상(相)을 두고 하는 베풂이고, 또 좋은 일을 해도 진정한 해탈의 공부는 못 됩니다. 그러나 반야지혜(般若智慧), 참다운 반야바라밀(般若波羅蜜), 부처님의 지혜와 더불어서 우리가 행동을 하고 베풀면 베푸는 것마다 모두가 다 상이 없는 보시(布施)가 되는 것입니다. 이렇게 되어야 우리를 성불의 길로 인도합니다.

부처님 가르침은 지혜와 더불어서 있는 것입니다. 그 지혜는 무엇인가? 일체중생이 나와 더불어서 절대로 둘이 아니다, 일원주의(一

元主義) 또는 일률(一律) 동일철학(同一哲學)입니다. 어느 철인도 모두가 다 동일 철학을 말씀했습니다.

따라서 우리가 나와 남과, 자연과 내가, 부처와 둘이 아닌 원만한 생명이다, 이 자리를 알아야 이것이 부처님의 참다운 반야지혜가 됩니다. 이렇게 반야지혜를 바탕으로 해서 지켜야 보살계가 됩니다. 그냥 무엇 무엇을 지킨다, 그냥 무엇 무엇을 안 한다, 그러한 것은 그냥 상대적인 것 밖에는 안 되는 것입니다. 참다운 당위가 못 됩니다.

꼭 지켜야 한다는 것은 나와 남이 둘이 아니므로 남을 죽여서는 안 되는 것이고, 나와 남이 둘이 아니므로 나만 부자가 되고 가난한 사람이 있어서도 안 되는 것이고, 나와 남이 둘이 아니므로 허투루 거짓말, 욕설을 해도 안 되는 것입니다.

동물과 나와 둘이 아니기 때문에 고기를 먹으면 안 되는 것입니다. 만 중생에게 이롭게 하기 위해서 우리가 냄새나는 음식을 먹으면 안 되는 것입니다. 따라서 이와 같이 '반야바라밀'과 더불어 계행을 지켜야 참다운 광명금강보계(光明金剛寶戒)입니다. 그래야 참다운 보살입니다.

이렇게 해서서 상(相)을 여의고 마음을 훤히 열고서 닦아야 보살(菩薩)입니다. 나와 남이 둘이 아니고, 천지(天地)와 나와 더불어서 하나이고, 나한테는 일체공덕이 다 갖추고 있다, 이렇게 느끼고 보살계를 지키셔야 합니다. 지금까지 지어온 나쁜 그림자, 이것은 사실 자기 본래 마음이 아니고 껍질에 불과합니다. 그림자에 불과합니다. 그림자는 그냥 순식간에 가시면 되는 것입니다. 따라서 그림자만 벗어버리면 내 마음 이대로 만 공덕을 갖춘 부처의 마음입니다.

이렇게 열린 마음으로 어느 누구도 특별히 생각할 필요가 없습니다. 어버이면 어버이 도리를 다 하더라도 꼭 자기 자식만 생각할 필요가 없습니다. 자신의 아들만 좋은 학교에 들어가고 다른 사람의 아들은 아무데나 떨어져도 무방하다, 이렇게 생각하는 것은 보살이 아닙니다. 보살은 앞서 말씀과 같이 대수고(代受苦)라. 남의 괴로움을 내가 대신 받는 것입니다. 이것은 내 자식이나 남의 자식이나 다 똑같이 생각하는 마음을 가져야 그래야 참다운 불자(佛子)입니다. 그렇게 되어야 자기 마음도 열리는 것입니다.

내 몸뚱이도 내 것이 아닌데 내 아들 몸뚱이가 왜 내 것일 것인가? 자기 아내 몸뚱이가 왜 내 것일 것인가?

다 인연 따라서 우주(宇宙)가 청정한 진여불성(眞如佛性)으로 충만한 것인데, 충만한 불성의 바다 위에서 연기법(緣起法)을 따라서 바다 위의 거품 모양으로 잠시간 모양을 나툰 것인데, 그 허깨비를 가지고 이 몸뚱이 때문에 죄를 범해서 부처의 길로 가는 것을 막을 필요는 없습니다.

부처님의 청정(清淨)한 보계(寶戒), 상(相)을 여읜 청정한 계율(戒律)을 우리 불자님들은 꼭 지킬 수 있어야 합니다.

부처님 계율은 우리를 꽁꽁 묶고 구속하는 그러한 계율이 아닙니다. 그러한 도덕이 아닙니다. 부처님 계율은 우리를 참다운 자유(自由), 참다운 평등(平等), 참다운 행복(幸福)으로 인도하는 해방의 가르침입니다. 우리 생명(生命)이 다 할 때까지 능히 지킬 수 있어야 합니다.

그렁저렁 금생(今生)을 살면 다시 업장(業障)에 묶여서 다시 윤회하고 맙니다. 지옥(地獄)도, 아귀(餓鬼)도, 또는 아수라(阿修羅) 세계도 분명히 있습니다.

따라서 금생에 바르게 살아야 할 것이거늘 금생에 잘못 살아서 내생에 다시 우리가 중생이 되고 또는 못된 사람이 될 수 있습니다. 따라서 우리가 금생에 성불 못하면 미래에 어느 생에 가서라도 꼭 지켜야 하는 것입니다. 금생뿐만 아니라 내생에 가서도 성불을 할 때까지 우리 불자들은 능히 지킬 수 있어야 합니다.

지금까지 산승(山僧)이 본사석가모니(本師釋迦牟尼) 부처님을 대신해서 부처님의 청정한 계율(戒律), 우주의 법도(法道)에 따르는 광명금강보계(光明金剛寶戒)를 설(說)했습니다.

우주(宇宙)는 바로 훤히 밝은 하나의 생명체(生命體)입니다. 바로 아미타(阿彌陀) 부처님입니다. 다시는 파괴할 수 없는 금강보계(金剛寶戒)의 진리(眞理)입니다.

  이러한 보살계를 꼭 명심하셔서, 잘 지키셔서 금생에 위없는 행복(幸福)을 누리시기를 간절히 바랍니다.

나무석가모니불(南無釋迦牟尼佛)! 나무마하반야바라밀(南無摩訶般若波羅蜜)!

九. 일대사인연(一大事因緣)

> 참다운 큰일은 우리한테 있는 번뇌를 녹여서, 번뇌의 불을 꺼서 참다운 성자의 길로 가는 것입니다. 따라서 자기한테 있는 욕심(慾心)의 뿌리, 자기한테 있는 뿔룩거리는 진심(嗔心; 성내는 마음)의 그런 뿌리를 뽑는 일이 중요합니다.

우리 인생에 있어서는 여러 가지 일들이 많이 있습니다. 이른바 화택고해(火宅苦海)라, 번뇌(煩惱)의 불이 타고 있는 고생의 바다인지라 여러 가지 복잡한 일들이 많이 있는 것입니다. 사실 그 가운데는 자질구레해서 우리가 하지 않아도 될 만한 일들이 많이 있습니다. 그런가 하면 꼭 해야 할 여러 가지 의무적인 일도 있습니다. 그런 가운데서 가장 큰 일이 오늘 여러분들께서 공부하시고자 하는 참선(參禪)공부입니다.

우리가 깊이 느끼지 못할 때는 그냥 놓쳐버리고, 또 심각하게 느끼지 못할 때가 있습니다만 깊이 생각하면 '인생의 참다운 뜻이 무엇인가?' 하는 그러한 본질적인 도리를 생각할 때는 오늘 이와 같이 참선을 공부하는 일이 가장 큰 일입니다. 그래서 이것을 보고 일대사(一大事)라, 이렇게 말씀을 합니다.

참선을 공부하는 일이 바로 일대사인연(一大事因緣)입니다. 무량세월 동안 우리가 윤회(輪廻)도 많이 하고 그때그때 윤회 과정에서 가지가지 고생을 많이 했습니다. 오늘날도 고생 중에 있지 않습니까. 우리가 인생을 볼 때는 꼭 인생은 본질적으로 고생(苦生)이다, 이러한 도리를 알아야 합니다. 그렇기에 부처님 말씀에도 일체개고(一切皆苦)라, 모두가 다 고생뿐이란 말입니다. 인생은 그렁저렁 편안히 살다 가는 것이다, 이렇게 생각할 때에는 시행착오를 많이 합니다. 그러나 우리가 진리 그대로, 고생을 고생 그대로, 바로 수용을 해야 합니다. 과거 전생에 지은 업장(業障)을 따라서 인간으로 태어나는 것도 고생 아니겠습니까.

어머니도 고생이고 본인도 고생입니다. 어머니의 태중에 10개월 동안이나 그렇게 숨어사는 그때도 굉장히 고생스럽습니다. 어머니가 음식을 조금만 잘못 먹어도 태아는 고생합니다. 낳을 때도 고생, 성장할 때도 고생, 병들어 아파서 고생, 늙어지면 힘이 없어 고생, 그러다 결국은 죽습니다. 죽음도 고생입니다. 해남에서 있었던 아시아나

항공기의 추락 사고를 보십시오. 66명이나 죽었다고 하지 않습니까. 생사가 순간입니다. 죽음과 삶의 갈림길이라는 것이 그렇게 뚜렷하게 한계가 있는 것이 아니라는 말입니다. 어느 때 자기한테 닥쳐올지 모릅니다.

 그런 인생 고해 가운데서, 하고 많은 일들 가운데서 참선공부는 이른바 일대사인연(一大事因緣)이라, 가장 큰일 가운데서도 가장 큰 일입니다. 부처님 가르침은 바로 천지 우주의 법칙이며 도리입니다. 따라서 누구나 다 따라야 하고, 또 부처님 팔만사천 법문이 다 그렇지만 우리가 법문을 듣고 아는 것에 그쳐버리면 그것은 자기 보배가 온전히 못 되는 것입니다. 부처님 가르침을 우리가 배워가는 단계에 따라서 신해행증(信解行證)이라, 먼저 믿어야 합니다. 부처님 경계는 알 수 없는 것이므로 먼저 믿어야 하는 것입니다. 우선 다 알고 믿을 수는 없는 것입니다. 따라서 가장 정직하신 분이며 인간과 천상과 우주의 스승이 바로 부처님인지라, 부처님 말씀을 일단 우리는 믿어야 합니다. 그러나 그 믿음도 덮어놓고 믿기만 하면 자기 힘이 못 됩니다. 따라서 그 다음에는 우리가 체계 있게 부처님 가르침을 이해(理解)를 해야 합니다. 그러나 부처님 가르침은 믿고 해석하여 아는 것에 그치는 가르침이 아닙니다. 우리 스스로가 바로 부처가 되는 가르침입니다. '너희들이 그냥 내 말 듣고서 믿고 아는 것이 전부다', 이러한 말씀이 아니란 말입니다. '믿고 이치를 보다 깊이 생각해서 꼭 실천해서 나와 같은 부처가 되어야 한다', 이러한 말씀이란 말입니다. 부처님 가르침은 성자(聖者)가 되는 가르침입니다. 불교라는 것은 그냥 세간적인 그렁저렁 행복(幸福)을 우리에게 주는 가르침이 아닙니다.

　우리 불자님들은 부처님 가르침에 대해 보다 깊게 보다 차원이 높게 인식을 하셔야 합니다. 부처님 가르침은 세간적인 세속적인 행복을 위한 가르침은 아닙니다. 물론 부처님 가르침은 세속적인 행복을 결코 무시하는 것은 아닙니다만 세속적인 행복은 사실은 허망한 것입니다. 부처님 가르침은 허망한 것과 허망하지 않은 것을 분명히 구분합니다. 원래 진리는 모두가 하나이건만 우리 중생들이 일체존재의 근본 성품을 모르고 그렁저렁 세간적인 편의(便宜)라든지 저속한 행복이라든지 그러한 것만을 바라기 쉽지만, 그러한 유루복(有漏福)을 떠난 참다운 생명 자체, 여러 가지 번뇌를 떠나고 인생고를 떠난 참다운 불멸의 행복, 다시 변동 없는 행복을 추구하는 이것이 바로 부처님의 참다운 가르침입니다.

　불교의 근본적인 목적은 보통 안락한 것이나 또는 편안한 것을 추구하는 가르침이 아니고 우리 중생으로 하여금 저마다 열반락(涅槃樂)을 얻게 하는 것이 부처님의 가르침입니다. 열반락이라는 것을 대체로 아시는 분은 아십니다만 이것은 변동이 없는, 생사(生死)가 없는 영생(永生)의 행복(幸福)이란 말입니다.

그러면 열반락을 얻기 위해서는 어떻게 해야 할 것인가? 그것은 우리 마음도 바뀌고, 우리 생리도 몸뚱이도 바뀌어야 하는 것입니다. 우리 흐리터분한 피가 맑은 피로 바뀌어야 하는 것입니다. 흔히 말하는 환골탈태(換骨奪胎)란 말입니다. 마음도 몸도 바뀌어 그래야 앞서 말씀한 열반락, 즉 불멸(不滅)의 행복을 자기가 얻을 수 있습니다. 아는 지식(知識)으로 해서는 모르는 것보다는 낫다 하더라도 그걸로 해서는 우리의 인생고(人生苦)를 못 떠나는 것입니다.

우리 인생고 가운데서 가장 심각한 고(苦)는 역시 죽는 고통 아닙니까. 죽음의 두려움이 있는 한에는 아직 범부입니다. 죽음의 두려움을 완전히 떠나버려야 그래야 성인(聖人)입니다. 죽음의 두려움을 없애버려야 참다운 행복을 얻을 수가 있습니다. 비록 지금 우리 눈앞에는 여러 가지 생활고(生活苦), 사회고(社會苦)가 있습니다. 가지가지의 고난이 많이 있습니다만 사실 그러한 고난은 순간(瞬間)에 지나지 않습니다. 과거 전생에 우리가 여러 가지 업(業), 선업(善業)도 짓고 악업(惡業)도 지었습니다. 전생에 악업을 많이 지었으면 그 때는 인과필연(因果必然)으로 꼭 우리가 그에 상응한 고통을 받습니다.

불교의 가르침 가운데서 초보적인 가르침이 인과응보(因果應報)가 아니겠습니까. 인과법(因果法)을 무시하면 부처님 법이 아닙니다. 우리가 복(福)을 못 지었으면 복을 못 받습니다. 그러면 고(苦)밖에는 못 받습니다. 그러나 복을 지었으면 꼭 거기에 상응한 과보로 해서 안락(安樂)을 받습니다. 과거에 지어서 금생에 받고 또 금생에 지어서 앞으로 받는 것입니다. 설사 과거 전생에 숙명적(宿命的)으로 잘못 지어서 금생에 고생을 받는다 하더라도 금생에 심기일전(心機一轉)해서 바르게 생각하고 바르게 말하고 바르게 행동을 하면 그냥 즉시에 우리 운명(運命)은 바뀌는 것입니다.

잘 모르는 사람들은 '불교는 숙명론(宿命論)이다', 그렇게 말합니다. 하지만 불법은 절대로 숙명론이 아닙니다. 과거에 지어서 현재에 받는 것은 우리가 인연(因緣)의 제한을 받지만 금생에 자기가 하기에 따라서는 하늘 아래서나 하늘 위에서나 가장 존귀한 부처가 될 수도 있습니다. 가장 존귀한 부처가 될 수 있는 것인데 다른 것들은 문제시할 것도 없습니다. 따라서 우리는 앞서 말씀 드린 바와 같이 부처님의 소중한 법이라 하더라도 일단은 많이 듣고, 바르게 해석해서 바르게 알고, 알았으면 바로 실천궁행(實踐躬行)이라, 우리 몸과 마음을 바르게 닦아서 증명(證明)을 해야 합니다. 그렇게 바른 행이 있어야 참다운 증명이 되는 것입니다. 그렇기 때문에 부처님의 사대 차원의 가르침, 신해행증(信解行證), 이것을 먼저 바르게 믿고 해석해서 이해하고 알고 행하고 그래서 증명을 해야 합니다.

그래야 비로소 부처님께서 말씀하신 우리 세간적인 인생고를 떠나서 참다운 영생의 안락을 성취할 수가 있습니다. 영생의 안락은 열반락(涅槃樂)입니다. 번뇌가 다 가신 참다운 행복이 열반락입니다. 따라서 부처님 가르침은 가난한 이웃을 도와주는 그러한 것도 좋고 또 꼭 필요합니다. 그러나 훨씬 더 차원이 높습니다. 설사 배가 고프다 하더라도 우리 마음의 번뇌(煩惱)를 녹여서 영생해탈(永生解脫)의 열반(涅槃)의 길로 자기도 가고 남도 이끄는 이것이 무상대도(無上大道)입니다. 그러기에 석가모니(釋迦牟尼) 부처님도 80 평생 거지 생활을 하셨지 않습니까.

옷이나 음식이나 또는 잘 사는 것이나 권속이 많은 것이나 지위가 높은 것이나 이러한 것에 목적이 있었다고 생각할 때는 부처님께서 당신 몸소 그와 같이 평생 거지 생활을 하셨을 리가 만무하지 않습니까. 또 그 뒤를 따라가신 무수한 도인들도 마찬가지입니다.

여러분들은 '쿼바디스 도미네'라는 영화를 보셨겠지요. 베드로가 로마에 들어가서 예수님의 뜻에 따라서 전도를 할 때입니다. 그 로마가 워낙 기독교에 대해서 박해가 심하므로 버틸 수가 없단 말입니다. 그래서 로마를 탈출했습니다. 로마를 밤에 탈출해서 새벽녘에 거리를 걷다가 마침 해가 솟아올랐습니다. 해가 솟아오르는 아침의 서광

(瑞光) 가운데 훤히 예수님이 보인단 말입니다. 그 서광 가운데서 예수가 뚜벅뚜벅 걸어오신단 말입니다.

　예수님을 베드로가 너무나 진실하게 믿으므로 환상적인 착각도 있을는지 모르지만 성자(聖者)의 길이란 그와 같이 자기도 모르는 가운데 자기 분신(分身)을 낼 수가 있습니다. 한 번 성자가 되면 삼매(三昧)의 힘으로 자기 분신을 내는 것입니다. 자기 분신을 열 명, 천 명, 우주에 가득하게도 낼 수가 있는 것입니다. 우리 마음이라는 것은 그와 같이 위대한 것입니다. 그래서 베드로가 자기도 모르는 가운데 그 앞에서 무릎을 꿇었습니다. 그리고 '주여! 주여! 어디로 가시나이까?', 이것이 '쿼바디스 도미네' 아닙니까. 그래서 회심(回心)해서 그렇게 박해가 심한 로마로 다시 되돌아갔습니다. 그래서 전도하다가 순교(殉敎)를 당하지 않았습니까. 진리(眞理)라 하는 것은 그렇게 숭고(崇高)한 것입니다. 우리는 진리를 구할 때에 안락의자에 앉아서 구하는 식으로 그렇게 편하게 구하려는 생각을 버려야 합니다. 어떠한 도인(道人)들이나 한 고비씩을 넘을 때 자기 신명(身命)을 다 바치는 것입니다.

　그러기에 대사일번(大死一番) 대확현정(大廓顯正)이라. 큰 대(大), 죽을 사(死), 크게 한 번 죽어야, 대확현정이라. 그래야 크게 이른바 부활적(復活的)으로 사는 것입니다. 이것을 꼭 증명(證明)하기 위해서 공부를 하여야 하는데, 증명하는 여러 가지 방법이 있습니다. 기도(祈禱)를 모시는 것이나, 또는 우리가 불경(佛經)을 외우는 것이나 다 증명하기 위해서 공부하는 것입니다. 하지만 그 중 참선공부는 가장 압축된, 내 본심(本心)을 깨닫고 참다운 부처한테로 가는 지름길입니다.

우리가 성자가 되고 부처가 되기 위한 지름길이 참선공부입니다. 여러 법사(法師)님들께서 훌륭한 법문도 계시겠지만 주로 참선공부를 강조합니다. 따라서 참선공부에 관해서 제가 몇 말씀을 드리겠습니다.

참선(參禪)은 앞서도 말씀 드린 바와 같이 우리가 중생(衆生)의 몸을 바꿔서 성자(聖者)의 몸이 되는, 성인(聖人)이 되는 지름길입니다. 성자가 누구나 저마다 다 될 것인가, 나 같은 사람이 또는 가정주부가 어떻게 성자가 될 수 있을 것인가, 이렇게 자기 비하(卑下)를 절대로 하지 마십시오. 어떠한 누구도 성자가 될 수 있는 힘을 다 갖추고 있습니다. 또 어떤 누구나 다 성자가 꼭 되어야 합니다. 성자가 되지 않으면 어떻게 되는가? 성자가 안 되면 속물이란 말입니다.

성자가 못되면 자기 평생 소중한 인생을 시행착오만 하다 가기가 쉽습니다. 제 아무리 자기 지위(地位)가 높고 고관(高官)이 되었다 하더라도 성자의 길로 나아가는 그러한 쪽으로 자기 인생의 길을, 방향을 바로잡지 않고서는 허튼 일을 많이 합니다. 바로 모르고, 바로 좀 안다 하더라도 아는 둥 마는 둥, 자기 실천(實踐)으로 해서 자증(自證)을 못한 그런 간혜지(幹慧智), 그런 바싹 마른 지혜를 가지고서는 항시 시행착오만 따를 뿐입니다.

참선공부를 해서 정말로 우리 마음의 본 성품자리, 이른바 불성자리를 깨달으면 그때는 참다운 지혜가 나옵니다. 그때는 무루지(無漏智)라, 때묻지 않은 참다운 지혜가 되는 것인데, 그렇지 못하면 아무리 경(經)을 많이 보았다 하더라도 그러한 지혜는 간혜지(幹慧智)라, 바싹 마른 지혜, 즉 중생의 상대유한적(相對有限的)인 개념지혜(概念智慧)밖에는 안 됩니다. 개념지혜로 해서는 경계(境界)에 부딪히면 망상(妄想)이 나옵니다. 가르침에는 분명히 무아(無我)라, 내가 없다고 했지만 내가 없다는 것을 실천적으로 증명을 못하는 한에는, 경계에 부딪히면 또 자기한테 좋게 하면 기분이 좋고 자기한테 싫게 하면 그만큼 우리가 저항을 느낍니다.

따라서 우리가 성자(聖者)의 길로 나아가지 않고서는 금생(今生)에 내내야 살아보아도 인생(人生)을 낭비(浪費)하기 일쑤입니다. 또 금생은 몇 십 년 동안 번쩍하면 지나가고 맙니다. 저같은 사람도 벌써 고희(古稀)입니다만 20대가 어제 같습니다. 지나고 보면 몇 십 년 세월이 순간 찰나입니다. 이 동안에 한 일이 무엇인가? 부처님 가르침을 제대로 온전히 공부한 것을 빼놓고는 사실 다 헛것이었습니다. 이렇게 해서 이윽고 또 죽어야 하겠지요. 불이 타는데 나무가 다 사라지면 그때는 불도 꺼지겠지요. 나무가 다 타버리면 불도 꺼지듯 금생에 인연(因緣)이 다하면 죽기 싫어도 죽고 맙니다. 참 허망한 것입니다.

또 그 다음은 어디로 갈 것인가? 닦은 대로 갑니다. 생명(生命) 자체는 절대로 죽음이 없습니다. 닦은 대로 가는데 어떻게 갈 것인가? 자기가 지은 업(業)에 꽁꽁 묶여서 갑니다. 성자(聖者)가 되어서 생사(生死)를 초월하는 공부를 했으면 모르거니와 승복(僧服)을 입고 제아무리 승려 생활을 많이 했다 하더라도 업장(業障)을 못 떼어버리면 자유스럽게 자기 자유의사(自由意思)로 못 갑니다. 업장에 꽁꽁 구속(拘束)되어가는 것입니다. 사람보다 업장이 더 가벼운 천상(天上)에 있다가도 잘못 살면 지옥(地獄)도 가는 것입니다.

그렇기 때문에 앞서 말씀드린 바와 같이 성자가 되는 길은 인연을 벗어나는 길입니다. 업장의 구속을 벗어나는 길입니다. 그 길을 분명히 알고서 백천만겁난조우(百千萬劫難遭遇)라, 몇 천 생 동안 헤매다가 금생에 어쩌다가 부처님의 법(法)을 만나서 인생고(人生苦)를 떠나고 또 인연(因緣)의 사슬, 인연의 쇠사슬을 벗어나는 공부인데, 그런 공부라는 것을 듣고도 안 한다고 한다면 자기 인생에 있어서 그와 같이 큰 손해는 없습니다. 이 짧은 시간이지만 생각을 다 놓아 버리시고 참선(參禪)하실 때는 다른 허튼 생각을 다 놓아버려야 합니다.

도방하(都放下)라, 모두 도(都), 놓을 방(放), 아래 하(下), 모두를 다 놓아 버린다는 말입니다. 심지어는 자기 몸뚱이까지도 자기 마음으로 놓아버려야 합니다. 조금 무엇을 더 먹든지 덜 먹든지, 그러한 것도 아무것도 아닙니다. 더 먹어서 좋은 것도 아닌 것이고, 따라서 자기 몸뚱이까지도 놓아버리는 그런 마음으로 공부를 해야 앞서 말씀 드린 바와 같이 우리 공부가 성자의 길로 가까워집니다. 그렇지 않고서는 참선공부를 한다 하더라도 자기 기분(氣分)도 못 놓고, 또 먹는 음식도 생각하고, 미운 사람 생각하고, 좋아하는 사람 생각하고, 그랬다가는 애쓰고 참선한다고 가부좌(跏趺坐) 틀고 고생고생 해보았자 소무공덕(所無功德)이라, 얻는 것이 없습니다. 참선공부는 외도(外道)꾼들이 하는 참선 비슷한 것도 있습니다. 또 소승(小乘)들이 하는 그런 참선도 있습니다. 그러나 여러분들은 지금 정답게 정법(正法)으로 하는 대승(大乘) 불자들입니다. 꼭 대승 불자들이 되셔야 합니다.

그러면 외도꾼들이 하는, 즉 불교가 아닌 다른 공부에서 하는 그런 참선은 어떤 것인가? 이것을 보고 불교적인 술어로 해서 외도선(外道禪)이라 합니다. 이것은 인과(因果)도 모르고, 또 인과를 부정하고, 세간적인 이익을 바라는 것입니다. 내가 참선을 하면 내 몸이 좋아지겠지, 내 머리가 좋아지겠지, 다른 사람이 나를 좋게 보겠지, 내가 차력(借力)을 좀 해서 기운이 훨씬 더 초인적인 힘을 내겠지, 내 눈이 밝아서 천안통을 하겠지, 이렇게 세간의 유위법적(有爲法的)인 때문은 것을 바라고 합니다.

또 참선을 하면 머리도 시원하고, 가슴도 시원하고 좋다더라, 이와 같이 무슨 맛을 생각한단 말입니다. 재미있는 맛을 위해서 합니다. 세간적인 그런 때문은, 해탈의 공부가 아니라 세간적인 상대(相對) 유한적(有限的)인 어떠한 이익을 위해서 하는 것이라든지, 또는 자기 재미를 위해서 하는 것이라든지 이러한 것은 외도꾼들의 공부입니다. 그 '마인드 컨트롤(mind control)'이나, 기(氣)나, 지금 이상하게 하는 그런 것들은 사실은 외도들의 공부입니다.

그 다음에 소승선(小乘禪)이라.

그러면 소승 참선은 어떠한 것인가? 같은 불법도 근기(根機)가 낮은 소승이 있고, 근기가 온전히 부처님 법을 백퍼센트 그대로 가감없이 수용하는 대승(大乘)이 있습니다. 소승(小乘)에서 하는 선(禪)은 어떤 것인가? 이것은 자기 몸뚱이나 자기 마음 이것은 오온(五蘊)이

가화합되어 있다고 아공(我空)을 느끼고, 해탈(解脫)을 위해서 닦는 선입니다. 자기 몸뚱이 색신(色身)은 지수화풍(地水火風), 산소나 수소나 탄소나 질소나 이러한 것들이 적당히 인연(因緣) 따라서 잠시 이루어지고, 자기 마음도 역시 감각적으로 감수(感受)하고 상사(想思)하고 의혹(疑惑)하고, 또 분별시비(分別是非)는 이러한 수상행식(受想行識) 사온(四蘊)이 모여서 되었는데, 그러나 이러한 것들은 인연 따라서 잠시간 머무는 것이므로 허망하지 않은가.

 자기 몸뚱이가 고유하게 과거 전생에 있었다가 이대로 나온 것이 아니지 않습니까. 인연 따라서 잠시 이것저것 각 요소가 모여서 내 몸이 되었단 말입니다. 따라서 이들 요소가 흩어지면 내 몸은 흔적도 없습니다. 인연생(因緣生)이라, 인연 따라서 잠시 결합된 것입니다. 내 마음도 마찬가지입니다. 그러나 소승도 미처 못된 우둔한 사람들은 소승도 미처 못된 내 견해가 옳다, 내가 생각한 것 외에는 내가 수용할 수가 없다고 우둔한 사람일수록 고집(固執)이 더 강합니다. 자기 생각이라 하는 것은 자기 번뇌(煩惱)에 여과(濾過)되어서 자기 번뇌에 굴곡(屈曲)되어서 온 것이지 그것이 참다운 무가정(無假定)의 진리(眞理)가 아닌 것입니다. 이렇게 내 생각도 하나의 허망 무상한 개념 활동이고, 내 몸도 허망 무상하다, 이와 같이 자기 스스로 자기 허망 무상한 것을 알고 닦는 선, 이것을 소승선(小乘禪)이라고 부릅니다.

그러나 소승은 자신에 대해서 허망하고 무상한 것은 안다 하더라도, 다이아몬드는 무엇이고 금은 무엇이고 또 하늘에 있는 저 별들은 무엇이고, 내 몸뚱이가 산소나 수소나 탄소로 되었다고 하면 산소나 수소는 무엇이고, 우리 마음의 본바탕은 무엇인가, 이러한 근본적인 것은 본래 모른단 말입니다. 소승 차원에서는 모든 존재, 모든 법의 그런 실상을 모른단 말입니다. 사람의 본질은 대체로 어떤 것인가? 무상(無常)이라고 하면 무상의 근본은 무엇인가? 공기(空氣)의 근본은 무엇인가? 또 물질(物質)의 근본은 무엇인가? 이러한 것을 모르면 안심(安心)이 안 됩니다.

그런데 부처님께서 말씀하신 참다운 참선 이것은 이른바 대승선(大乘禪)이라, 더 구체적으로 구분하면 최상승선(最上乘禪) 법도 있습니다만 여러분은 세 가지 구분만 아시면 되겠습니다. 앞서 말씀 드린 바와 같이 바른 견해를 갖지 못하고 삿된 견해로 해서 다만 그런 유위적인 편의(便宜)나 상대, 유한적인 이익이나 세간적인 그런 속된 생각을 못 떨쳐버리고 하는 명상법(冥想法)이나 그런 것은 모두가 다 외도선입니다.

조금 더 나아가서 자기 몸이나 자기 마음 이것은 무상한 것이다, 허망 무상하다, 이런 정도로 알고 하는 것은 소승선이고, 지금 여러분들은 외도선, 소승선을 떠나서 대승선을 하고자 이렇게 오셨습니다. 대승선은 부처님 가르침을 에누리 없이 다 수용해야 합니다. 부처님 가르침은 무엇인가 하면 내 마음이 지금 '나'라고 하는 이런 업장(業障)의 몸에 갇혀 있지만 내 마음은 본래는 청정무구(淸淨無垢)하다, 조금도 때가 없어 청정하다는 것입니다. 내 본래 마음이 청정무구하다, 이렇게 알지 못하면 참다운 불자가 못 됩니다. 나는 별로 배우지도 않았는데, 나는 거짓말도 많이 했는데, 나는 파계(破戒)를 많이 했는데, 우리는 그렇게 했어도 상관이 없습니다. 내 마음은 본래청정(本來淸淨)이라, 과거에 어떻게 지냈든 아무 상관이 없습니다.

다만 나한테 갖추고 있는 것은 내가 금생에 태어나서 제 아무리 못된 일을 많이 했다 하더라도 내가 갖추고 있는 본래의 마음은 조금도 오염(汚染)이 안 되었습니다. 그렇기 때문에 본래 청정이라, 모두가 본래 청정합니다. 또는 내가 설사 금생에 인연이 다해서 목숨을 마친다 하더라도, 내생(來生)까지 가더라도 역시 금생에 잘못 살아서 내생에 지옥을 간다 하더라도 본래 청정한 그 마음은 조금도 변질이 없습니다. 변동이 없습니다.

그러면 본래 청정은 어떠한 것인가? 다만 텅텅 비어서 때가 묻지 않은 것에 그치지 않고, 본래 청정하므로 석가모니(釋迦牟尼) 마음이나 달마(達磨)스님 마음이나 서산(西山)스님 마음이나 내 마음이나 똑같단 말입니다. 부처님 마음이 훤히 맑기만 하고 아무것도 없는 마음은 아니지 않습니까. 본래 청정하므로 그 마음 가운데는 일체공덕이 원만히 갖추고 있습니다. 내가 비록 아무것도 아니 배웠다 하더라도 또 어린 동자라 하더라도 그 마음 가운데는 석가모니와 똑같은 만공덕(萬功德)을 원만히 갖추고 있는 것입니다. 그렇기 때문에 이 마음이 바로 부처입니다. 심즉시불(心卽是佛)이라, 내 마음은 그와 같이 조금도 때묻지 않은 청정한 것인데, 그 청정한 가운데 무한의 공덕을 갖추고 있다는 것입니다. 또 그 마음자리는 내 몸뚱이에 제한된 것이 아니라 우주와 더불어서 무량무변(無量無邊)한 것입니다. 또한 동시에 불생불멸(不生不滅)이라, 낳지 않고 죽지 않고 영생(永生)합니다. 또 그 자리는 인연의 구속을 받지 않습니다. 우주가 인연이 다해서 텅텅 비어지는, 파괴(破壞)되어버리는 그런 때가 온다 하더라도 그 청정무구한 그 마음자리는 조금도 변동이 없습니다.

이렇게 자기 마음을 믿는 것, 이것이 참다운 대승신앙(大乘信仰)입니다. 내 마음도 그렇고, 저 사람 마음도 그렇고, 내 마음도 역시 끝도 갓도 없이 우주(宇宙)에 언제나 어디에나 충만(充滿)해 있고, 이렇게 생각하면 내 마음이 다 차버렸으니까 다른 사람 마음은 찰 틈이 없겠지만 마음은 물질이 아닌지라 내 마음이나 저 사람 마음이나 모두 마음이 똑같이 우주에 충만해 있는 것입니다.

그리고 우리가 나다, 너다, 밉다, 곱다, 하는 분별 망상하는 그 마음, 이것은 거품 같은, 메아리 같은 마음입니다. 이것은 사실 실존적인 존재가 아닙니다. 참다운 마음은 그와 같이 물질이 아니고, 거품 같은 것이 아니고, 메아리 같은 것이 아니고, 이것은 실존적인 우주의 실상(實相)인지라 모든 존재의 마음은 똑같은 것입니다. 자기를 너무나 사랑하고 자기를 너무나 아끼고 이런 사람들은 소중한 내 마음과 저 미운 사람 마음과 같다고 생각할 때는 좀 섭섭하겠지요.

부처님 가르침은 절대로 공평무사(公平無私)한 것입니다. 다른 동물의 마음도 똑같습니다. 다른 식물에의 마음도 똑같습니다. 어떠한 것이나 생명 자체로 들어갈 때는 똑같아 버립니다. 이런 소식을 알고 가부좌(跏趺坐)를 틀고 앉아 이러한 도리를 알고 참선공부를 해야 참다운 참선입니다. 이런 도리를 모르면 참다운 참선이 못됩니다. 앞서 말씀드린 외도선(外道禪)은 무슨 재미나 생각하고, 편리나 생각하고, 자기 건강이나 생각합니다. 전혀 필요없는 것은 아니겠지만 이것만 생각하는 것은 참다운 참선은 못됩니다. 참다운 참선은 앞서 말씀드린 세간적인 외도선이나 소승선의 그런 공덕(功德)과 비교할 수 없는 무량(無量)한 공덕이 있는 것입니다. 따라서 다른 세간적인 공덕은 참다운 참선 가운데 다 포함되어 있습니다.

우리가 참선할 때에 화두(話頭)를 참구(參究)하고, 염불선(念佛禪)도 하고, 염불 화두도 합니다. 훤히 밝은 마음자리는 끝도 갓도 없이

우주에 충만한 것이므로 그 가운데는 석가모니나 예수가 갖춘 무한의 공덕도 다 들어 있습니다. 그 공덕은 이루 다 말을 할 수가 없습니다.

그 공덕을 다 말할 수가 없으므로 간추려서 삼명육통(三明六通)이라 이릅니다. 삼명육통은 무엇인가 하면 자기의 지난 과거(過去)를, 무시이래(無始以來)로 끝도 갓도 없는 과거를 훤히 알고, 다른 사람 과거도 알고, 미래도 훤히 알고, 또 우주에 있는 모든 것을 훤히 느끼고 볼 수 있는 것입니다.

과거를 아는 것이 숙명통(宿命通)이요, 미래를 알고 우주에 있는 모든 것을 알고 통달하는 것이 이른바 천안통(天眼通)이요, 또 일체 존재에 대한 모든 번뇌(煩惱)를 끊어버리고 진여불성을 증명하여 부사의(不思議)한 능력을 갖춘 누진통(漏盡通), 이러한 것들을 자유자재(自由自在)로 할 수 있습니다. 그와 동시에 자기 몸을 마음대로 하고, 남의 마음도 헤아리고 등등 무한의 능력이 우리 마음에는 온전히 다 갖추어져 있습니다.

이것을 보고 좀 어려운 말로 하면 무루공덕(無漏功德)이 원만구족(圓滿具足)이라, 때묻지 않은 일체 공덕을 원만히 갖추고 있습니다. 일체중생의 근본 마음 가운데는 무루공덕이 원만구족되어 있습니다. 어느 성자의 말씀에나 이런 말씀이 다 있습니다. 지금 잘못 알고 있는 사람들은 신통(神通)이란 외도(外道)들이나 하는 것이지 정도(正

道)에는 신통이 없다, 이렇게 말합니다만 이것은 부처님을 모독하는 말입니다.

외도인들도 신통을 합니다. 그러나 외도인들은 바른 견해가 없습니다. 번뇌를 미처 떼어내지 못했기 때문에 '나'라는 아상(我相)을 못 떠나 있습니다. 외도는 재주는 제법 부리지만 '나'라는 아상을 못 떠나 있으므로 그 재주는 한계가 있습니다. 또 재주로 자기 욕심을 부립니다. 욕심을 내면 신통은 어디에 간 곳이 없습니다.

그러나 정당한 성자(聖者)의 신통은 자기(自己)라는 아상이 없기 때문에 조금도 줄어듦이 없습니다.

성인들뿐만 아니라 우리한테 갖추고 있는 불성, 이른바 그 자리가 진여불성(眞如佛性)입니다. 나한테 있는 것도 진여불성, 저 사람한테나 누구한테나 있는 근본 성품은 진여불성입니다. 나무에나 어디에나 언제나 불성은 우주에 가득 차 있으며 사실은 우주는 진여불성뿐인 것입니다.

사람이요, 하늘에 있는 별이요, 식물이요, 동물이요, 이러한 것들은 진여불성 위에 인연(因緣)을 따라서 잠시 가짜 모양을 나툰 거품에 불과한 것입니다. 중생들이 눈에 보이는 것은 모두가 다 진여불성 위에 인연을 따라서 잠시 이루어진 그림자와 같은 것입니다. 꼭 이렇게 알아야 됩니다. 참다운 진여불성자리를 알고 느끼면 인류는 전쟁이 필요없습니다. 그러나 겉에 뜬 가상(假相)만 보고서 '그 가상이 참말로 있다', 이렇게 보니까 그것을 더 많이 차지하기 위해서 싸운단 말입니다.

가상(假相)에 집착(執着)하는 한에는 자기 마음도 불안의식(不安意識)을 영구히 떨쳐버릴 수가 없습니다. 항시 불안합니다. 우리 마음의 본성품이 진여불성이고, 그 진여불성자리는 만공덕이 원만히 갖추어져 있으므로 진여불성까지 우리가 이르지 못하면 항시 마음은, 모든 것을 다 추구하는 마음은 가시지 않습니다.

백억 대 부자나 천억 대 부자나 불안하기는 마찬가지입니다. 절대로 만족이 없습니다. 진여불성이 우리 마음이기 때문에 우리 마음이 만공덕을 갖춘 진여불성이 되어버려야 그래야 비로소 안심입명(安心立命)이 됩니다. 거기까지 못 갈 때는 항시 마음이 불안합니다.

진여(眞如)라는 것은 참 진(眞), 같을 여(如), 바로 진리(眞理)라는 뜻입니다. 우주의 본 성품과 조금도 차이가 없는 바로 진리라는 뜻입니다. 그리고 그 진리가 다만 이치(理致)에만 그치지 않고 하나의 생명(生命)이기 때문에 부처 불(佛), 성품 성(性), 불성(佛性), 즉 부처님인 것입니다.

어느 분들은 불성 그러면 이것은 하나의 이치(理致)가 아닌가, 하나의 도리(道理)가 아닌가, 이렇게만 생각을 합니다만 우주의 도리인 동시에 우주의 법칙인 동시에 생명(生命)인 것입니다.

진여(眞如)는 진리를 말합니다. 조금도 흐트러짐이 없는 완벽한 진리가 진여입니다. 진여불성이라 하면 '바로 진리의 생명'이란 뜻입니다. 우리 마음은 바로 진리의 생명입니다.

지금까지 우리가 어떻게 살아 왔든지 간에 진리의 생명자리는 조금도 더럽혀지지 않았습니다. 따라서 참선공부는 그 자리를 문제시합니다.

화두를 들 때도 우리가 그 자리를 추켜들어야 합니다. 그 자리를 떠나버리면 참선이 못됩니다. 따라서 그 자리를 안 놓치고 붙들고 있으려면 어떻게 해야 할 것인가?

그 자리를 놓치지 않고 붙들고 있으려면 우리 인간이 보는 것은 다 허망하다, 제법(諸法)이 공(空)이다, 이렇게 우리가 분명히 이해하고 느껴야 진여불성자리를 놓치지 않을 수가 있습니다.

우리는 모양을 보면 모양에 집착을 합니다. 좋다, 궂다, 싫다, 귀엽다 또는 있다, 없다 하는 그런 상(相) 때문에 우리 마음은 항시 동요하고 맙니다.

그런데 우리 중생(衆生)들이 지금 이대로 해서는, 인간(人間)이라 하는 업식(業識)으로 보아서는 모두가 이렇게 형상(形相)이 있게 보인단 말입니다. 나도 있고 너도 있고 다 있게 보입니다.

그러나 중생이 보는 것을 그대로 사실로 있다고 생각할 때는, 부처님 말씀에 의지하면 모두가 다 허망무상(虛妄無常)한 것인데, 꿈이요, 허깨비요, 그림자 같은 것인데, 우리가 그렇게 이해를 못하고, 보는 대로 내 몸뚱이도 이대로 있고, 내 소유고 이렇게 생각해서는 참다운 참선을 할 수 없는 것입니다.

다만 모습만 참선같이 앉아서 하는 것이지, 정말로 몸과 마음이 온전히 혼연일체(渾然一體)가 되어서 참선하는 것은 아닙니다.

우리 마음이 앞서도 말씀드린 바와 같이 진여불성자리에 딱 못 박혀 있어서 진여불성자리를 여의지 않아야 참다운 참선입니다.

그러나 그렇게 하기가 어려우니까 먼저 선행적으로 익혀야 할 것은 내 몸뚱이도 텅 비어 있다, 또는 내 환경도 다 텅텅 비어 있다, 다만 진여불성이 인연을 따라서 메아리같이 -산에 가서 소리를 지르면 메아리가 울려오지 않습니까, 메아리가 흔적이 있습니까- 메아리가 흔적이 없듯 인연을 따라서, 업(業)의 바람을 따라서 잠시 나와 같은 모양이 나왔고 너와 같은 모양들이 나왔단 말입니다. 다른 물질도 모두 다 그런 것입니다.

현대 물리학(物理學)적으로 말하면 천지우주(天地宇宙)는 에너지뿐인데 그 에너지가 적당히 인과(因果)의 법칙에 따라서 진동(振動)하고 운동(運動)을 해서 모양을 낸단 말입니다. 이른바 현대 물리학이나 양자역학(量子力學)이나 부처님 가르침이나 비슷비슷합니다.

다만 참다운 도리(道理)의 근본(根本)은 무엇인가? 참다운 실상(實相)은 무엇인가? 현대 물리학은 아직 그것을 모릅니다만 우선 현상적(現象的)인 풀이는 현대 물리학이나 불교나 같습니다. 현대 물리학도 역시 물질이 아닌 우주의 정기(精氣)인 에너지가 인과의 법칙을 따라서 사람 같은 가상(假相)을 내고 산 같은 가상을 내고 가짜로 내고 있다는 것입니다.

그러나 그러한 것은 가짜로 잠시 모양을 냈기 때문에 어느 순간도 고유하게 머물지 못합니다. 이른바 변화무쌍(變化無雙)한 것입니다. 더 어려운 말로 하면 전변무상(轉變無常)이라, 모양이라 하는 것은 모두가 다 변화무상한 것입니다. 순간, 순간 바뀐단 말입니다.

그러는 것을 우리 중생이 과학자가 아니기 때문에 미처 모르고 내 몸은 이대로 있다, 이것은 내 것이다, 이러는 것이지 정말로 우리가 바로 보면 이 몸뚱이, 이것이 어쩌다가 인연을 따라서 모양을 이와 같이 나툰 것이지, 내 것도 아니고 네 것도 아닌 것입니다.

좀 어려우시겠지요. 여태까지 집안살림하시고 여기 오신 것도 우리 집안이 더욱 행복스러워지기를 바라는 원력(願力)으로 다 오셨을 것입니다. 그런 분들한테 이것도 저것도 다 허망하고 아무것도 없다, 이래버리면 참 허무(虛無)하실 것입니다. 그러나 깊이 생각을 하셔야

합니다.

　진리(眞理)라 하는 것은 어느 누구만 진리를 따라서 가고 보통 사람들은 그냥 그렁저렁 몰라도 무방하다, 그런 것이 아닙니다.

　우리가 관세음보살(觀世音菩薩)을 한 번 외운다 하더라도 관세음보살의 뜻을 대승적(大乘的)으로 바르게 알고 하는 것과 또는 바르게 모르고 방편적(方便的)으로 하는 것과는 하늘과 땅의 차이(差異)가 있습니다.

　왜 그런가 하면 관세음보살을 외우나 화두를 참구하나 바르게 할 때는 그것이 우리를 해탈(解脫)의 길로 인도합니다. 우리를 성불(成佛)로 인도하지만 그냥 맹목적으로 할 때는, 즉 염불(念佛)하면 나한테 복이 많이 온다, 이렇게 생각하고 할 때는 조그마한 한 선근(善根)은 되어도 그것이 해탈로 우리 중생의 때묻은 몸을 성자의 길로 인도하는 그런 것은 못 되는 것입니다.

　따라서 부처님공부를 안 했으면 모르거니와 했다고 생각할 때는 앞서 말씀 드린 바와 같이 부처님께서 말씀하신 일체의 것을 사실 그대로 보는 견해를 가져야 합니다. 자기라는 것이 제 아무리 소중하다 하더라도 인연을 따라서, 과거 전생에 지은 업(業)의 바람을 따라서 잠시 이와 같이 각 지수화풍(地水火風) 사대(四大)가 모여서 가상(假相)만을 나타내고 있다는 것을 확실히 알아야 합니다.

이렇게 자꾸 생각하면 내 몸에 대한 애착이 줄어듭니다. 그러나 내 몸은 내 것이고 그것이 '나'라고 한다면 자기 몸에 대한 애착을 못 버립니다.

내내야 죄악(罪惡)이라고 하는 것은 자기 몸 때문에 나옵니다. 자기 몸과 가까운 인연 때문에 나옵니다. 따라서 자기 몸에 대한 애착(愛着)을 못 뿌리치면 자기 가정(家庭)도 평화롭지 못하고 사회(社會)도 마찬가지고 더구나 대승(大乘)공부는 어림도 없습니다.

대승공부는 앞서 말씀드린 바와 같이 도방하(都放下)라, 자기 몸뚱이까지도 몽땅 버릴 수 있는 용기(勇氣)가 있어야 합니다. 그러나 그와 같이 몽땅 버려버리면 몽땅 손해가 아닌가, 하고 생각이 들겠지만 절대로 몽땅 손해가 아니라 그야말로 몽땅 다 얻습니다.

부처님 가르침은 인생고(人生苦)를 떠나서 추구하는 행복을 틀림없이, 확실하게 우리가 받는 공부입니다. 그런 가운데도 무한의 행복을 받는 공부입니다.

그래서 참선공부는 여러분들께서 지금 자기의 관념(觀念)이나 생각으로는 그렇게 못 느낀다 하더라도 거짓말을 절대로 안하신 부처님과 부처님 뒤에도 무수한 성인들이 다 증명한 가르침임을 알아야 합니다.

꼭 내 몸뚱이, 이것이 거품같은 것이다, 거품 같아서 순간순간 주름살도 더해지고 순간순간 그것이 차근차근 마멸되어갑니다. 이렇게 느끼시고 자기가 지금 집을 떠나 있는 동안에도 공부하는데 내 집안에 무슨 큰일이나 없지 않을까, 집안에 누군가 아프지는 않을까, 근심하는 것도 큰일입니다만 제가 허두에 말씀드린 바와 같이 그러한 것은 참다운 큰일은 못 됩니다.

참다운 큰일은 우리한테 있는 그런 번뇌를 녹여서, 자기한테 있는 번뇌의 불을 꺼서 참다운 성자의 길로 가는 것입니다. 따라서 자기한테 있는 욕심(慾心)의 뿌리, 자기한테 있는 뿔룩거리는 진심(嗔心; 성내는 마음)의 그런 뿌리, 이런 뿌리를 뺀다고 생각할 적에 그보다 더 큰일은 없습니다.

따라서 집안에 설사 무슨 미련이 좀 있다 하더라도 기왕 공부를 하기로 하였으니 이 시간을 잘 이용하셔서 손해가 없도록 공부하시기 바랍니다.

역시 참선, 이것은 방금 제가 말씀드린 바와 같이 부처님의 대승도리를 조금도 벗어나지 않아야 합니다. 벗어나지 않기 위해서 화두(話頭)가 있고 염불(念佛)이 있습니다. 어떠한 화두나 부처님 도리를 꼭 잡으라고 화두가 있는 것입니다. 덮어놓고 의심(疑心)하라고 있는 것이 아니라 모두 다 우리 중생이 보는 것은 다 허망하게 비어 있고, 그 대신 우주(宇宙)에는 부처님의 그런 광명(光明), 진여불성의 생명이 충만해 있다, 화장실 가운데나 냄새가 지독한 가운데나 또 흙 속에나 공기 속에나 어디에나 진여불성으로 충만해 있다, 이렇게 생각을 해야 대승적인 생각입니다.

이렇게 꼭 생각을 하셔야 합니다. 이렇게 생각을 하기 위해서 나무아미타불(南無阿彌陀佛), 관세음보살(觀世音菩薩)을 부릅니다. 나무아미타불 관세음보살님은 저만큼 멀리 극락세계에 계신다, 그런 것이 아니라, 이 자리는 물론 언제, 어디에나, 어느 순간에나, 어느 티끌 속에나, 바로 보면 다 나무아미타불 관세음보살님이 계시고, 바로 나무아미타불 관세음보살님인 것입니다.

두두물물(頭頭物物)이 모두가 다 부처님이란 뜻입니다. 염불을 하는 것은 방금 제가 말씀 드린 바와 같이 우리 밖에서 부처를 구하는 것이 아니라 어느 것이나 모두 부처 아닌 것이 없음을 우리가 다시 확인하는 것입니다.

우리는 번뇌에 가려서 안 보이므로 그 총명하신, 모든 존재를 바로 보신 부처님의 지혜, 반야지혜(般若智慧)로 우리가 재차 확인하는 것입니다.

우리가 공부하는 것은 우리가 잘못 보는 것을 제거하고 참다운 부처님 지혜로 돌아가는 것입니다. 내 몸뚱이 가운데 또는 공기 가운데 부처님의 진여불성, 부처님의 생명의 빛은 훤히 밝아 있습니다. 따라서 여러분이 부처님 광명(光明)을 보는 듯이 부처님 명호(名號)를 부르셔야 합니다.

우리 마음이 맑아지면 분명히 부처님의 광명은 눈앞에 정말로 실존(實存)하므로 참으로 볼 수밖에 없습니다. 우리 중생의 흐리멍텅한 업식(業識)이 우리 생명을 위해서는 아무 필요도 없는 부질없는 생각을 많이 하기 때문에 그런 불성광명(佛性光明)을 못 보는 것입니다.

우리 마음이 얼마나 오랫동안 무명(無明)과 무지(無知)에 가렸던가. 성인들이 공부할 때는 자기 마음이 번뇌의 때묻은 생활을 하였던 것을 통탄하고, 땅을 치고 후회한다는 것입니다. 내가 무엇 때문에 부질없이 망상을 했던가?

그러다가 공부를 바로 해서 어느 날 자기 번뇌가 녹아서 정말로 부처님 광명이 훤히 나올 때는 제 아무리 점잖고 근엄한 분도 너울너울 춤을 춘다는 것입니다. 어떻게 억제할 수가 없다는 것입니다.

어떠한 행복보다도 제일 큰 행복이 열반제일락(涅槃第一樂)입니다. 우리 번뇌의 마음을 없애고 참다운 마음을 찾는 행복처럼 큰일이 없습니다. 그것은 어느 누구한테도 나라를 위해서 제일가는 애국자(愛國者)요, 집안 어른으로서도 가장 수승한 것이요, 어머니로 해서도 가장 수승한 길입니다.

세계는 이러한 성자가 한 분이라도 더 나오셔야 합니다. 우리 인류

(人類)는 여러 가지 시행착오(施行錯誤)를 많이 했습니다. 이것저것 다 해 보아도 별로 소용이 없단 말입니다. 모두가 다 끝에 가서는 고생뿐입니다.

공산주의(共産主義)도 그렇게 애써 보았지만 나중에 나온 결과가 무엇입니까? 자본주의(資本主義)도 지금 이대로 가다가는 차근차근 부자(富者)는 더 부자가 되고 가난한 사람은 더욱 가난해지고 또는 노사문제(勞使問題), 즉 부자계급과 무산계급과의 싸움뿐입니다. 이것도 부처님 진리에 비추어서 바르게 수정을 해야지 이대로 가다가는 이것도 역시 파멸뿐입니다.

우리 인류가 가지가지의 인간의 지혜를 짜내 보았지만 모두 다 실패했습니다. 그러나 그 실패를 통해 지금 사람들은 상당히 많은 것을 깨닫게 되었습니다. 그래서 적어도 위대한 과학자나 그런 분들은 역시 무어라 해도 석가나 예수나 공자나 그런 분들의 가르침대로 나아가야 되겠구나, 그것을 느끼고 있습니다. 다시 바꿔서 말하면 지금까지 우리 인간의 행로는 인생의 바른 궤도(軌道)를 떠나 있다가 바야흐로 이제야 바른 궤도, 천연(天然)의, 자연(自然)의, 우주(宇宙)의 도리에 진입(進入)하고 있습니다.

여러분들이 지금 참선(參禪)을 하고자 하는 것은 정통(正統)으로 우주의 참다운 도리에 들어와 계시는 것입니다.

우리 정진 가운데는 보통 정진(精進)도 있고 -보통 정진은 잠도 자고 먹을 것도 먹고 쉬기고 하고 하는 정진입니다- 그 다음 차원은 가행정진(加行精進)이라, 상당히 애써서, 몹시 긴장을 시킨 가운데서 공부를 하는 것입니다. 음식도 가려서 먹고, 잠도 조금 덜 자고, 하여튼 긴장할 대로 긴장을 해서 허튼 생각은 조금도 하지 않고 이렇게 애써서 하는 정진을 가행정진이라 합니다. 속도를 더 높여 정진에 힘 쓴다는 말입니다. 지금 말로는 '가속도정진' 이란 말입니다.

그렇게 하시다가 보다 차원 높은 정진은 용맹정진(勇猛精進)이라. 용맹정진은 자기 몸뚱이를 몽땅 바치고 하는 것입니다. 이 몸뚱이, 죽을 테면 죽어라고 하기 때문에 잠도 안자고 버틴단 말입니다. 용맹정진을 할 때 원칙은 하루에 한 끼만 먹는 것입니다.

그러나 지금은 그렇게 하기가 어려워서 먹기는 제대로 다 먹습니다만 잠은 안자고 하는 것입니다. 따라서 여러분들이 하시는 것은 지금 보통정진과 가행정진과 이렇게 하다가 끝에 가서 용맹정진이 있습니다.

용맹정진까지 꼭 하셔서 용맹정진을 마친 다음에는 누구한테서 꾸어 온 것도 아니고 자기한테 갖추고 있는 진여불성자리, 우주에 다시 없는 그런 보배의 자리를 증명하시기 바랍니다.

그 자리를 보고 마니보주(摩尼寶珠)라고 합니다. 일체의 신통(神

通), 공덕(功德), 자비(慈悲), 지혜(智慧)가 다 나오는 보배란 말입니다. 우리 마음은 신통, 지혜, 자비, 행복이 다 들어 있는 보배입니다.

염불, 참선 등을 하는 것이 모두 다 이러한 보배에 우리가 가까이 가기 위한 것입니다. 그래서 지금까지 배우신 대로 관세음보살(觀世音菩薩)을 여태까지 해왔으면 관세음보살을 밖으로만 구하지 말고 천지우주가 다 관세음보살 부처님 한 분뿐이구나, 이렇게 생각하시면서, 관세음보살님을 속으로 외우시면서 참선을 하시고 또 나무아미타불(南無阿彌陀佛), 아미타불을 하신 분들은 밖에서 구하지 마시고 천지우주 모두가 다 아미타부처님뿐이구나! 어떻게 하시든지 간에 화두를 하시는 분도 마찬가지고 천지우주가 부처님 아닌 것은 조금도 없구나, 이렇게 생각하시면서 그 자기가 외우고 있는 화두나 또는 염불을 놓치지 말고 생각을 지속시켜야 합니다. 그래야 우리 마음에 번뇌가 싹트지 않고서 우리 마음이 걸음걸음 진여불성자리, 우리 본래의 마음자리에 가까워집니다.

꼭 지속시켜야 합니다. 누가 얘기를 한다 하더라도 별로 신통한 이야기가 아니면 그냥 손을 저어들고 대꾸를 안 하시면 되겠지요. 그러나 생활상 필요한 것은 조금 말씀하시는 경우가 있겠지요. 말을 하면 말로 해서 우리 생각이 헷갈립니다.

부처님만 생각하는 우리 마음의 고향 길, 가장 행복스러운 길, 그

길로 가는 그 자리만 생각하는, 그 생각 외에는 다른 생각은 말아야 합니다. 적어도 그런 생각을 일주일 쯤 해야, 안자고 안 눕고 일주일 쯤 해야 자기 본성을 볼 수 있다고 합니다.

여러분들도 자기 신명(身命)을 다 바치고, 앞서 제가 말씀 드린 바와 같이 이 몸뚱이 어차피 죽을 몸뚱이, 비행기 타다가 죽을지 언제 죽을지 모르는 몸뚱이, 한 번 다 바치고 그렇게 공부를 하셔서 자기 보배를 꼭 얻으시기 바랍니다.

또한 화합(和合)한 가운데, 절대로 우리에게 소중한 시간이므로 누구하고 다투지 마시고 다 양보(讓步)하시기 바랍니다. 우리 승가(僧家)는 화합하는 것이 또 으뜸입니다. 나와 남이 둘이 아니거니 자기 기분 때문에 남하고 속상해할 것은 아무것도 없습니다. 모두 허망한 것입니다.

법사와 스님들의 가르침을 잘 받들어서 계율(戒律)을 지키시면서 손해 없이 지속적으로 부처님 자리, -부처님은 어디에는 계시고 어디에 안 계신 것이 아닙니다. 부처님은 우주에 언제나 어디에나 계시는 훤히 밝은 생명의 빛입니다- 그 자리를 놓치지 않고 공부하셔서 꼭 보람 있는 참선공부를 성취하시기를 거듭 바랍니다.

나무석가모니불(南無釋迦牟尼佛)! 나무마하반야바라밀(南無摩訶般若波羅蜜)!

十. 귀의자성불(歸依自性佛)

> 철저하게 절제된 생활 속에서 공부하면 틀림없이 몸도 마음도 가뿐하고 편안한 법희선열(法喜禪悅)을 맛보실 것입니다.

귀의삼신불(歸依三身佛)

부처님 공부는 조금도 무리한 공부가 아닙니다. 본래 대로의 공부입니다. 우리 중생들은 본래 대로 있는 참모습을 제대로 알지 못하기 때문에, 번뇌와 망상을 일으키고 거기에 따르는 업을 짓고, 인생고의 여러 가지 재난을 스스로 지어서 받게 되는 것입니다.

「보리방편문(菩提方便門)」은 「육조단경(六祖壇經)」에 가서 '귀의일체삼신자성불(歸依一體三身自性佛)' 하라, 또는 '삼보(三寶)에 귀의(歸依)하고 반야바라밀(般若波羅密)을 깨닫고' 하는 그러한 가르침이 육조단경의 중심사상입니다.

여러분도 대체로 아실 분은 아시겠습니다만 이 참선(參禪)은 달마스님 때부터 근본 가르침은 부처님 당시부터 있어 왔지만, 적어도 문자(文字)를 배제(背除)하고 오직 마음만 닦아야 한다는 그런 가르침은 달마스님 때부터 특히 역설하고 강조해왔습니다.

달마스님 가르침의 핵심은 이입사행(二入四行)이라. 두 이(二), 들 입(入), 넉 사(四), 행할 행(行), 먼저 이입(理入)이라는 것은 다스릴 이(理), 들 입(入), 이치로 먼저 들어가고, 다음에 행입(行入)이라, 행할 행(行), 들 입(入), 우리가 실천궁행(實踐躬行)으로 해서 이른바 행동에 옮긴단 말입니다.

이치(理致)로 들어간다고 하는 말은 달마스님께서 하신 말씀을 그대로 인용하면

일체중생一切衆生 동일진성同一眞性이라.

일체 모든 중생이 다 한가지의 성품(性品)이란 말입니다.

우리가 흔히 상식적으로 중생(衆生)이라 할 때는 사람만 중생이라 생각하고, 더 나아가서는 일반 동물만 중생이다, 이렇게 생각하기 쉽지만 부처님 가르침은 그보다 훨씬 더 광범위합니다.

중생은 유정중생(有情衆生), 동물적인 유정중생은 다시 말할 것도 없고, 또는 무정중생(無情衆生)이라, 동물이 아닌 식물이나 그런 것이 모두 다 중생에 포함됩니다.

또는 무색중생(無色衆生)이라, 모양도 없지만 우리가 생각하는 우리 관념(觀念)이라든가, 우리의 사고(思考), 이 모든 것도 역시 무색중생(無色衆生), 없을 무(無), 빛 색(色), 모양이 없는 중생에 해당합니다.

따라서 유정중생과 무정중생 또는 무색중생 다 포함해서 중생이라 합니다.

그래서 '일체중생(一切衆生) 동일진성(同一眞性)'이라, 참 진(眞), 성품 성(性), 동일진성이라는 말은 일체중생이 모두 다 하나의 성품이란 말입니다.

우리 중생은 현상적인 상(相)만 보기 때문에 우리 중생과 깨달은 분과의 차이는 무엇인가 하면, 우리 중생은 현상적인 상만 보는 것이고, 깨달은 분은 근본성품(根本性品)을 봅니다.

바다에 비교하면 바다 물결만 보는 것이 우리 중생인 것이고, 깨달은 분들은 그 물(水) 자체(自體)를 봅니다. 그 성품(性品)을 봅니다.

앞서 말씀과 같이 중생이라 하면 이것저것 다 포함되는 것인데 다시 말씀드리면 현상계(現象界) 모두가 다 중생에 포섭됩니다.

이런 중생이 동일진성이라, 하나의 참다운 성품이란 말입니다.

참 진(眞), 성품 성(性), 진성(眞性)이란 말에는 여러 가지 표현이 있습니다. 법성(法性), 법신(法身), 불성(佛性), 불심(佛心) 또는 자성(自性), 본래면목(本來面目) 등 이러한 것이 모두 다 참다운 성품(性品)에 해당합니다.

그때그때 조사(祖師)스님들이 우리 중생의 근기에 맞추어서 말씀을 많이 하셨기 때문에 여러 가지로 표현이 되지만 뜻은 똑같고 표현만 다를 뿐입니다.

그래서 '일체중생 동일진성'이라는 달마스님 말씀은 모든 것이 다 하나의 성품이라는 뜻입니다.

우리 범부들은 자꾸만 분할해서 갈라서 봅니다. 내가 있고 네가 있고, 미운 것이 있고 좋은 것이 있고, 이렇게 나누어 보는 것은 중생심으로 보는 것입니다. 성자는 그렇게 보지 않는 것입니다.

왜냐하면 본래 대로 성품을 본다면 모두가 다 하나이기 때문입니다. 범부와 성자는 그러한 구분이 있습니다.

따라서 우리가 이 삼동결제를 해서 공부를 하는 것도 우리가 잘못 보는 우리 범부중생(凡夫衆生)의 망념(妄念)을 떠나서 모든 생명의 본래자리, 우리가 실상자리로 돌아가기 위함입니다.

근래 중국에서 1959년에 돌아가신 허운(虛雲) 대사란 분이 계셨습니다. 빌 허(虛), 구름 운(雲), 허운 대사는 굉장히 위대한 대선지식(大善知識)입니다. 허운 대사는 120세까지 장수를 했습니다. 1959년이니까 얼마 안 되었습니다.

교학적으로도 굉장히 공부를 많이 한 분인데 신심(信心)도 독실하셨습니다.

그 분께서 보타산법화암(普陀山法華庵)에서 오대산(五臺山)까지 갈 때 삼년배행(三年拜行)을 하셨습니다. 절 배(拜), 행할 행(行), 삼보일배(三步一拜)라, 도보로 세 걸음을 보행하면서 땅에 대해서 오체투지(五體投地)를 한 번씩 하는 것이 삼보일배행입니다.

교만한 사람들은 '그렇게 애쓰고 그럴 필요가 있을 것인가' 라고 쉽게 생각할 수가 있겠지만 우리 범부 중생들은 얼마나 업장이 무겁습니까.

업장도 실상(實相)에서 본다면, 본래는 업장도 없습니다. 그러나 중생의 몸을 받아 나와서 욕계, 색계, 무색계를 윤회(輪廻)하는 중생 차원에서는 굉장히 업장이 무거운 것입니다.

따라서 자기 스스로에 대해서 깊이 참회하는 분들은 삼보일배하는 배행이 참으로 숭고하게 느껴지는 것입니다.

그렇게 안 해도 되지만, 그것이 필요없는 것이 아닌 것입니다. 허운 대사는 삼년 동안 한 데서 자고 한 데서 걸으면서 그때그때 조금씩 얻어먹고 하면서 세 걸음 떼고 또 한 번 땅에 대고 오체투지하며 오대산까지 가신 것입니다.

그러기에 다른 공부는 얼마만치 진실(眞實)하게 했는가를 미루어서 짐작할 수 있는 문제가 아니겠습니까.

중국 당나라 때나 수나라 때, 중국에서 인도까지 가서 법을 구하는 스님들, 구법승(求法僧)을 알고 있습니다. 다행히도 왕오천축국전(往五天竺國傳)을 쓰신 우리 한국의 혜초(慧超) 대사도 구법승 가운데 한 분입니다.

그때 중국에서 인도까지 가려면 고비사막을 넘어야 하고, 또 히말라야 산맥의 파미르고원을 넘어야 합니다. 그 파미르고원은 고도가 평균 오천 미터입니다.

그래서 도보로 가니까 꼬박 가는 데에만 3년 걸렸습니다. 3년 걸려 무난히 다 가는 것이 아니라 국경을 몇 십 개나 넘어야 합니다.

'십진구퇴(十進九退)'라, 열 사람쯤 가면 보통 아홉 사람은 물러나거나 죽기도 한다는 것입니다. 그렇게 해서 법을 구했습니다.

어째서 그와 같이 까다롭게 법을 구했는가 하면, 부처님 당시에 해놓으신 법문이라든가 그 뒤에 훌륭한 조사가 해놓은 법문들이 중국으로 한꺼번에 다 들어온 것이 아닙니다.

이것이 들어오고, 저것이 들어오고 했기 때문에 무슨 경(經)을 보면, 그 경속에 여러 가지 다른 말씀이 많이 있는데, 어떻게 보려 해도 찾아볼 수 없었습니다.

그러니까 불경 속에 들어 있는 그 나머지 불경을 다 보기 위해서 인도에 가서 경을 다시 또 모셔와야 했습니다.

꼬박 3년이 걸리고, 또 인도에 들어가서 그냥 말(語)이 안 통한단 말입니다.

외국어 실력없이 외국에 갔다 온 사람들은 짐작이 되실 겁니다. 외국어 실력이 없으면 얼마나 불편한가를 말입니다.

인도에 가서도 역시 그 쪽 말을 배워야 됩니다. 말을 배우고 또 애써 학문을 배우고, 물론 좌선도 하고 여러 가지 공부를 해야 되겠지요. 그것이 또 몇 년 세월이 걸려버린단 말입니다.

인도에서 중국으로 오려고 해도 그냥 빈 걸음으로 올 수가 없습니다. 불경(佛經)을 또 몇 십 권 짊어지고 와야 합니다.

갈 때도 3년 걸리고, 거기서 머물면서 공부도 하고 말도 배우고 하는 데서 4, 5년이 걸려버립니다. 그리고 올 때도 참 지루했겠지요. 갈 때 고생을 했으니 오는 것에 대해서는 염려가 더욱더 많겠지요. 또 3, 4년이 걸려버린단 말입니다. 한 번 갔다 오면 보통 20년은 걸립니다. 이렇게 해서 부처님 경전(經典)을 중국으로 가져온 것입니다.

그래서 우리는 공부할 때 조금 무엇이 불편하다든지 또는 재가불자들이 집안에서 공부할 때도, 공부하지 않고 마음대로 먹고 마음대로 쉬어도 되지 않겠는가? 이렇게 생각하는 게으른 마음을 가져서는 안 됩니다.

부처님 가르침은 성인이 되는 가르침입니다. 우리 범부가 성인이 되는 가르침입니다. 인간으로 태어난 것은 그냥 아무렇게나 살기 위해서 태어난 것이 아닙니다. 인간은 반드시 부처가 되어야 한다는 사명을 타고 태어났습니다.

왜냐하면 달마스님 말씀과 같이 '일체중생이 동일진성'이라, 모든 중생이 다 불성(佛性)을 가지고 있습니다. 바꿔서 말하면 모든 중생이 본래 부처란 말입니다.

"금생에 그렁저렁 편히 살고 부처가 안 되면 그만 아닌가?"

라고 생각할 수도 있지만 그렇지 않습니다. 우리가 부처가 못 되면 욕계(欲界), 색계(色界), 무색계(無色界)의 삼계(三界)를 뱅뱅 윤회합니다. 윤회전생(輪廻轉生)이라.

우리 재가 불자님들은 깊이 느끼시기 바랍니다. 우리가 본래 부처라고 해서 부처가 안 되고 그렁저렁 살면 업(業)만 짓는 것입니다.

우리가 금생에 사람의 몸을 받은 것도 과거 전생에 사람의 몸을 받을 정도로 다섯 가지 계율(戒律) 정도는 닦았기에 사람으로 태어난 것입니다.

십선계(十善戒)를 닦았으면 천상에 태어났겠지요. 눈에 보이는 세계만 긍정하는 사람들은 천상이라 하면 천상이 어디 있을 것인가, 의심부터 합니다.

또한 '부처님께서 방편(方便)으로 말씀하셨겠지?' 라고 생각합니다. 그러나 그것은 절대로 방편이 아닙니다.

우리 인간이 허망무상(虛妄無常)하지만 이와 같이 이렇게 있듯, 천상(天上)도 역시 허망무상한 것이지만 천상도 분명히 존재합니다. 실상세계는 아닙니다.

사람이 죽으면 저승에서 헤매는 영가생활이 분명히 있습니다.

제가 너무나 까다로운 말씀을 해서 여러분들이 긴장을 하시니까 미안하게 생각합니다. 마음을 푸셔서 부처님공부는 한편으로 생각하면 한없이 어렵고 옹색한 것 같지만 사실은 제일 쉬운 공부입니다.

우리는 부처를 어디 다른 데서 구하는 것이 아니라, 본래 우리 마음의 본성품이 바로 부처입니다.

마음을 떠나서 참다운 법신(法身)부처가 없고 부처를 떠나서 우리 마음이 없습니다.

우리는 이런 말씀을 귀가 닳도록 자주 듣지만 실감이 나지 않습니다.

틀림없이 석가모니 부처님한테, 도(道)를 완벽하게 깨달으신 석가모니 부처님한테 있는 불성이나, 달마 스님한테 있는 불성이나, 우리 불성이나 또는 개(犬)한테 있는 불성이나 다 똑같습니다.

천지우주는 다른 것은 아무 것도 없습니다. 사실은 모두가 다 불성뿐입니다.

그러기에 화엄경에서 '심불급중생(心佛及衆生) 시삼무차별(是三無差別)'이라, 마음과 부처와 중생이 모두 다 차별이 없습니다.

우리 중생들은 자꾸만 갈라서 분할시킵니다. 분할시키는 것이 중생이고, 그 본래적인, 본래 근원적인 생명 자체를 깨달은 것이 이른바 성인(聖人)이고 부처란 말입니다.

성인이 되고 부처가 되는 것이 어려운 일이 아닌가, 하지만 앞서도 말씀드렸듯이 제일 쉽습니다.

그렇다고 해서 제가 부처가 된 것은 아닙니다. 저도 애쓰고 지금 공부를 하는 중입니다.

어째서 쉬운 것인가 하면, 천지우주의 본래자리가, 본래면목이 바로 부처이기 때문에 본래면목을 따르는 것이 우리 건강으로 보나, 우리 마음으로 보나 제일 편합니다.

가령 우리가 한 가정을 생각해 보면, 모두가 부처이기 때문에, 남편도 아내를 부처처럼 생각해야 되고, 아내도 남편을 부처처럼 생각해야 되고, 부모도 아들과 딸들을 부처처럼 생각해야 되겠지요. 그렇게 생각해야 바른 도리입니다.

그렇게 한다면 그 가정에 불화가 생기겠습니까?

친구를 사귈 때도 그 친구를 부처처럼 봐야 되겠지요. 성자가 아직은 못 되었는지라 짐짓 애쓰고 부처 같이 보려고 노력을 해야 되겠지요.

우리가 화두공안(話頭公案)을 참구(參究)하고 염불(念佛)하고 하는 것은 모두가 다, 일체중생이 부처인 것을 재확인하기 위해서 그렇게 하는 것입니다.

저는 이번에 며칠 동안에 불행한 분들을 많이 봤습니다. 불행한 사람들을 볼 때마다 나 같은 사람이 조금 더 법력(法力)이 있으면, 저런 분들을 다 구제해줬으면 참 좋겠는데, 그런 법력이 없어 안타깝기만 했습니다.

하다못해 예수님 같은 법력만 있어도 만져서 낫기도 하고, 또 가만히 보고 있어도 낫기도 하고 그러겠지요. 그러나 그런 법력이 없으니까 여태까지 나이 80을 다 먹어가면서 중생들한테 빚만 지고 참 게으름만 많이 피웠구나, 하고 참회하고 있습니다.

우리가 부처님 공부를 하는 것은 우리가 본래 부처가 되기 위해서 하는 것인데, 이렇게 공부하실 때에 꼭 주의해야 할 가르침이 있습니다.

그것은 암증선(暗證禪)이라는 것입니다. 어두울 암(暗), 증명할 증

(證), 암증선입니다.

우리가 우리 공부를 스스로 점검을 못하고 어두운 가운데 암중모색(暗中摸索)하는 것입니다.

그것은 부처님 공부를 치우치게 해서, 공부하는 데도 여러 가지 차서(次序)가 있는 것인데, 가령 「수능엄경(首楞嚴經)」, 이른바 선수(禪髓)라 하는데 고요할 선(禪), 골수 수(髓), 참선(參禪)의 골수(骨髓)라 해서 선수라고 합니다.

그 「수능엄경」에 보면, 우리가 갖추갖추 참선할 때는 어떤 것을 먼저 해야 되는가, 하는 법들이 다 들어 있습니다.

또는 우리가 과거 전생에, 숙생(宿生)에 많이 닦아서 일언지하(一言之下)에, 한마디에 깨달아 버리면 좋을 텐데 보통차원(普通次元)에서는 그렇게 안 됩니다.

역시 분분단단(分分段段)으로 닦아서 올라가야 합니다. '모두가 부처 아님이 없다'는 것을 돈오(頓悟)한 다음에는, 그러한 것을 깨달은 다음에는, 암중모색할 것이 아니라 공부해서 올라가는 차서를 알아야 합니다.

음식을 어떻게 먹어야 되고, 또는 우리 생활은 어떻게 해야 우리 공부가 빠를 것인가?

앞서 말씀과 같이 암중모색할 것이 아니라 부처님 법대로 잘 따르면 몸도 편하고 마음도 편합니다.

아침부터 안개가 끼어 있으면 앞뒤가 잘 안 보입니다. 우리 공부도 똑같습니다. 부처님의 가르침을 따라서 앞뒤를 훤히 알고 지금 내 공부가 얼마만큼 되어 있는가? 앞으로 어떤 지표에 따라서 공부할 것인가를 안다면 암중모색하지 않습니다.

암중모색하면 공연히 교만심(驕慢心)만 일어납니다. 가령 어느 경계에도 이르지 못해서 무엇인가 한계(限界)를 모르니까, 좋은 것인가 궂은 것인가 한계를 모르니까 그때는 자기 공부가 웬만하게 되었다고 교만심을 내는 것입니다.

그 다음에는 문자선(文字禪)이라. 이것저것 불경(佛經)을 많이 봐서, 능엄경(楞嚴經)도 법화경(法華經)도 보고, 구사론(俱舍論)도 보고 해서 공부하는 차서에 따라 올라가는 한계는 안다고 하더라도 그 아는 것으로 해서 공부가 다 끝나는 것이 아닙니다.

우리가 증명(證明)을 해야 합니다.

우리 마음을 닦아서 그 자리를 증명해야 참답게 아는 것인데, 그냥 이치로만 알고 닦지 않는단 말입니다.

이런 것을 불가(佛家)에서는 문자선이라, 또 구두선(口頭禪)이라 합니다. 입으로만 안단 말입니다. 문자선과 구두선을 하지 말아야 합니다.

또 한 가지는 야호선(野狐禪)이라. 야호는 들 여우입니다. 여우란

놈이 꾀가 많고 거짓이 많지 않습니까. 여우는 다른 짐승도 속이고, 우리 사람도 속이는 간교한 꾀를 가졌습니다.

그처럼 어떠한 경계를 증명하지 못하고, 어떠한 경계를 성취하지 못하고서도 공부를 다 했다고 한단 말입니다. 그러한 것이 이른바 야호선입니다.

그래서 우리가 공부할 때는 앞서 말씀과 같이 암중모색하는 암증선을 경계해야 하고, 문자만 알고 입으로만 알고서 실제 닦지 않는 구두선 문자선을 경계해야 하고, 깨닫지 못하고서 깨달았다 하거나 또는 수승(殊勝)한 경계를 체험하지 못하고도 체험했다 하는 야호선을 경계해야 합니다.

그래서 꼭 이 3가지를 주의해서 공부하실 것이고, 또 한 가지 중요한 것은 앞서 허두에서 언급한 봐와 같이

'모든 존재가 본래로 다른 것이 아닌 오직 하나의 진여불성(眞如佛性)이다!'

이렇게 확실히 안 다음에는, '지계청정持戒淸淨'이라, 꼭 계율이 청정해야 합니다.

어떤 분들은 마음만 닦으면 그만인 것이지, 계율이야 다 마음 따라

가는 것인데, 아무렇게나 살든 무슨 상관이 있는 것인가, 이렇게 쉽게 생각합니다. 그러나 절대로 그렇지 않습니다.

마음 닦는 공부는 여러 가지로 복합적(複合的)으로, 계행도 거기에 다 곁들어 있어야 되고, 지혜도 거기에 곁들어 있어야 되고, 모든 선공덕(善功德)도 다 복합적으로 합해져야 이른바 공부가 이루어집니다.

음식(飮食)만 함부로 먹어도 절대로 공부가 안됩니다.

근대에 있어서 우리네 스님들이 더러는 음식을 함부로 먹는 분도 계셨습니다. 그러나 부처님의 뜻이 아닙니다. 또 공부에 도움이 되는 것도 아닙니다.

또는 남녀 이성간(異性間)의 성적(性的)인 문제도 절대로 금해야 됩니다.

「수능엄경」에 보면, '부단음심(不斷淫心)'이라, 사람이 음심을 끊지 않으면, 남녀 이성간의 음탕한 마음을 끊지 않고 선정에 들려고 한다면 '여증사작반(如蒸沙作飯)'이라, 모래를 삶아서 밥을 만들려고 하는 것과 같다고 하였습니다.

모래를 삶으면 밥이 되겠습니까? 우리 재가불자님들, 명심하셔야 합니다.

제가 가끔 말씀드리는 바와 같이 육재일(六齋日) 계행 지키는 것을 말씀을 드렸지요.

재가불자라 하더라도 하다못해 육재일(음 8, 14, 15, 23, 29, 30일)만이라도 출가(出家)한 셈치고 부처님 계율을 지켜야 합니다. 중요한 것은 역시 식욕과 남녀 이성 간의 욕심을 절제하는 것입니다.

우리는 지금 욕계에 살고 있습니다. 욕계라는 것은 색계만도 못하고 무색계만도 못합니다. 욕계, 색계, 무색계, 삼계를 초월해야 참다운 해탈(解脫)을 하는 것입니다.

욕계의 특징이 무엇인가. 욕계의 두드러진 특징은 우리 식욕과 남녀 이성 간의 음심이란 말입니다.

가정에서 지금 화목하게 가족생활을 하시는데 이런 말씀을 드리면 '아, 자기가 승려니까 우리네 사정을 전혀 모르고 하는 말이 아닌가', 이렇게 생각하실 것입니다.

그러나 사실은 가정에 부부관계가 형성되면 그것은 굉장히 중요한 일입니다.

그러나 그냥 문란하게 서로 사는 일이 중요한 것이 아니라, 같이 법의 도반(道伴), 똑같이 법의 도반이 되어서 같이 성불(成佛)의 길로 나아가는 일이 중요합니다. 우리 불자님들은 깊이 생각하시기 바랍니다.

아무렇게나 그냥 문란하게 사는 것이 부부의 본질(本質)이 아닙니다. 금생에 부부가 된다는 것도 굉장히 소중한 인연이 아니겠습니까. 과거 전생에도 부부도 되고, 형제도 되고, 그렇게 해서 금생에 부부가 되었던 것입니다.

따라서 우리 인간 존재의 본래 사명자체(使命自體)가 성불입니다. 그러므로 꼭 성불하기 위해서는 모두를 거기에 초점을 맞추어야 합니다.

따라서 내외간도 가급적이면 식욕 문제라든가, 남녀 이성 문제는 가급적이면 절제하고 도반으로서 공부하는 분위기를 조성하시기 바랍니다.

이것이 내외간의 참다운 도리인 동시에 우리 불자들의 빼놓을 수 없는 의무적인 보살행(菩薩行)이기도 합니다.

저는 조주(趙州)스님 이야기를 가끔 합니다. 조주스님도 앞서 서두에서 말씀드린 중국에서 1959년에 열반에 드신 허운 대사와 똑같이 120세를 사신 분입니다.

대체로 장수하신 분들을 보면 덕(德)이 많습니다. 물론 전생에 자기 업을 따라서 금생에 수명(壽命)을 받기는 하지만, 대체로 덕이 많은 분이 오래 사는 것 같아요.

그것은 왜냐하면, 우리가 산다는 것은 자기 혼자 사는 것이 아니지 않습니까. 남의 덕 덕분에 사는 것입니다.

우리가 옷을 입고 하루에 몇 번씩 공양을 먹는다 하더라도 우리가 다 벌어서 농사를 지어서, 길쌈을 해서 입고 먹는 것이 아니지 않습니까?

따지고 보면 남의 덕이란 말입니다. 우리가 사는 집도 마찬가지입니다.

이런 절도 부처님 도량(道場)을 만들기 위해서 여러 불자들이 시주를 하고 목수가 고생하고, 여러 사람들이 공(功)을 들여서 이와 같이 절이 생기고 그래서 우리 불자들이 공부를 하지 않습니까.

따라서 우리가 산다는 것은 사실은 '살려 주는 것' 이지 우리 스스로 사는 것이 아닙니다.

우리 생명(生命)은 절대로 분할(分割)이 안됩니다. 여기 몇 백 명 불자님이 계십니다만 우리가 뿔뿔이 김이라는 존자, 박이라는 존자가 각각 떨어져 있는 것이 아니란 말입니다. 지금 모두가 다 붙어 있습니다. 하나의 생명으로 모두가 붙어 있습니다.

눈에 안 보이는 것도 마찬가지입니다. 물이나, 공기나, 나무나 다른 어떤 돌멩이나 모두가 우리 생명하고 별도로 끊어져 있는 것이 아닙니다. 원소차원(元素次元), 원자차원(原子次元)에서는 모두가 다 붙어 있습니다.

생명은 따지고 보면, 근본 바탕에서 본다면, 모두가 다 하나의 생명입니다.

하나의 생명이기 때문에 다른 생명을 해코지하면 자기 자신한테 그 앙화(殃禍)가 옵니다. 그 보복이 옵니다. 다른 생명을 우리가 존중하면 그냥 그 공덕(功德)이 바로 자기한테 옵니다.

우리가 이 삼동결제(三冬結制)하고 스님은 선방에서 오로지 좌선(坐禪)공부를 하십니다. 우리가 생각할 때는 젊은 스님들도 많이 계시니 마땅히 사회에 참여해서 사회봉사도 하고 해야 할 것인데, 젊은 사람들이 선방에서 참선만 하고, 자기 좋다는 식으로 공부만 한다고 생각하는 분도 계실 것입니다.

그러나 그런 것이 아닙니다. 저 산중에 가서 혼자 토굴에서 공부한다 하더라도 그 공부하는 것이, 그 마음을 맑게 하는 그것이 벌써 우주를 맑게 하는 일입니다.

선방(禪房)에 있으나, 자기 방에 있으나, 어디에 가 있으나, 우리가 마음을 맑게 하는 공부를 하면 우리 생명 자체가 모두 다 같이 연결되어 있어서 자기 혼자 공부가 아니라 공부하는 그것이 바로 우주 전체를 정화시키는 것입니다.

그리고 우리가 공부하는 법에는 '대도무문(大道無門)'이라, 어느 것도 모두 다 본래 부처님 아닌 것이 없기 때문에 그런 큰 대도라는 것은 일정하게 꼭 어느 식만 옳다고 할 수가 없습니다.

좁은 공부라든가, 배타적인 공부는 그럴 수 있겠지만, 적어도 부처님공부는 부처님이 어디에 별도로 계신 것이 아니라, 모두가 다 일매

지게, 일미평등(一味平等)하게 부처 아닌 것이 없습니다.

그러기에 화두를 참구하는 것도, 염불을 하는 것도, 주문을 외우는 것도, 모두가 다 본래의 자리, 본래면목자리를 벗어나지 않고 한다면 다 옳은 공부입니다.

저 아프카니스탄 사태를 보셨던 분들은 대강 감이 잡히시겠지요. 저 같은 사람은 신문을 안 보는 주의니까 잘 모르지만, 이따금 조금씩 말을 듣기도 하고, 밖에 나가면 신문을 조금 보고 알기도 합니다.

그 사람들 싸움은 주로 기독교, 유태교, 이슬람교 세 가지 종교의 싸움입니다. 이 세 가지는 어떤 것인가 따지고 보면 똑같이 창조주 하느님이 있고, 모든 존재는 다 창조된 피조물입니다. 그와 같이 하느님과 중생 사이를 나누어 봅니다. 그렇게 나누어 보는 특징을 지닌 세 종교들입니다.

제가 지금 비방하기 위해서 하는 것이 아닙니다. 사실을 말하는 것입니다.

따라서 종교의 근거로 본다면 결국 셋이 똑같은 것입니다. 똑같은 것인데, 같은 것 가운데서도 꼭 자기 식으로 믿는 것만 옳고 자기 식으로 믿지 않는 것은 옳지 않다고 생각한단 말입니다.

이런 것을 가리켜서 철학적으로 근본주의(根本主義)라고 합니다. 또는 원리주의(原理主義)라고도 합니다.

우리 불교용어로는 법집(法執)이라 하겠습니다.

화두를 공부한 사람들은 '꼭 화두만 의심해야 성불한다' 든지, 염불하는 사람들은 '꼭 염불만 해야 된다' 라고 하는데, 이런 것도 결국 하나의 법집(法執)인 것입니다.

불교는 아시는 바와 같이 제일 쉽고 마음 편한 것입니다.

나한테 부처가 다 들어 있는 것입니다. 부처라는 것은 여래장(如來藏)이라, 여래라는 것은 바로 부처님입니다. 감출 장(藏), 부처가 나한테 들어 있단 말입니다.

그러면 부처란 것은 무엇인가? 부처란 만능(萬能)의 자리입니다. 만덕의 자리란 말은 지혜나 행복이나 자비나 능력이나 모두가 다 들어 있기 때문에 부처님을 여래장이라고 합니다. 여래장이 바로 우리 마음이란 말입니다. 여래장이나 법성이나 법신이나 불성이나 다 같은 뜻입니다.

따라서 우리는 사실 다른 공부는 아무것도 안 했어도

'내 마음이 바로 부처다!'

'일체존재가 본래 부처 아님이 없다!'

이렇게 생각하고 공부를 자기 인연을 따라서 화두를 의심하든지 염불을 하든지 주문을 하든지 상관이 없습니다.

삼동(三冬)에 그렇게 부담없이 공부를 하시면 그리고 음식을 주의해서 함부로 고기를 잡수지 마시고, 또 많이 잡수지 말고, 많이 먹는 것이 절대로 우리에게 좋은 것이 아닙니다.

또 그와 동시에 그 가족생활을 하신다 하더라도, 적어도 삼동결제만은 꼭 내외간에 동기가 되셔서 청정하게 지내십시오. 젊은 사람들도 선방에서 온전히 밤새 공부를 하는데 우리라고 그렇게 못 할 것인가, 이렇게 생각을 하셔서 조금도 재가불자님들도 손색이 없이 꼭 철저한 그런 절제 생활을 하시면서 공부하시면 틀림없이 법희선열(法喜禪悅)을 맛보실 것입니다.

'법희선열'이라는 것은 불교의 전문적인 술어로 말하면 '경안(輕安)'이라, 가벼울 경(輕), 편안할 안(安), 몸도 마음도 가뿐하고 편안하다는 말입니다.

몸도 마음도 가뿐할 뿐만 아니라 가슴도 시원하고, 눈도 시원하고, 머리도 시원한 것입니다. 그러면 결국 수명도 길어집니다.

자기 피가 청정해지니 다른 병이나 유행병(流行病)도 침범을 못하는 것입니다.

피가 오염될 때 몹쓸 병들이 생기는 것인데, 그 에이즈나 무슨 병이 생길 수가 없습니다. 그 사람들이 문란하니까 피가 오염되어서 결국 병에 걸리는 것입니다. 암도 마찬가지입니다. 정말 우리가 주의해야 합니다.

부처님 법대로 살면 만사가 형통입니다. 그렇게 바르게 사시기 바랍니다.

욕심만큼 우리한테 큰 해독을 주는 것은 없습니다. 욕심을 떼지 못하여 지금도 사람으로 왔고, 또 그대로 살면 내생(來生)도 마찬가지입니다.

결심하여 꼭 부처님 말씀대로 실천하시고, 부처님 말씀은 우리를 최상의 행복으로 인도하는 말씀입니다.

그렇게 공부를 하셔서 앞서 말씀과 같이 '법희선열'이라, 법에 따르는 기쁨이, 한도 끝도 없는 우리한테 그런 행복감이 엄습되는 것입니다. 그렇게 공부를 하면 몇 십 일 동안 공부를 해도 시간이 가는 줄을 모릅니다. 건강에도 좋고 집안에도 좋고 다 좋습니다.

이렇게 하셔서 꼭 금생에 성불들 하시기를 간절히 빕니다.

나무 석가모니불! 나무 석가모니불! 나무 시아본사 석가모니불!

미래를 여는 지식의 힘—

(주)상상나무 :: 도서출판 **상상예찬**

http://www.smbooks.com Tel. 02-325-5191